大众点评
dianping.com

大众点评网餐馆指南

2007北京

特别申明

我们尽了最大努力收集和确认相关的餐馆信息，但不能保证所有信息的准确性。书中对餐馆的评分和介绍等全部来自于大众点评网上网友提供的点评资料，并不代表大众点评网和本书编者的意见，故所有内容只能仅供参考。所有信息的最后核实日期为2007年1月5日。

中国友谊出版公司

图书在版编目（CIP）数据

大众点评网餐馆指南 / 大众点评网主编.
—北京：中国友谊出版公司，2007.1
ISBN 978-7-5057-2236-1

I. 大… Ⅱ.大… Ⅲ.餐厅－中国－指南
Ⅳ.F719.3-62

中国版本图书馆 CIP 数据核字（2007）
第 004334 号

主　　编：大众点评网
文字整理：黄卫堂　叶　晶
责任编辑：汪　媛
装帧设计：龚陆佳

书名　**大众点评网餐馆指南（2007 北京）**
出版　中国友谊出版公司
发行　中国友谊出版公司
经销　新华书店
印刷　上海书刊印刷有限公司
规格　890×1240 毫米 1/48
　　　26 印张　1175000 字
版次　2007 年 1 月第 1 版
印次　2007 年 1 月上海第 1 次印刷
书号　ISBN 978-7-5057-2236-1/Z·245
定价　99. 00元（全五册）
地址　北京市朝阳区西坝河南里 17 号楼
邮编　100028 电话（010）64668676

总目录

总目录

*正文的餐馆排序：先列数字名餐馆，再列英文名餐馆，最后列中文名餐馆。中文名餐馆按拼音音序排列。

**排行榜中餐馆前面的数字代表餐馆评分（个别排行榜除外），餐馆后面的数字是该餐馆详细介绍所在的页面。

关于大众点评

只有大众自己提供的消费信息才是最可靠的。基于这样一种理念，我们创办了大众点评网。在网站上，每一个朋友都可以把自己在餐馆、商店等各种消费场所的消费体验记述下来，好就赞，差就贬，真真切切。

事实证明我们的选择是正确的。自 2003 年 4 月创办以来，网站得到了越来越多朋友的认同和支持。目前，网站的会员已经达到 150 万人，遍布全国的各个大、中城市。同时，我们也收到了这些会员的 140 多万份点评，涵盖全国各地 20 多万家商户。大众点评网已经成为国内最知名的消费体验分享网站。

为了能让更多的朋友利用这些宝贵的消费信息，网站采用科学的整理方法，对会员点评进行提炼和概括，实事求是地反映餐馆的特点；然后，对各城市的餐馆进行公正的评分和排名。在这个基础上，我们先后编写了上海、北京、广州等 10 余个城市的餐馆指南。

本书是《北京餐馆指南》的第 3 版，共收录了 2289 家北京知名的或有特色的餐馆。我们完全依据会员的点评取舍餐馆，力争最真实、最客观地反映北京餐饮业一年来的变化。

为方便读者使用，我们对所有餐馆按字母排序，根据地区、菜系、环境等设计了分类排行榜，同时提供了老字号、有表演、可办婚宴等个性化索引。

在本书付梓之际，真诚地感谢所有给予大众点评网关心和支持的朋友们。特别是感谢各位网友，你们的积极参与是网站生存和发展的源头。

我们衷心希望这本书能带给您实实在在的便利，也希望您在“按书索食”之余能参与到我们网站的建设中来，让我们能掌握更全面的资料，从而更公正地评鉴商户。感谢大家的关心和厚爱。

大众点评网

2007 年 1 月

如何使用大众点评

餐馆（字母顺序）

地址电话

评分

大董烤鸭店

口味	环境	服务	人均
26	22	20	¥123

团结湖北口 3 号楼（长虹桥东南） ☎ 65824003
东四十条甲 22 号南新仓国际大厦 1-2 楼 ☎ 51690329

✍ 终于去了“传说中”的大董。这里的烤鸭的确“名不虚传”！“皮很酥”，“肉很嫩”，“一点也不肥腻”。“最特别”的是“鸭皮蘸白糖”，“香香甜甜的”，口感“一流”。其他菜肴也不赖，盐水鸭肝、红花汁栗子白菜都是“经典”。“有银子”的话真想多去 FB 几次呢！小贴士：等位时提供饮料和葡萄酒。

👍 烤鸭、盐水鸭肝、鸭四宝、红花汁栗子白菜。

☺ 商务宴请、朋友聚餐、家庭聚餐。

食评
（引号为点评人的原话）

推荐率较高的菜

就餐环境

www.dianping.com/chain/16809 —— 餐馆网址

口味、环境、服务按 0-40 分评分。人均是由点评人提供的人均消费计算出的每人每餐价格。

口味	环境	服务	人均
26	22	20	¥123

27+	非常好	**15-18**	尚可
23-26	很好	**11-14**	一般
19-22	好	▽点评人数少，评分相对不准确。	

* 打分前加▽的是点评数较少的餐馆，评分也会相应地缺乏准确性。没有打分的餐馆是点评人数很少但还是值得收录的餐馆。

热门餐馆

最佳餐馆

1. 杰斯汀/141
2. 梅府家宴/179
3. 咖啡茶/154
4. 阿一鲍鱼/61
5. 顺峰金阁酒店/217
6. 谭华轩/226
7. 鱼翅捞饭/282
8. 东海渔港酒楼/94
9. 王品台塑牛排/237
10. 非常泰/100
11. 新川办餐厅/260
12. 山釜餐厅/208
13. 鲍鱼王子南国苑/68
14. 阿森鱼翅店/60
15. 皇城食府/131
16. 海底捞火锅/113
17. 无名居/242
18. 满福楼涮羊肉/178
19. 隐泉日本料理/278
20. 坪亭铁板烧/195
21. 金悦/146
22. 圣淘沙茶楼/211
23. 长安壹号/75
24. 中国大饭店咖啡苑/291
25. 寒室/115
26. 四合苑/219
27. 火源日式餐厅/134
28. 云龙金阁大饭店/288
29. 潮皇食府/77
30. 海山日本料理/114
31. 滩万日本料理/225
32. 季候风/136
33. 天地一家/229
34. 8 号公馆/49
35. 桥场饭屋/196
36. 名轩/186
37. 大董烤鸭店/82
38. 泰笛黛斯/224
39. 寿福城/213
40. 马克西姆/177
41. 净心莲/149
42. 普拉那啤酒坊/195
43. 亢龙太子酒轩/156
44. 东海海鲜酒家/94
45. 西堤牛排/245
46. 苏浙汇/221
47. 小背篓/255
48. 馋思仙食阁/75
49. 东方君悦凯菲厅/93
50. 国肴小居/113

*最佳餐馆的排行是根据口味、环境、服务的综合评分决定，其中口味占总分的60%，环境占30%，服务占10%。

新增餐馆推荐

口味最好

29 鱼翅捞饭/282
28 凯宾面包房/154
陈记卤煮小肠/77
杰斯汀/141
顺峰金阁酒店/217
27 稻香村/88
宏源涮肉城/124
东兴顺爆肚张/95
月盛斋马家老铺/286
美栗乡/180
阿一鲍鱼/61
梅府家宴/179
谭华轩/226
美珍香/181
阿森鱼翅店/60
26 贝儿多爸爸/71
川办餐厅/79
大董烤鸭店/82
泰笛黛斯/224
秋栗香/200
巫山烤全鱼/242
天福号/229
马克西姆蛋糕房/177
非常泰/100
咖啡茶/154
文宇奶酪店/241
洪运轩饭庄/125
鲍鱼王子南国苑/68
25 窝夫小子/242
龙顺园麻辣香锅/173
新川面馆/261
鼓楼姚记炒肝/109
满福楼涮羊肉/178
隐泉日本料理/278
坪亭铁板烧/195
馋思仙食阁/75
奶酪魏总店/190
国肴小居/113
周鲶鱼山庄/292
新川办餐厅/260
爆肚金生隆/69
柳泉居豆沙包/171
大渔铁板烧/86
24 海底捞火锅/113
渝信川菜/282
鼎鼎香/91
新侨三宝乐面包房/265
无名居/242
护国寺小吃店/127
爆肚冯/69

小吃面食

28 陈记卤煮小肠/77
27 稻香村/88
东兴顺爆肚张/95
月盛斋马家老铺/286
美栗乡/180
美珍香/181
26 秋栗香/200
天福号/229
文宇奶酪店/241
地瓜坊/90
25 新川面馆/261
鼓楼姚记炒肝/109
奶酪魏总店/190
王老头糖炒栗子/237
爆肚金生隆/69
柳泉居豆沙包/171
爆肚皇/69
24 护国寺小吃店/127

爆肚冯/69
秦唐府/198
奶酪魏/190
黄河水陕西面馆/132
老磁器口豆汁儿/164
华威肉饼/130
林静小吃/171
武汉汤记鸭脖子/243
北平羊汤馆/71
白记年糕/64
23 小肠陈饭庄/256
五哥鸡翅/243
莱双扬鸭脖子/161
左邻右舍/296
万记麻辣烫/235
柴氏风味斋/75
辣有缘麻辣烫/160
牛大碗面馆/192
万乐福烤鸡/235
蜜汁烤翅/183
杏园餐厅/268
老爆肚满/163
光明楼麻辣烫/110
苏皇食堂/221
驴肉火烧/175
宝记豆汁店/68
牡丹峰/188
老万记麻辣烫/166
22 梅园乳品店/179
桥香园过桥米线/197
海碗居/115
香妃烤鸡/250
丰年灌肠/102
一碗香牛肉面/275
天津百饺园/230
锦芳回民饮食店/147
瑞宾楼/203
秦鸿食府/198
大刀记凉皮/82

口味最好（人均 50 元以下）

27 宏源涮肉城/124
26 川办餐厅/79
巫山烤全鱼/242
洪运轩饭庄/125
25 龙顺园麻辣香锅/173
仙仁城/249
星星酸菜鱼/268
虎丫饺子王/127
隆门阵/173
24 海底捞火锅/113
新疆伊斯兰饭庄/263
新疆饭庄/262
竹园村/294
满朋轩/178
芝麻花/291
清真美食苑/199
周婆婆跷脚牛肉/292
望德楼清真餐厅/238
大顺堂食府/85
湘西驻京办餐厅/254
何贤记/119
甜妹粑泥鳅/232
四合院风味菜馆/219
川人情重庆火锅/80
23 阳坊胜利涮羊肉/273
吉祥鸟湘菜馆/135
竹鱼坊/293
悦宾饭店/287
潭州酒楼/226
窑台四季涮肉/274
君琴花餐厅/153
香猪坊/251

穆斯林餐厅/189
聚宝源/153
龙人居/173
洞庭楼/96
塞外香驴大酒家/204
新疆哈密餐厅/263
胡杨风大盘鸡/126
久锅食苑/152
天下盐川菜6号/231
品质伊犁/194
品源阁/194
22 日昌餐厅/202
老诚一锅/163
宝琴傣味餐馆/68
城一锅/78
番茄火锅/99
老五四季涮肉/166
西域饭庄/247

口味最好（人均50～100元）

25 满福楼涮羊肉/178
馋思仙食阁/75
国肴小居/113
周鲶鱼山庄/292
新川办餐厅/260
印度尼西亚缅甸菜/279
24 渝信川菜/282
鼎鼎香/91
九花山烤鸭/150
香满楼酒家/251
太婆天府/223
小背篓/255
北京人大酒楼/70
新疆饭店/262
海山日本料理/114
东方沪园大酒楼/93
湘西土菜/254
宽巷子私房菜/159
豆花香辣蟹/97
The Tree/57
阿瓦山寨/60
武之助日本料理/244
23 沸腾鱼乡/101
皇城老妈/131
松子日本料理/220
八先生涮肉坊/63
四川孙鲶鱼/218
烤肉宛饭庄/156
小山城麻辣烫/258
火凤凰/133
潮福城/76
富春江/105
波罗斯咖啡/73
爵士屋/153
22 麻辣诱惑/176
辣婆婆/160
老汉字客家菜馆/164
秦记香辣蟹/198
江织田日本料理/140
坪亭日本料理/195
中八楼/291
安妮意大利餐厅/62
鸿宾楼/125
新开元大酒店/264
新辣道梭边鱼馆/264
常州宾馆/76

口味最好（人均 100～200 元）

26 大董烤鸭店/82
非常泰/100
25 隐泉日本料理/278
坪亭铁板烧/195
大渔铁板烧/86
凯莱船餐厅/155
24 无名居/242
寿福城/213
普拉那啤酒坊/195
日本桥/202
火源日式餐厅/134
山釜餐厅/208
23 唐宫海鲜舫/227
王品台塑牛排/237
澳拜客牛排店/63
旺顺阁/238
东海海鲜酒家/94
苏浙汇/221
上海老饭店/209
凯悦酒家/155
古老海西餐厅/108
22 全聚德烤鸭店/200
萨拉伯尔/204
广州蕉叶/110
鹭鹭酒家/174
净心莲/149
丰泽园饭庄/102
伊锦园/276
阿山蒂/60
泓盛花园/125
海天阁/115
万吉大丰和/235
21 湘鄂情/252
金钱豹/144
万龙洲海鲜酒楼/236
腾格里塔拉/228

口味最好（人均 200 元以上）

29 鱼翅捞饭/282
28 杰斯汀/141
顺峰金阁酒店/217
27 阿一鲍鱼/61
梅府家宴/179
谭华轩/226
阿森鱼翅店/60
26 咖啡茶/154
26 鲍鱼王子南国苑/68
25 桥场饭屋/196
24 长安壹号/75
中国大饭店咖啡苑/291
名轩/186
23 马克西姆/177
东方君悦凯菲厅/93
意大利威尼斯餐厅/278
谭府大酒楼/225
滩万日本料理/225
8 号公馆/49
皇城食府/131
东海渔港酒楼/94
22 福楼/104
金悦/146
北京饭店谭家厅/70
云龙金阁大饭店/288

环境最好

33 四合苑/219
天地一家/229
32 梅府家宴/179
31 白家大宅门食府/64
圣淘沙茶楼/211
寒室/115
云龙金阁大饭店/288
日坛会馆/203
天伦阁西餐厅/230
30 金谷仓/143
潮皇食府/77
季候风/136
29 亢龙太子酒轩/156
锦都久缘餐厅/147
有璟阁/280
七彩云南大酒楼/196
淡水复式餐厅/87
新川办餐厅/260
伊锦园/276
28 王品台塑牛排/237
咖啡茶/154
浮士德/103
水牛石餐吧/216
火源日式餐厅/134
紫云轩/295
红色凯旋门/123
神农庄园酒店餐厅/210
滩万日本料理/225
同达生态园/233
27 莫斯科餐厅/187
净心莲/149
苏浙汇/221
金悦/146
味道江湖/240
御马墩/284
迪欧咖啡/89
醉爱时尚餐厅/295
四川会馆/218
文府大厨/241
悦堂/287
山釜餐厅/208
埃蒙小填/61
杰斯汀/141
盛芳艺园/211
ALFA 餐吧/50
谭华轩/226
海天阁/115
两人世界西餐厅/170
26 俏江南/197
马克西姆/177

环境最好（人均 50 元以下）

27 埃蒙小填/61
左右间咖啡/296
26 秀味锦/269
良木缘咖啡馆/170
25 味好家/240
久锅食苑/152
沙沙/207
西香记/246
24 红孔雀火锅吧/122
藏书馆咖啡/74
新岛咖啡/261
23 卡瓦小镇咖啡馆/154
乌巢/242
盒子咖啡馆/120
铜里铜香/234
饭是纲火锅店/99

22 雕刻时光咖啡馆/90
沸腾 180 度/100
好运站点/118
巴黎贝甜/64
太平洋咖啡/223
椰林星诺咖啡屋/274

环境最好（人均 50～100 元）

33 客来德欢乐餐厅/157
30 金谷仓/143
29 淡水复式餐厅/87
新川办餐厅/260
28 神农庄园酒店餐厅/210
同达生态园/233
27 味道江湖/240
御马墩/284
迪欧咖啡/89
四川会馆/218
悦堂/287
盛芳艺园/211
ALFA 餐吧/50
26 红太阳美食生态园/123
西堤牛排/245
甲 21 号招待所/138
明慧茶院/186
西甸 300 食府/245
海山日本料理/114
锦府盐帮酒楼/147
25 那家小馆/189
坪亭日本料理/195
娃哈哈大酒楼/234
荷塘月色/120
羲和雅居/248
南国水乡/190
过客/113
丰滑火锅/102
酒窝/152
慈海素心/81
24 祖母的厨房/295
面酷/184
玛吉阿米西藏餐吧/177
小背篓/255
泰合院泰餐厅/225
圣海潮酒楼/211
老舍茶馆/165
兰莲花/162
星湖园/267
江湖一家/139
格桑涓朵/107
23 花家怡园/129
茶马古道/74
云起茶宴餐厅/288
馋思仙食阁/75
百合素食/66
街角生活西餐厅/141
红草火辣栈/121
文汝馨居茶膳/241
彝家肴/277
爵士屋/153
古典玫瑰园/108
槟城小馆/73
那里/189
东方沪园大酒楼/93

环境最好（人均 100～200 元）

31 天伦阁西餐厅/230
29 亢龙太子酒轩/156

锦都久缘餐厅/147
有璟阁/280
七彩云南大酒楼/196
伊锦园/276
28 王品台塑牛排/237
水牛石餐吧/216
火源日式餐厅/134
红色凯旋门/123
爱江山/61
27 莫斯科餐厅/187
净心莲/149
苏浙汇/221
醉爱时尚餐厅/295
文府大厨/241
山釜餐厅/208
海天阁/115
26 俏江南/197
隐泉日本料理/278
庆云楼/200
东海海鲜酒家/94
欣叶/260
金源自助餐厅/146
25 湘鄂情/252
无名居/242
湘临天下/253
非常泰/100
江南大夫第/140
紫天椒/294
大明堂/83
甲丁坊/138
世宁东海海鲜/213
素食居/222
山东海霸酒楼/208
24 鹭鹭酒家/174
寿福城/213
大宅门/86
普拉那啤酒坊/195
格格府/107
湘君府大酒店/253
沪景园/128
那么那么越南菜/190
兰特伯爵西餐厅/162
东方红大酒楼/93
凯悦酒家/155
古老海西餐厅/108
濠景轩/117
酷堡餐吧/158

环境最好（人均 200 元以上）

33 四合苑/219
天地一家/229
32 梅府家宴/179
31 白家大宅门食府/64
圣淘沙茶楼/211
寒室/115
云龙金阁大饭店/288
日坛会馆/203
皇城食府/131
30 潮皇食府/77
季候风/136
28 咖啡茶/154
浮士德/103
紫云轩/295
滩万日本料理/225
27 金悦/146
杰斯汀/141
谭华轩/226
两人世界西餐厅/170
8 号公馆/49
海棠居/115
东海渔港酒楼/94
名轩/186
26 马克西姆/177

倪氏海鲜/191
中国大饭店咖啡苑/291
四海凯悦/218
鲍鱼先生/68
25 北京饭店谭家厅/70
翡翠皇宫/100
阿一鲍鱼/61
国际饭店旋转餐厅/112
天都里印度餐厅/229
红子鸡大酒楼/124
阿丽雅/59
花渡美食会/128
桥场饭屋/196
24 东方君悦凯菲厅/93
红墙咖啡厅/123
长安壹号/75
MIX CLUB/54
顺峰金阁酒店/217
半岛明珠酒家/67
阿森鱼翅店/60
长江国际俱乐部/76

商务宴请

1. 杰斯汀/141
2. 梅府家宴/179
3. 长安海洋宫/75
4. 黄寺净雅/132
5. 咖啡茶/154
6. 阿一鲍鱼/61
7. 顺峰金阁酒店/217
8. 鱼翅捞饭/282
9. 谭华轩/226
10. 东海渔港酒楼/94
11. 新川办餐厅/260
12. 山釜餐厅/208
13. 鲍鱼王子南国苑/68
14. 阿森鱼翅店/60
15. 皇城食府/131
16. 无名居/242
17. 金悦/146
18. 圣淘沙茶楼/211
19. 长安壹号/75
20. 中国大饭店咖啡苑/291
21. 寒室/115
22. 四合苑/219
23. 云龙金阁大饭店/288
24. 潮皇食府/77
25. 滩万日本料理/225
26. 季候风/136
27. 天地一家/229
28. 8 号公馆/49
29. 桥场饭屋/196
30. 名轩/186
31. 凰庭/131
32. 大董烤鸭店/82
33. 寿福城/213
34. 亢龙太子酒轩/156
35. 东海海鲜酒家/94
36. 苏浙汇/221
37. 小背篓/255
38. 东方君悦凯菲厅/93
39. 日本桥/202
40. 伊锦园/276
41. 爱江山/61
42. 豫香苑餐厅/286
43. 美京锦苑/180
44. 湘鄂情/252
45. 鹭鹭酒家/174
46. 白家大宅门食府/64
47. 锦都久缘餐厅/147
48. 上海老饭店/209
49. 七彩云南大酒楼/196
50. 北京饭店谭家厅/70
51. 倪氏海鲜/191
52. 北京人大酒楼/70

情侣约会

1. 杰斯汀/141
2. 咖啡茶/154
3. 王品台塑牛排/237
4. 非常泰/100
5. 木棉庭私家菜/188
6. 隐泉日本料理/278
7. 坪亭铁板烧/195
8. 圣淘沙茶楼/211
9. 寒室/115
10. 四合苑/219
11. 火源日式餐厅/134
12. 海山日本料理/114
13. 季候风/136
14. 桥场饭屋/196
15. 别院/73
16. 泰笛黛斯/224
17. 马克西姆/177
18. 净心莲/149
19. 西堤牛排/245
20. 金谷仓/143
21. 喜宴法式铁板/248
22. 东方君悦意餐厅/93
23. 顶峰旋转餐厅/90
24. 哈根达斯/113
25. 澳拜客牛排店/63
26. 坪亭日本料理/195
27. 福楼/104
28. 迪欧咖啡/89
29. 意大利威尼斯餐厅/278
30. 甲 21 号招待所/138
31. 天都里印度餐厅/229
32. 波罗斯咖啡/73
33. 文府大厨/241
34. 爵士屋/153
35. 古老海西餐厅/108
36. 古典玫瑰园/108
37. 天伦阁西餐厅/230
38. 客来德欢乐餐厅/157
39. 联联/170
40. 莫斯科餐厅/187
41. 祖母的厨房/295
42. 荷塘月色/120
43. 秀味锦/269
44. 浮士德/103
45. 街角生活西餐厅/141
46. 味好家/240
47. ALFA 餐吧/50
48. 慈海素心/81
49. 藏素风格餐厅/74
50. 米斯特比萨/183
51. 一坐一忘/276
52. 星期五餐厅/267
53. 安妮意大利餐厅/62
54. 云起茶宴餐厅/288

朋友聚餐

1. 新川办餐厅/260
2. 海底捞火锅/113
3. 满福楼涮羊肉/178
4. 普拉那啤酒坊/195
5. 小背篓/255
6. 馋思仙食阁/75
7. 国肴小居/113
8. 宽巷子私房菜/159
9. 久锅食苑/152
10. 凯莱船餐厅/155
11. 印度尼西亚缅甸菜/279
12. 稻香村/88

13. 鼎鼎香/91
14. 松子日本料理/220
15. 巫山烤全鱼/242
16. 秦唐府/198
17. 圣海潮酒楼/211
18. 香猪坊/251
19. 爆肚金生隆/69
20. 西甸 300 食府/245
21. 北京人大酒楼/70
22. 何贤记/119
23. 素食居/222
24. 品源阁/194
25. 饭是纲火锅店/99
26. 川人情重庆火锅/80
27. 武之助日本料理/244
28. 麻辣诱惑/176
29. 渝信川菜/282
30. 皇城老妈/131
31. 金钱豹/144
32. 广州蕉叶/110
33. 莫斯科餐厅/187
34. 宏源涮肉城/124
35. 江织田日本料理/140
36. 基辅餐厅/134
37. 红孔雀火锅吧/122
38. 新开元大酒店/264
39. 旺顺阁/238
40. 竹园村/294
41. 蜀中仙/215
42. 天厨妙香素食馆/228
43. 印度小厨/279
44. 炒豆合作社/77
45. 潮福城/76
46. 丰滑火锅/102
47. 富春江/105
48. 红草火辣栈/121
49. 新吉士酒楼/261
50. 洪运轩饭庄/125
51. 湘西土菜/254
52. The Tree/57
53. 爆肚王/70
54. 江湖一家/139
55. 西香记/246
56. 东坡酒家/95
57. 花之歌日本料理/129
58. 沸腾鱼乡/101
59. 川办餐厅/79
60. 西贝莜面村/244

休闲社交

1. 东方亮餐吧/93
2. 泰笛黛斯/224
3. 樱/279
4. 迪欧咖啡/89
5. 富罗云韩国料理/105
6. 建国西点/139
7. 太平洋咖啡/223
8. 祖母的厨房/295
9. 老舍茶馆/165
10. The Tree/57
11. 地瓜坊/90
12. 周婆婆跷脚牛肉/292
13. 彼德西餐/71
14. Valentino 巧克力廊/58
15. 同达生态园/233
16. 天下盐川菜 6 号/231
17. 良木缘咖啡馆/170
18. 四合轩/219
19. Tafi 意大利餐厅/57
20. 静思素食坊/150
21. 硬石餐厅/279
22. 明慧茶院/186
23. 槟城小馆/73
24. 那里/189

环境排行榜

25. 娘惹厨房/192
26. 雨果/283
27. 星巴克咖啡/266
28. 时时乐/212
29. 鹿港小镇/174
30. 季诺/136
31. 31种美国冰淇淋/49
32. 山吧/207
33. 好运站点/118
34. 文汝馨居茶膳/241
35. 优根芙丝冰淇淋/280
36. 新富茂登/261
37. 王家渡火锅店/237
38. 甲丁坊/138
39. 上青天口味堂/209
40. 小彼德/255
41. 椰林星诺咖啡屋/274
42. 雕刻时光咖啡馆/90
43. 兰莲花/162
44. 欢奇环球餐厅/131
45. 藏书馆咖啡/74
46. 星湖园/267
47. 枫林小馆/102
48. 酷烤餐厅/159
49. 鸿光楼茶餐厅/126
50. Cafe Samba/51

服务最好

31 海底捞火锅/113
30 圣淘沙茶楼/211
29 金悦/146
28 王品台塑牛排/237
潮皇食府/77
山釜餐厅/208
富罗云韩国料理/105
季候风/136
27 海山日本料理/114
天伦阁西餐厅/230
8 号公馆/49
26 亢龙太子酒轩/156
西堤牛排/245
寒室/115
鲍鱼王子南国苑/68
顺峰金阁酒店/217
海天阁/115
太平洋咖啡/223
25 东方君悦凯菲厅/93
云龙金阁大饭店/288
天都里印度餐厅/229
红色凯旋门/123
梅府家宴/179
金狮麟酒店/145
谭华轩/226
24 窝夫小子/242
戈拿旺巴西烤肉/107
白家大宅门食府/64
满福楼涮羊肉/178
坪亭铁板烧/195
锦都久缘餐厅/147
七彩云南大酒楼/196
阿一鲍鱼/61
倪氏海鲜/191
长安壹号/75
丰滑火锅/102
四海凯悦/218
红子鸡大酒楼/124
滩万日本料理/225
天地一家/229
鱼翅捞饭/282
慈海素心/81
23 无名居/242
一坐一忘/276
寿福城/213
非常泰/100
顺峰/217
福楼/104
净心莲/149
咖啡茶/154

烤鸭-老北京小吃-官府菜-家常菜-鲁菜

烤鸭

26 大董烤鸭店/82
24 九花山烤鸭/150
香满楼酒家/251
长安壹号/75
22 全聚德烤鸭店/200
20 鸭王烤鸭店/270
便宜坊烤鸭店/72
利康烤鸭店/169
19 都王烤鸭/96
18 红莲烤鸭店/122
全鑫园烤鸭店/201
京尊烤鸭店/149
玉林烤鸭店/283

老北京小吃

28 陈记卤煮小肠/77
27 稻香村/88
东兴顺爆肚张/95
月盛斋马家老铺/286
26 文宇奶酪店/241
爆肚王/70
25 鼓楼姚记炒肝/109
奶酪魏总店/190
爆肚金生隆/69
柳泉居豆沙包/171
爆肚皇/69
24 护国寺小吃店/127
爆肚冯/69
奶酪魏/190
老磁器口豆汁儿/164
白记年糕/64
23 小肠陈饭庄/256
左邻右舍/296
老爆肚满/163
宝记豆汁店/68
22 梅园乳品店/179
丰年灌肠/102
锦芳回民饮食店/147
瑞宾楼/203
门丁李/182
21 地安门小吃店/89
20 九门大胡同/150
四合轩/219
西德顺爆肚王/245
文竹奶酪店/241

官府菜

27 谭华轩/226
25 国肴小居/113
23 谭府大酒楼/225
皇城食府/131
22 北京饭店谭家厅/70
20 仿膳饭庄/100
格格府/107
19 白家大宅门食府/64
那家小馆/189
江南大夫第/140
听鹂馆/233
海棠居/115
18 日坛会馆/203
美味珍御膳/181
鑫都菜府/265
17 大宅门/86

家常菜

24 芝麻花/291
23 旺顺阁/238
悦宾饭店/287
22 鱼师傅/283
讲礼驴肉馆/140
21 大碗居/85
小长城酒家/256
白领桥私家菜馆/65
润丰园风情小馆/204
20 花家怡园/129

天和晟/229
那里/189
19 砂锅居饭庄/207
小王府/259
民福居/185
上元居/210
七宝帆酒楼/195
18 山吧/207
北容酒楼/71
老浒记民俗酒楼/164
17 郭林家常菜/112

鲁菜

22 丰泽园饭庄/102
同和居/233
泰丰楼/224
21 倪氏海鲜/191
20 小青岛/257
山东海霸酒楼/208
19 萃华楼饭庄/81
18 东兴楼饭庄/95

新疆/清真-西北-东北-蒙古

新疆/清真

24 新疆伊斯兰饭庄/263
新疆饭庄/262
清真美食苑/199
华威肉饼/130
望德楼清真餐厅/238
新疆饭店/262
大顺堂食府/85
四合院风味菜馆/219
23 柴氏风味斋/75
烤肉宛饭庄/156
穆斯林餐厅/189
聚宝源/153
胡杨风大盘鸡/126
新疆哈密餐厅/263
品质伊犁/194
22 西域饭庄/247
鸿宾楼/125
伊锦园/276
星盛斋/267
21 丝路驿站食府/217
西域食府/247
20 紫光园/294
阿兰菜馆/59
华天又一顺饭庄/130
杨记家常菜/273
18 吐鲁番餐厅/234
帕米尔食府/193
西来顺饭庄/246
阿凡提餐厅/58

西北

24 秦唐府/198
黄河水陕西面馆/132
23 苏皇食堂/221
22 秦鸿食府/198
大刀记凉皮/82
陕西面馆/209
21 西贝莜面村/244
老西安饭庄/167
青稞缘/198
王记腊汁肉白吉馍/237
东关吉祥肉夹馍/94
西香记/246
20 兰花花美食村/161
阿西娅食府/60
18 马大胡子羊羔肉/176

东北

25 虎丫饺子王/127
21 东北虎菜馆/92
双福食街/215

大连海鲜饺子/83
百富源酒楼/66
20 大清花/84
京滨宾馆餐厅/149
清香阁/199
金手勺/145
19 东北虎鑫菜馆/92
龙港餐厅/172
同达生态园/233
龙江居/173
18 双盛园/216
大食客/84
东北虎家乡菜/92

蒙古
21 腾格里塔拉/228
蒙古人/182
20 图图蒙古餐厅/234

川菜-湘菜-湖北-云南-贵州-江西

注：$$为人均 50 元以上的餐馆，$人均 50 元以内。

川菜（$$）
25 周鲶鱼山庄/292
新川办餐厅/260
24 渝信川菜/282
宽巷子私房菜/159
豆花香辣蟹/97
23 沸腾鱼乡/101
四川孙鲶鱼/218
嘉陵楼馋嘴城/137
22 麻辣诱惑/176
辣婆婆/160
秦记香辣蟹/198
蜀中仙/215
金谷仓/143
重庆饭店/78
21 红京鱼/122
江湖一家/139
20 渝乡人家/281
四川饭店/218
三苏酒楼/206
四川会馆/218
19 俏江南/197
巴国布衣/63
陶然居/227
蜀国演义酒楼/214
川流不息/79
拐弯抹角/109
都江府/96
锦府盐帮酒楼/147
18 金山城/145

川菜（$）
26 川办餐厅/79
25 星星酸菜鱼/268
24 甜妹粑泥鳅/232
23 龙人居/173
天下盐川菜 6 号/231
品源阁/194
22 食盅汤/212
兄弟川菜/268
鑫琦重庆鸡煲/266
小四川饭庄/259
21 月坛鱼乡/287
蜀乡竹林/214
东坡眉州酒楼/95
川仔担担面/80
竹林小餐/293
大蓉和酒楼/84
上青天口味堂/209
蜀峰楼豆花庄/214
渝味村/281
20 眉州东坡酒楼/179
沸腾 180 度/100
华天峨嵋酒家/130

新九龙麻辣在线/264
金蜀轩/146
19 鑫巴蜀/265
川府酒家/79
嘉州东坡酒楼/138
香丰阁/250
麻辣788/175
18 金菜府/142
天旷天府豆花庄/230
麻辣风情/176
新九龙豆花庄/263

湘菜

24 湘西驻京办餐厅/254
湘西土菜/254
阿瓦山寨/60
23 吉祥鸟湘菜馆/135
潭州酒楼/226
洞庭楼/96
22 万吉大丰和/235
嘉丰湘菜馆/137
21 湘鄂情/252
岳麓山屋/287
湘君府大酒店/253
东方红大酒楼/93
湘潭红毛家菜/253
20 菜香根酒楼/73
湘临天下/253
湘肠香火锅店/252
类似渔鲜餐会所/168
湘鄂春/252
金莎苑湘粤食府/144
五方院餐厅/243
19 爱遥湘菜馆/62
橘子洲头酒家/153
湘水明珠/253
潇湘府/255
酷虾逸族/159

湖北

21 亢龙太子酒轩/156
20 湖广会馆楚畹园/127
小石灶酒家/258
19 九头鹰酒家/151
鱼米楚乡/282
18 九头鸟酒家/151
红蕃茄楚珍舫/121

云南

22 桥香园过桥米线/197
宝琴傣味餐馆/68
中八楼/291
金孔雀/143
甲21号招待所/138
茶花妹子过桥米线/74
多味居/98
21 云腾宾馆餐厅/288
20 一坐一忘/276
七彩云南大酒楼/196
蝴蝶泉宾馆/127
19 回到丽江/133
18 彝家肴/277

贵州

23 君琴花餐厅/153
22 贵山苗家菜/111
21 贵州大厦牡丹厅/111
西迷魂阵村/246
20 干锅居/106
家乡亲家乡鹅/136
老坛贵州菜/166
家乡鹅/136
19 三个贵州人/205
贵州箩箩酸汤鱼/111
18 苗岭酸汤鱼/185
大贵/83

江西

20 江西瓦罐/140
19 民间瓦罐煨汤馆/185
18 老院子/167

燕翅鲍-粤菜-茶餐厅-淮扬-上海-杭帮

燕翅鲍
29 鱼翅捞饭/282
27 阿一鲍鱼/61
阿森鱼翅店/60
26 鲍鱼王子南国苑/68
22 云龙金阁大饭店/288
鲍鱼先生/68

粤菜
28 顺峰金阁酒店/217
25 凯莱船餐厅/155
24 北京人大酒楼/70
何贤记/119
23 唐宫海鲜舫/227
潮福城/76
凯悦酒家/155
8 号公馆/49
22 老汉字客家菜馆/164
金悦/146
客家园/157
海天阁/115
21 顺峰/217
香港美食城/250
红子鸡大酒楼/124
潮皇食府/77
民族好世界/185
20 锦都久缘餐厅/147
广东人民菜/110
19 金鼎轩酒楼/142
有璟阁/280
鼎好大酒楼/91
翡翠皇宫/100
世宁东海海鲜/213
夏宫/248
18 老广酒楼/164
四海凯悦/218
半岛明珠酒家/67

茶餐厅
22 日昌餐厅/202
21 龙记茶餐厅/172
八燕烩食馆/63
18 鸿光楼茶餐厅/126

淮扬
27 梅府家宴/179
24 无名居/242
22 常州宾馆/76
20 松鹤楼/220
18 科力淮扬村/156
华宴美食/130

上海
24 东方沪园大酒楼/93
名轩/186
23 苏浙汇/221
上海老饭店/209
22 鹭鹭酒家/174
新吉士酒楼/261
20 苏浙酒楼/221
沈记靓汤/211
绿波廊/175
19 美林阁/180
沪江香满楼/128
沪景园/128

杭帮
23 富春江/105
22 新开元大酒店/264
21 张生记/289
娃哈哈大酒楼/234
19 醉爱时尚餐厅/295
18 西子湖畔大酒家/247

台湾-素菜-创意菜-其他中餐

台湾

21 鼎泰丰/91
20 欣叶/260
枫林小馆/102
19 鹿港小镇/174
18 酒窝/152

素菜

23 全素斋/201
22 净心莲/149
天厨妙香素食馆/228
21 素食居/222
20 荷塘月色/120
静思素食坊/150
19 慈海素心/81
18 百合素食/66

创意菜

21 福库/103
寒室/115
20 类似渔鲜餐会所/168
后院/126
19 云起茶宴餐厅/288
来今雨轩饭庄/160

其他中餐

21 天地一家/229
煦园/270
20 龙城堂/172
秀兰小馆/269
19 刘家香/171
斜阳迷宗菜/259
金狮麟酒店/145

涮羊肉-羊蝎子-火锅-烤鱼-烧烤-海鲜

涮羊肉

27 宏源涮肉城/124
26 洪运轩饭庄/125
25 满福楼涮羊肉/178
23 阳坊胜利涮羊肉/273
八先生涮肉坊/63
窑台四季涮肉/274
22 老五四季涮肉/166
羊大爷涮肉坊/271
21 口福居火锅/158
三阳居/206
20 惠丰老北京涮肉/133
阳坊大都涮羊肉/273
18 东来顺饭庄/94

羊蝎子

25 仙仁城/249
24 满朋轩/178
22 老诚一锅/163
城一锅/78
羊满金火锅城/272
21 芦月轩/174
源一锅/286
20 羊蝎子李/272
19 山水间羊蝎子/209

火锅（$$）

25 馋思仙食阁/75
24 鼎鼎香/91
太婆天府/223
小背篓/255
23 皇城老妈/131
小山城麻辣烫/258
火凤凰/133

22 新辣道梭边鱼馆/264
西甸 300 食府/245
21 蟹老宋香锅/260
粑子火锅/64
锦鳞舫/147
春夏秋冬/81
20 谭鱼头火锅/226
李老爹/168
锅比盆大/112
丰滑火锅/102
悦堂/287
王家渡火锅店/237
官也街澳门火锅/110
19 柠檬叶子/192
T6 香辣火锅/56
18 金山城/145

火锅（$）

25 龙顺园麻辣香锅/173
24 海底捞火锅/113
竹园村/294
周婆婆跷脚牛肉/292
川人情重庆火锅/80
23 塞外香驴大酒家/204
久锅食苑/152
鸡煲之家/134
22 番茄火锅/99
三个亭重庆火锅/205
金源福城肥牛/146
田源鸡火锅/232
好兆头 2068/119
饭是纲火锅店/99
21 小肥羊/256
正宗潮州牛肉丸/290
蜀乡村重庆火锅/214
喜洋洋老汤火锅/248
良田府/170
福合埕/103
老鱼锅/167
20 台湾呷哺涮涮锅/223
福华肥牛/103
小是小/258
红孔雀火锅吧/122
山城辣妹子/207
羊嘟嘟/272
尕老汉炝锅鱼/106
川福楼/79
铜里铜香/234
好地方/117
御膳房麻辣香锅/284
19 鹅掌门/98
潮汕美味牛肉丸店/77
18 黄记煌三汁焖锅/132

烤鱼

26 巫山烤全鱼/242
25 隆门阵/173
23 竹鱼坊/293
21 竹鱼轩/293
20 独一味万州烤鱼/97
19 独门冲/97
渔夫烧烤屋/283

烧烤

24 得蚨香/88
和众烧烤/119
23 五哥鸡翅/243
大槐树烤肉馆/83
万乐福烤鸡/235
蜜汁烤翅/183
牡丹峰/188
22 韩馋翅吧/116
木生火烤研院/188
双龙烤肉店/215
梦幻肉筋/182
21 西单翅酷/244
炒豆合作社/77
二哥鸡翅/99
20 金牌烤翅/144
宽店/159
19 兴月吧烤肉/266

海鲜

23 东海海鲜酒家/94
东海渔港酒楼/94
22 泓盛花园/125
21 万龙洲海鲜酒楼/236
倪氏海鲜/191
20 黎昌海鲜大酒楼/168
小青岛/257
清香阁/199
山东海霸酒楼/208
19 天天渔港酒楼/231
今天假日海鲜城/141

日本-韩国-泰国-越南-印度

日本

25 隐泉日本料理/278
坪亭铁板烧/195
大渔铁板烧/86
桥场饭屋/196
24 日本桥/202
火源日式餐厅/134
海山日本料理/114
武之助日本料理/244
23 松子日本料理/220
滩万日本料理/225
22 江织田日本料理/140
坪亭日本料理/195
花渡美食会/128
21 晚枫亭/235
清太郎日本料理/199
20 道乐/87
一心日本料理/276
新富茂登/261
明阁日本料理/186
19 富士屋/106
秀味锦/269
名都和源/186
又盛元日本料理/281

韩国

24 寿福城/213
山釜餐厅/208
23 香猪坊/251
22 萨拉伯尔/204
h. o. t/53
秘传餐厅/183
故乡山川/109
爱江山/61
21 汉拿山/117
权金城/202
熊家餐厅/269
红草火辣栈/121
舍廊坊/210
郁陵岛/284
富罗云韩国料理/105
御香苑韩式烧烤/285
汉江韩村鲜农汤/116
白马江韩国料理/65
玉流宫/284
20 山水甲山/208
老熟人烤肉城/166
19 正一味/290
平壤海棠花/194
三和烤肉/205
神路居/210
全州馆韩国料理/201
18 木槿苑韩式烤肉/188
高丽屋/106
北昌豆腐/70

泰国

26 非常泰/100
22 广州蕉叶/110
20 泰辣椒/225
19 为人民服务/239
紫天椒/294

18 泰合院泰餐厅/225

17 那么那么越南菜/190

越南

20 ALFA 餐吧/50

18 雨果/283

印度

22 印度小厨/279

20 天都里印度餐厅/229

俄罗斯-法国-意大利-牛排-比萨 拉美烧烤-其他西餐-西式简餐-自助餐

俄罗斯

21 基辅餐厅/134

老井俄式餐厅/165

20 莫斯科餐厅/187

小白桦西餐厅/255

19 起士林西餐厅/196

大笨象西餐厅/82

法国

28 杰斯汀/141

23 马克西姆/177

22 福楼/104

喜宴法式铁板/248

19 浮士德/103

意大利

23 意大利威尼斯餐厅/278

22 安妮意大利餐厅/62

21 亚地里亚/271

吉萨意大利餐厅/135

20 Tafi 意大利餐厅/57

街角生活西餐厅/141

甜蜜生活/233

19 小彼德/255

18 季诺/136

品诺意大利餐厅/193

牛排

23 王品台塑牛排/237

澳拜客牛排店/63

21 西堤牛排/245

味好家/240

比萨

21 米斯特比萨/183

20 必胜客/72

猫眼餐厅/178

乌巢/242

19 棒约翰比萨/67

18 胡同比萨/126

拉美烧烤

20 戈拿旺巴西烤肉/107

18 富丽客巴西烤肉/105

17 万万方巴西烤肉/236

16 金汉斯啤酒烤肉/143

其他西餐

23 爵士屋/153

古老海西餐厅/108

22 阿山蒂/60

古典玫瑰园/108

21 莫劳龙玺西餐/187

20 祖母的厨房/295

星期五餐厅/267

雅典娜希腊餐厅/271

彼德西餐/71

阿丽雅/59

德国厨师帽/89

19 兰特伯爵西餐厅/162

酷堡餐吧/158
18 硬石餐厅/279
墨西哥风味餐厅/187
客来德欢乐餐厅/157

西式简餐
20 赛百味/204
19 好运站点/118
18 时时乐/212
季诺/136
欢奇环球餐厅/131

自助餐
26 咖啡茶/154
24 中国大饭店咖啡苑/291
23 东方君悦凯菲厅/93
22 威斯汀美味/238
21 金钱豹/144
季候风/136
兰花台咖啡厅/161
20 松鹤咖啡厅/220
金源自助餐厅/146
19 红墙咖啡厅/123

面包甜点-咖啡厅-酒吧-茶室

面包甜点
28 凯宾面包房/154
26 贝儿多爸爸/71
泰笛黛斯/224
马克西姆蛋糕房/177
25 窝夫小子/242
建国西点/139
Gourmet Corner/52
24 新侨三宝乐面包房/265
福瑞林西点/104
义利饼屋/277
23 DQ 冰淇淋/52
面包新语/184
哈根达斯/113
廿一客/191
Valentino 巧克力廊/58
中关村茶点部/291
22 味多美/240
31 种美国冰淇淋/49
巴黎贝甜/64
韩国巴拿米西饼/116
Brothers 兄弟/51
酥园/222
嘉年华面包西饼/138
21 凯丝恩贝/155
优根芙丝冰淇淋/280
红炉磨坊/123
美香林西点/181
20 多乐之日/98
罗马娜/175
素美人的甜品工房/222

咖啡厅
迪欧咖啡/89
左右间咖啡/296
良木缘咖啡馆/170
藏书馆咖啡/74
新岛咖啡/261
卡瓦小镇咖啡馆/154
盒子咖啡馆/120
雕刻时光咖啡馆/90
太平洋咖啡/223
椰林星诺咖啡屋/274

酒吧
水牛石餐吧/216
甲丁坊/138
普拉那啤酒坊/195
MIX CLUB/54
兰莲花/162

The Tree/57

茶室

圣淘沙茶楼/211

明慧茶院/186

老舍茶馆/165

更香茶楼/108

碧露轩茶艺馆/72

朝阳区

建外大街/国贸-朝外大街/三里屯
朝阳公园/团结湖-国展/西坝河-三元桥/亮马桥
亚运村-望京-劲松/潘家园-安贞/安华-其他

注：$$为人均消费 50 元以上的餐馆，$为 50 元以内。

建外大街/国贸（$$）

28 杰斯汀/141
27 阿一鲍鱼/61
25 桥场饭屋/196
隐泉日本料理/278
凯莱船餐厅/155
24 渝信川菜/282
中国大饭店咖啡苑/291
日本桥/202
火源日式餐厅/134
阿瓦山寨/60
23 沸腾鱼乡/101
哈根达斯/113
皇城老妈/131
王品台塑牛排/237
潮福城/76
滩万日本料理/225
22 全聚德烤鸭店/200
鹭鹭酒家/174
安妮意大利餐厅/62
海天阁/115
21 湘鄂情/252
万龙洲海鲜酒楼/236
娃哈哈大酒楼/234

建外大街/国贸（$）

25 建国西点/139
Gourmet Corner/52
22 桥香园过桥米线/197
老诚一锅/163
31 种美国冰淇淋/49
21 龙记茶餐厅/172
20 台湾呷哺涮涮锅/223
赛百味/204
紫光园/294

朝外大街/三里屯（$$）

25 印度尼西亚缅甸菜/279
24 渝信川菜/282
The Tree/57
23 沸腾鱼乡/101
松子日本料理/220
澳拜客牛排店/63
旺顺阁/238
苏浙汇/221
凯悦酒家/155
爵士屋/153
古老海西餐厅/108
22 广州蕉叶/110
老汉字客家菜馆/164
中八楼/291
常州宾馆/76
印度小厨/279
金谷仓/143
21 汉拿山/117
米斯特比萨/183
富罗云韩国料理/105
莫劳龙玺西餐/187

朝外大街/三里屯（$）

24 北平羊汤馆/71
23 吉祥鸟湘菜馆/135
辣有缘麻辣烫/160
21 竹林小餐/293
20 眉州东坡酒楼/179
台湾呷哺涮涮锅/223
赛百味/204
福华肥牛/103
紫光园/294
利康烤鸭店/169

朝阳公园/团结湖

26 大董烤鸭店/82
24 小背篓/255
23 松子日本料理/220
苏皇食堂/221
8 号公馆/49
22 羊满金火锅城/272
梅园乳品店/179
一碗香牛肉面/275
安妮意大利餐厅/62
羊大爷涮肉坊/271
好兆头 2068/119
门丁李/182
21 三阳居/206
吉萨意大利餐厅/135
四季亭/220
20 眉州东坡酒楼/179
山城辣妹子/207
湘肠香火锅店/252
类似渔鲜餐会所/168

国展/西坝河

24 海山日本料理/114
23 DQ 冰淇淋/52
阳坊胜利涮羊肉/273
吉祥鸟湘菜馆/135
万记麻辣烫/235
22 辣婆婆/160
老诚一锅/163
一碗香牛肉面/275
重庆饭店/78
21 汉拿山/117
小肥羊/256
红京鱼/122
蟹老宋香锅/260
栗满秋/169
20 花家怡园/129
鸭王烤鸭店/270
福华肥牛/103
荷塘月色/120
九门大胡同/150

三元桥/亮马桥（$$）

29 鱼翅捞饭/282
27 阿森鱼翅店/60
26 非常泰/100
24 无名居/242
寿福城/213
香满楼酒家/251
普拉那啤酒坊/195
湘西土菜/254
武之助日本料理/244
23 沸腾鱼乡/101
松子日本料理/220
东海海鲜酒家/94
意大利威尼斯餐厅/278
22 全聚德烤鸭店/200
辣婆婆/160
萨拉伯尔/204
净心莲/149
福楼/104

三元桥/亮马桥（$）

28 凯宾面包房/154
26 巫山烤全鱼/242
22 番茄火锅/99
太平洋咖啡/223
21 东北虎菜馆/92
正宗潮州牛肉丸/290
郁陵岛/284
百富源酒楼/66
小长城酒家/256
红炉磨坊/123
白马江韩国料理/65
20 干锅居/106

亚运村（$$）

25 坪亭铁板烧/195
24 太婆天府/223
23 东海渔港酒楼/94
唐宫海鲜舫/227
八先生涮肉坊/63
旺顺阁/238

富春江/105
廿一客/191
22 全聚德烤鸭店/200
辣婆婆/160
秦记香辣蟹/198
江织田日本料理/140
福楼/104
新辣道梭边鱼馆/264
伊锦园/276
泓盛花园/125

亚运村（$）

25 龙顺园麻辣香锅/173
24 海底捞火锅/113
芝麻花/291
23 竹鱼坊/293
品源阁/194
老万记麻辣烫/166
22 梅园乳品店/179
31 种美国冰淇淋/49
炫酷咖啡/270
21 小肥羊/256
东北虎菜馆/92
竹鱼轩/293
20 眉州东坡酒楼/179
干锅居/106

望京

25 龙顺园麻辣香锅/173
23 香猪坊/251
潭州酒楼/226
天下盐川菜 6 号/231
22 萨拉伯尔/204
安妮意大利餐厅/62
净心莲/149
圣海潮酒楼/211
故乡山川/109
21 岳麓山屋/287
粑子火锅/64
八燕烩食馆/63
玉流宫/284
20 渝乡人家/281
泰辣椒/225
广东人民菜/110
娘惹厨房/192
一品羊汤/275

劲松/潘家园

25 馋思仙食阁/75
24 海底捞火锅/113
华威肉饼/130
23 窑台四季涮肉/274
22 梅园乳品店/179
海碗居/115
秦记香辣蟹/198
小胖包子王/257
云龙金阁大饭店/288
21 小肥羊/256
东坡眉州酒楼/95
20 眉州东坡酒楼/179
福华肥牛/103
李老爹/168

安贞/安华

25 大渔铁板烧/86
23 DQ 冰淇淋/52
小肠陈饭庄/256
22 金悦/146
甲 21 号招待所/138
21 张生记/289
圣淘沙茶楼/211
贵州大厦牡丹厅/111
20 便宜坊烤鸭店/72
金蜀轩/146
华天又一顺饭庄/130
杨记家常菜/273
19 江南大夫第/140

其他

26 爆肚王/70
23 苏皇食堂/221
22 梅园乳品店/179

西甸300食府/245
20 福华肥牛/103
山城辣妹子/207
老坛贵州菜/166
19 T6香辣火锅/56
18 黄记煌三汁焖锅/132

东城区

王府井/东单-建国门/北京站-东四/美术馆
安定门/和平里-朝阳门/东直门

注：$$为人均消费50元以上的餐馆，$为50元以内。

王府井/东单（$$）
29 鱼翅捞饭/282
24 长安壹号/75
23 哈根达斯/113
唐宫海鲜舫/227
澳拜客牛排店/63
东方君悦凯菲厅/93
Valentino 巧克力廊/58
牡丹峰/188
皇城食府/131
22 全聚德烤鸭店/200
萨拉伯尔/204
北京饭店谭家厅/70
酥园/222
21 米斯特比萨/183
金钱豹/144
香港美食城/250
寒室/115
四合苑/219

王府井/东单（$）
27 美珍香/181
26 贝儿多爸爸/71
23 DQ冰淇淋/52
竹鱼坊/293
全素斋/201
22 日昌餐厅/202
桥香园过桥米线/197
Brothers 兄弟/51
21 炒豆合作社/77
优根芙丝冰淇淋/280
大碗居/85
美香林西点/181
20 罗马娜/175
素美人的甜品工房/222
秀兰小馆/269

建国门/北京站
26 川办餐厅/79
24 渝信川菜/282
寿福城/213
周婆婆跷脚牛肉/292
22 古典玫瑰园/108
21 蒙古人/182
20 台湾呷哺涮涮锅/223
星期五餐厅/267
19 正一味/290
美林阁/180
18 东来顺饭庄/94

东四/美术馆
26 大董烤鸭店/82
文宇奶酪店/241
25 国肴小居/113
爆肚金生隆/69
虎丫饺子王/127
24 黄河水陕西面馆/132
宽巷子私房菜/159
豆花香辣蟹/97
23 五哥鸡翅/243
悦宾饭店/287
君琴花餐厅/153

大槐树烤肉馆/83
万乐福烤鸡/235
胡杨风大盘鸡/126
22 丰年灌肠/102
老诚一锅/163
多味居/98
21 娃哈哈大酒楼/234
二哥鸡翅/99
20 星巴克咖啡/266
孔乙己酒楼/158
格格府/107
静思素食坊/150
龙城堂/172

安定门/和平里

25 鼓楼姚记炒肝/109
23 火凤凰/133
22 梅园乳品店/179
老诚一锅/163
一碗香牛肉面/275
小胖包子王/257
兄弟川菜/268
梦幻肉筋/182
饭是纲火锅店/99
21 万龙洲海鲜酒楼/236
双福食街/215
古城岐山面/108
百富源酒楼/66
20 渝乡人家/281
福华肥牛/103

山东海霸酒楼/208
西德顺爆肚王/245
19 金鼎轩酒楼/142
九头鹰酒家/151
鑫巴蜀/265
万兴居/236
18 宏状元粥店/124
友仁居/280

朝阳门/东直门

26 泰笛黛斯/224
25 窝夫小子/242
爆肚皇/69
24 鼎鼎香/91
秦唐府/198
武汉汤记鸭脖子/243
23 小山城麻辣烫/258
火凤凰/133
鸡煲之家/134
嘉陵楼馋嘴城/137
22 麻辣诱惑/176
31 种美国冰淇淋/49
阿山蒂/60
客家园/157
21 芦月轩/174
老井俄式餐厅/165
春夏秋冬/81
20 花家怡园/129
独一味万州烤鱼/97

西城区

西单/西四-复兴门/月坛-阜成门/展览路
西直门/动物园-新街口-地安门/什刹海-其他

西单/西四

27 美栗乡/180
26 贝儿多爸爸/71
25 柳泉居豆沙包/171
特色酸辣粉/228

24 渝信川菜/282
护国寺小吃店/127
23 DQ 冰淇淋/52
哈根达斯/113
王品台塑牛排/237

杏园餐厅/268
22 麻辣诱惑/176
梅园乳品店/179
萨拉伯尔/204
香妃烤鸡/250
天津百饺园/230
大刀记凉皮/82
21 西单翅酷/244
湘鄂情/252
文府大厨/241
20 台湾呷哺涮涮锅/223
星巴克咖啡/266
街角生活西餐厅/141
蝴蝶泉宾馆/127

复兴门/月坛

29 鱼翅捞饭/282
26 鲍鱼王子南国苑/68
24 护国寺小吃店/127
太婆天府/223
北京人大酒楼/70
湘西驻京办餐厅/254
23 唐宫海鲜舫/227
八先生涮肉坊/63
柴氏风味斋/75
烤肉宛饭庄/156
上海老饭店/209
龙人居/173
22 同和居/233
三个亭重庆火锅/205
21 口福居火锅/158
湘鄂情/252
月坛鱼乡/287
季候风/136
民族好世界/185
20 台湾呷哺涮涮锅/223
渝乡人家/281
孔乙己酒楼/158
道乐/87
贾三灌汤包子馆/139
七彩云南大酒楼/196

羊蝎子李/272

阜成门/展览路

24 护国寺小吃店/127
22 星盛斋/267
梅园乳品店/179
鸿宾楼/125
21 大连海鲜饺子/83
上青天口味堂/209
20 鸭王烤鸭店/270
菜香根酒楼/73
华天峨嵋酒家/130
小白桦西餐厅/255
京滨宾馆餐厅/149
19 东北虎鑫菜馆/92
江南大夫第/140
鱼米楚乡/282
龙江居/173
18 黄记煌三汁焖锅/132
宏状元粥店/124
九头鸟酒家/151
时时乐/212
老院子/167

西直门/动物园

26 巫山烤全鱼/242
天福号/229
25 爆肚金生隆/69
24 鼎鼎香/91
新疆伊斯兰饭庄/263
新疆饭庄/262
新疆饭店/262
东方沪园大酒楼/93
名轩/186
23 DQ 冰淇淋/52
唐宫海鲜舫/227
谭府大酒楼/225
22 梅园乳品店/179
秦记香辣蟹/198
31 种美国冰淇淋/49
西域饭庄/247

门丁李/182
21 汉拿山/117
权金城/202
20 莫斯科餐厅/187
湘临天下/253
惠丰老北京涮肉/133

新街口

25 新川面馆/261
24 护国寺小吃店/127
山釜餐厅/208
23 DQ 冰淇淋/52
火凤凰/133
21 老西安饭庄/167
川嫂麻辣烫/80
20 新九龙麻辣在线/264
19 香丰阁/250
18 庆丰包子铺/200
东来顺饭庄/94

地安门/什刹海

27 东兴顺爆肚张/95
月盛斋马家老铺/286
梅府家宴/179
谭华轩/226
26 秋栗香/200
地瓜坊/90
25 满福楼涮羊肉/178
24 护国寺小吃店/127
福瑞林西点/104
望德楼清真餐厅/238
新疆风味/262
23 皇城老妈/131
22 梅园乳品店/179
日昌餐厅/202
老诚一锅/163
老汉字客家菜馆/164
韩馋翅吧/116
茶花妹子过桥米线/74
21 岳麓山屋/287
福库/103
地安门小吃店/89
大连海鲜饺子/83
王记腊汁肉白吉馍/237
煦园/270
20 孔乙己酒楼/158
仿膳饭庄/100
四川饭店/218
宽店/159
后院/126
文竹奶酪店/241

其他

28 顺峰金阁酒店/217
18 帕米尔食府/193

海淀区

中关村/双榆树-五道口-魏公村-北太平庄/花园路
苏州桥/万泉庄-北下关-公主坟/万寿路
紫竹桥/车道沟-航天桥/阜成路-上地/清河
颐和园-其他

注：$$为人均消费 50 元以上的餐馆，$为 50 元以内。

中关村/双榆树（$$）

24 无名居/242
23 沸腾鱼乡/101
哈根达斯/113
东海海鲜酒家/94
苏浙汇/221
22 麻辣诱惑/176
广州蕉叶/110

坪亭日本料理/195
21 米斯特比萨/183
红京鱼/122
权金城/202
口福居火锅/158
亢龙太子酒轩/156
东方红大酒楼/93
红草火辣栈/121
20 鸭王烤鸭店/270
戈拿旺巴西烤肉/107
19 俏江南/197
川流不息/79

中关村/双榆树（$）

24 四合院风味菜馆/219
川人情重庆火锅/80
23 DQ 冰淇淋/52
竹鱼坊/293
蜜汁烤翅/183
中关村茶点部/291
22 梅园乳品店/179
桥香园过桥米线/197
老诚一锅/163
秦鸿食府/198
壮乡桂林米粉店/294
21 竹林小餐/293
润丰园风情小馆/204
味好家/240
20 眉州东坡酒楼/179
台湾呷哺涮涮锅/223
赛百味/204
沸腾 180 度/100
小石灶酒家/258

五道口

23 香猪坊/251
竹鱼坊/293
穆斯林餐厅/189
波罗斯咖啡/73
22 双马餐厅/216
天厨妙香素食馆/228
木生火烤研院/188
h.o.t/53
秘传餐厅/183
陕西面馆/209
21 米斯特比萨/183
熊家餐厅/269
舍廊坊/210
20 赛百味/204
干锅居/106
多乐之日/98
Tafi 意大利餐厅/57
一心日本料理/276
川福楼/79
五方院餐厅/243

魏公村

25 龙顺园麻辣香锅/173
22 宝琴傣味餐馆/68
金孔雀/143
贵山苗家菜/111
21 蜀乡竹林/214
20 小是小/258
星期五餐厅/267
张记食府/289
好地方/117
19 九头鹰酒家/151
刘家香/171
锦府盐帮酒楼/147

北太平庄/花园路

24 海底捞火锅/113
23 四川孙鲶鱼/218
洞庭楼/96
22 梅园乳品店/179
日昌餐厅/202
辣婆婆/160
海碗居/115
一碗香牛肉面/275
食盅汤/212
小四川饭庄/259
21 汉拿山/117

小肥羊/256
权金城/202
湘鄂情/252
蜀乡村重庆火锅/214
白领桥私家菜馆/65
东关吉祥肉夹馍/94
20 猫眼餐厅/178
铜里铜香/234
江西瓦罐/140

苏州桥/万泉庄

25 大渔铁板烧/86
24 何贤记/119
23 DQ 冰淇淋/52
烤肉宛饭庄/156
品质伊犁/194
22 江织田日本料理/140
新开元大酒店/264
金源福城肥牛/146
21 汉拿山/117
小肥羊/256
红京鱼/122
湘鄂情/252
西香记/246
20 渝乡人家/281
猫眼餐厅/178
家乡亲家乡鹅/136

北下关

26 地瓜坊/90
25 隆门阵/173
24 海底捞火锅/113
无名居/242
竹园村/294
清真美食苑/199
22 番茄火锅/99
鑫琦重庆鸡煲/266
21 权金城/202
蟹老宋香锅/260
20 小是小/258
尕老汉炝锅鱼/106

静思素食坊/150
廖记棒棒鸡/171
家乡鹅/136

公主坟/万寿路

25 仙仁城/249
24 竹园村/294
林静小吃/171
22 梅园乳品店/179
全聚德烤鸭店/200
鹭鹭酒家/174
蜀中仙/215
新吉士酒楼/261
21 汉拿山/117
小肥羊/256
西贝莜面村/244
基辅餐厅/134
腾格里塔拉/228
清太郎日本料理/199
老鱼锅/167
豫大碗/285
20 山水甲山/208
金莎苑湘粤食府/144
御膳房麻辣香锅/284

紫竹桥/车道沟

26 咖啡茶/154
22 万吉大丰和/235
21 汉拿山/117
20 猫眼餐厅/178
金源自助餐厅/146
19 苏氏牛肉面/221
18 黄记煌三汁焖锅/132

航天桥/阜成路

25 周鲶鱼山庄/292
24 鼎鼎香/91
九花山烤鸭/150
甜妹粑泥鳅/232
23 阳坊胜利涮羊肉/273
驴肉火烧/175

22 辣婆婆/160
萨拉伯尔/204
海碗居/115
新开元大酒店/264
金悦/146
鲍鱼先生/68
双龙烤肉店/215
21 权金城/202
湘鄂情/252
顺峰/217
郁陵岛/284
红子鸡大酒楼/124
20 台湾呷哺涮涮锅/223
便宜坊烤鸭店/72
小是小/258
黎昌海鲜大酒楼/168
尕老汉炝锅鱼/106
湘鄂春/252

上地/清河

21 红京鱼/122
权金城/202
蟹老宋香锅/260
福合埕/103

渝味村/281
20 羊嘟嘟/272
阳坊大都涮羊肉/273
19 潇湘府/255
18 黄记煌三汁焖锅/132
九头鸟酒家/151

颐和园

22 羊大爷涮肉坊/271
21 西贝莜面村/244
权金城/202
20 台湾呷哺涮涮锅/223
黎昌海鲜大酒楼/168
家乡亲家乡鹅/136
乌巢/242
19 听鹂馆/233
18 百合素食/66

其他

22 羊大爷涮肉坊/271
21 西贝莜面村/244
19 金鼎轩酒楼/142
九头鹰酒家/151
18 明慧茶院/186

宣武区

广内大街/牛街-广外大街/马连道-宣武门/和平门
大观园/右安门-其他

广内大街/牛街

25 奶酪魏总店/190
24 海底捞火锅/113
爆肚冯/69
奶酪魏/190
大顺堂食府/85
白记年糕/64
23 聚宝源/153
老爆肚满/163
22 麻辣诱惑/176
老诚一锅/163

城一锅/78
21 小肥羊/256
源一锅/286
20 鸭王烤鸭店/270
猫眼餐厅/178
晋阳饭庄/148
戈拿旺巴西烤肉/107
李老爹/168
金牌烤翅/144
兰马拉面/162
张记宝珠酱牛肉/289

广外大街/马连道

26 鲍鱼王子南国苑/68
23 老爆肚满/163
宝记豆汁店/68
22 梅园乳品店/179
老诚一锅/163
21 湘君府大酒店/253
青稞缘/198
御香苑韩式烧烤/285
20 台湾呷哺涮涮锅/223
菜香根酒楼/73
红鼻子米粉/121
迪欧咖啡/89
19 潮汕美味牛肉丸店/77
18 红莲烤鸭店/122

宣武门/和平门

23 DQ 冰淇淋/52
皇城老妈/131
22 全聚德烤鸭店/200
城一锅/78
泰丰楼/224
21 西堤牛排/245
20 台湾呷哺涮涮锅/223
丰滑火锅/102
19 海棠居/115
老许记民俗酒楼/164
西来顺饭庄/246

大观园/右安门

24 得蚨香/88
23 左邻右舍/296
22 老五四季涮肉/166
21 大蓉和酒楼/84
20 大清花/84
山城辣妹子/207
山水甲山/208
19 又盛元日本料理/281
18 玉林烤鸭店/283

其他

26 洪运轩饭庄/125
23 小肠陈饭庄/256
窑台四季涮肉/274
新疆哈密餐厅/263
22 梅园乳品店/179
金悦/146
21 潮皇食府/77
20 谭鱼头火锅/226
红孔雀火锅吧/122
湖广会馆楚畹园/127
18 黄记煌三汁焖锅/132

崇文区

前门-崇文门-天坛-其他

前门

28 陈记卤煮小肠/77
22 梅园乳品店/179
全聚德烤鸭店/200
丰泽园饭庄/102
21 老舍茶馆/165
20 晋阳饭庄/148

崇文门

26 马克西姆蛋糕房/177
23 DQ 冰淇淋/52
马克西姆/177
22 锦芳回民饮食店/147
21 云腾宾馆餐厅/288
20 台湾呷哺涮涮锅/223
赛百味/204
便宜坊烤鸭店/72
松鹤楼/220
19 正一味/290
18 金山城/145

口味排行榜-按地区

天坛

27 宏源涮肉城/124
25 王老头糖炒栗子/237
星星酸菜鱼/268
24 满朋轩/178
老磁器口豆汁儿/164
23 左邻右舍/296
22 梅园乳品店/179
小胖包子王/257
21 川仔担担面/80
良田府/170
20 孔乙己酒楼/158
便宜坊烤鸭店/72
阿兰菜馆/59
18 黄记煌三汁焖锅/132

其他

24 满朋轩/178
老磁器口豆汁儿/164
23 光明楼麻辣烫/110
20 福华肥牛/103
19 山水间羊蝎子/209
18 木槿苑韩式烤肉/188

丰台区

方庄-六里桥/丽泽桥-洋桥/木樨园-其他

方庄

24 和众烧烤/119
23 小肠陈饭庄/256
22 梅园乳品店/179
全聚德烤鸭店/200
秦记香辣蟹/198
嘉丰湘菜馆/137
21 米斯特比萨/183
蟹老宋香锅/260
顺峰/217
喜洋洋老汤火锅/248
蜀峰楼豆花庄/214
素食居/222
湘潭红毛家菜/253
20 台湾呷哺涮涮锅/223
星巴克咖啡/266
大清花/84
山城辣妹子/207
黎昌海鲜大酒楼/168

六里桥/丽泽桥

23 四川孙鲶鱼/218
21 西贝莜面村/244
芦月轩/174
江湖一家/139
20 阿西娅食府/60
19 九头鹰酒家/151
18 九头鸟酒家/151

洋桥/木樨园

23 左邻右舍/296
久锅食苑/152
22 天津百饺园/230
瑞宾楼/203
20 晋阳饭庄/148
兰花花美食村/161
老熟人烤肉城/166
19 山水间羊蝎子/209

其他

27 宏源涮肉城/124
25 新川办餐厅/260
23 小肠陈饭庄/256
21 湘鄂情/252
20 眉州东坡酒楼/179
19 天天渔港酒楼/231
18 黄记煌三汁焖锅/132
面爱面/184

石景山区

苹果园-古城/八角-八宝山-其他

苹果园

23 塞外香驴大酒家/204
20 新九龙麻辣在线/264
18 黄记煌三汁焖锅/132
阿凡提餐厅/58

古城/八角

23 阳坊胜利涮羊肉/273
21 小肥羊/256
20 眉州东坡酒楼/179
福华肥牛/103
山水甲山/208
好嫂子刀削面/118
18 黄记煌三汁焖锅/132
东来顺饭庄/94

八宝山

22 梅园乳品店/179
21 良田府/170

其他

23 阳坊胜利涮羊肉/273
20 福华肥牛/103

近郊

通州-顺义-昌平-门头沟
房山-大兴-怀柔-其他

通州

22 老诚一锅/163
田源鸡火锅/232
21 小肥羊/256
20 福华肥牛/103
迪欧咖啡/89
19 鑫巴蜀/265
18 御香苑/285
17 郭林家常菜/112
16 晋风庄园/148

顺义

25 龙顺园麻辣香锅/173
22 一碗香牛肉面/275
田源鸡火锅/232
21 小肥羊/256
权金城/202
亚地里亚/271
20 星巴克咖啡/266
赛百味/204
18 黄记煌三汁焖锅/132

昌平

27 宏源涮肉城/124
23 阳坊胜利涮羊肉/273
22 老诚一锅/163
兄弟川菜/268
田源鸡火锅/232
讲礼驴肉馆/140
21 小肥羊/256
权金城/202
蜀乡竹林/214
20 星巴克咖啡/266
羊嘟嘟/272
阳坊大都涮羊肉/273
19 斜阳迷宗菜/259
18 黄记煌三汁焖锅/132
庆丰包子铺/200

门头沟

20 福华肥牛/103
19 今天假日海鲜城/141
18 黄记煌三汁焖锅/132
东来顺饭庄/94

房山

21 小肥羊/256
权金城/202
20 兰花花美食村/161
18 黄记煌三汁焖锅/132
东来顺饭庄/94
科力淮扬村/156

大兴

23 DQ 冰淇淋/52
22 老诚一锅/163
21 小肥羊/256
西贝莜面村/244
20 赛百味/204
福华肥牛/103
猫眼餐厅/178
李老爹/168
迪欧咖啡/89
19 鑫巴蜀/265
18 黄记煌三汁焖锅/132
金山城/145
东来顺饭庄/94
玉林烤鸭店/283

怀柔

23 阳坊胜利涮羊肉/273
22 鱼师傅/283
20 台湾呷哺涮涮锅/223
福华肥牛/103
那里/189
18 黄记煌三汁焖锅/132
山吧/207

其他

23 阳坊胜利涮羊肉/273
21 口福居火锅/158
东坡眉州酒楼/95
20 福华肥牛/103
华天峨嵋酒家/130
18 黄记煌三汁焖锅/132

老字号

有花园/四合院

有露天位

有表演

可办婚宴

个性化索引

Le Cabernet

见卡本妮红酒吧（154 页）

TASTY

见西堤牛排（245 页）

2068 香辣虾

见好兆头 2068（119 页）

2 贵酸汤鱼

22 14 15 ¥47

青年路甘露园南里一区 1 号楼(近国美电器) ☎85751765

✍ 贵州菜馆。最爱酸汤鱼，“酸酸辣辣的”，肉好吃，汤好喝。其他菜肴也挺“正宗”的，价位“不高”。整体装修“追求原生态”，“暗色调”。就是地方“小了点”，“赶上饭点儿”的时候“可能要排队”。

👍 酸汤鱼、米豆腐。

☺ 朋友聚餐。

💻 www.dianping.com/chain/1941274

31 种美国冰淇淋

22 13 15 ¥41

多家连锁店

✍ “典型的美式冰淇淋”。他家的冰淇淋“种类多”，带着“浓浓的甜味”，口感“醇厚悠长”。“怕胖”的还可以选择“低脂的”。相比之下，环境就“稍微”有些“不尽如人意”了。价格“有点小贵”，人均“没有几十元是下不来的”。

👍 薄荷巧克力、法国香草、绿茶、蓝莓。

☺ 情侣约会、休闲社交。

💻 www.dianping.com/chain/22130

8 号公馆

23 27 27 ¥352

朝阳公园西路 8 号 ☎65089999

✍ 他家就坐落在朝阳公园西门附近的一个“小院子”里。“方方正正”的“灰色”建筑于“典雅”中透着一份“大气”。主营粤菜，兼营日本料理，选料“考究”，烹饪“到位”。服务算是“管家式”的——当你“需要安静”的时候，侍应生“绝对能消失得彻底”；当你“需要服务”的时候，他们会“很快”地出现在你面前。总之，“宴请”的话，是个“好地儿”。

👍 蟹粉小笼。

💻 www.dianping.com/chain/61105

Adria

见亚地里亚（271 页）

ALFA 餐吧 20 27 19 ¥83

幸福一村 6 号（工体北门对面胡同内） ☎64130086

✍ 胡同里的一栋“两层小楼”，地方“有些隐蔽”。整体色调是“棕色和暗红色”的搭配，窗台上摆着“硕大的方形蜡烛”，“非常有情调”。“超喜欢”里屋的大床，灯光“昏暗”，四周垂下“纱帘”，“脱鞋上去”，“怎么舒服”就“怎么来”。出品号称“传教士菜”，其实就是“东南亚”口味，卖相“精致”，味道“还不错”。不吃饭的话，在这儿“聊聊天、喝喝酒”也算惬意。

👍 玉米浓汤。

☺ 情侣约会、朋友聚餐。

💻 www.dianping.com/chain/18912

Annie's Cafe

见安妮意大利餐厅（62 页）

ARIA Restaurant

见阿丽雅（59 页）

Ashandi

见阿山蒂（60 页）

Asian Star

见亚洲之星（271 页）

Athena

见雅典娜希腊餐厅（271 页）

Banana Leaf

见广州蕉叶（110 页）

BaskinRobins

见 31 种美国冰淇淋（49 页）

Brasserie Flo

见福楼（104 页）

BRAVO

见品诺意大利餐厅（193 页）

Brothers 兄弟 22 17 20 ¥17

东长安街 1 号东方新天地地下美食街 CC11 铺 ☎85182931

✍ 小小的面包房。厨师是日本人，常常能看见他“亲自”端面包出来，用“流利”的中文为顾客“介绍”。金枪鱼三明治“每去必买”，“超人气”德国风裸麦果仁面包口感“相当好”，里头还夹着“超多”葡萄干和果仁，“赞一个”。美中不足的是，价格“总体偏高”。

💻 www.dianping.com/chain/1946014

Cabo Cafe

见酷堡餐吧（158 页）

Cafe Bros

见波罗斯咖啡（73 页）

Cafe Cha

见咖啡茶（154 页）

Cafe Sambal 17 15 15 ¥115

豆腐池胡同 43 号(近旧鼓楼大街) ☎64004875

✍ “很特别”的马来西亚餐馆。坐落在豆腐池胡同的一个“小院子”里，装修“简单”，感觉“很适意”。菜品种“不多”，价格“不菲”，但口味“称得上是全北京最地道的”。拉茶“粉专业”，牛尾汤“让人温暖”。“京城的老外非常喜欢去”。

👍 拉茶、牛尾汤、马来风光、摩摩喳喳。

💻 www.dianping.com/chain/15283

Chingari

见鑫格里（266 页）

CourtYard

见四合苑（219 页）

Da Giorgio

见东方君悦意餐厅（93 页）

Danieli's

见丹尼艾丽斯（87 页）

Der Landgraf

见兰特伯爵西餐厅（162 页）

Die Kuchmutzen

见德国厨师帽（89 页）

DIO CAFE

见迪欧咖啡（89 页）

DQ 冰淇淋 23 14 16 ¥21

多家连锁店

✍ 冰淇淋“奶味很足”，“稠稠的”，口感“细腻”，“不是特别甜”，价钱还“比其他进口冰淇淋便宜多了”。配料可以自由组合，“腰果、核桃、葡萄干、巧克力、果酱什么的”爱吃啥加啥。“最喜欢”绿茶口味的暴风雪，“总是给人一种淡爽清香的感觉”。分店“很多”，常“和‘吉野家’开在一起”。桌子“较少”，节假日很可能“没地方坐”。

👍 绿茶暴风雪、香蕉船、奥利奥暴风雪、双倍绿茶暴风雪、芝士樱桃。

☺ 情侣约会。

💻 www.dianping.com/chain/59662

FIRSTAR

见浮士德（103 页）

GINO

见季诺（136 页）

Gisa

见吉萨意大利餐厅（135 页）

Golden Jaguar

见金钱豹（144 页）

Gourmet Corner 25 12 14 ¥37

建国门外大街 1 号国贸西楼 1 楼 ☎65052266 转

✍ “中国大饭店的美食店”，“单身刁嘴嗜甜者的天堂”。西点“每隔一段时间就会更换品种”。最爱巧克力拿破仑——三层起酥“非常酥脆”，巧克力更是如“丝般柔滑细腻”，绝对“经典”。每天晚上7:00点过后“五折优惠”，好东西“10分钟内”就“卖没了”。

💻 www.dianping.com/chain/19059

Grandma's Kitchen

见祖母的厨房（295页）

h.o.t 22 13 18 ¥27

五道口电影院东丁字路口东北第一个小路内

✍ 小店“很不起眼”，一个“小玻璃门”，进去有“两层”。环境“一般”，室内“比较昏暗”，墙上写满了“各国文字的寄语”。东西可是“真的好吃”，炒米条和韩国本地的“几乎一样”；各种火锅也“很有特色”，“火辣辣”的，味道“比较浓重”。冬天去吃“又温暖又舒服”。

👍 米肠串、米条、炒饭、米团、鱼糕汤。

💻 www.dianping.com/chain/18988

Haagen-Dazs

见哈根达斯（113页）

House by the park

见别院（73页）

Jay's corner

见街角生活西餐厅（141页）

JAZZ YA

见爵士屋（153页）

Justine's

见杰斯汀（141页）

Kempi Deli

见凯宾面包房（154页）

KISS 'n BAKE

见凯丝恩贝（155页）

La Dolce Vita

见甜蜜生活（233 页）

Le Cafe Igosso 20 20 17 ¥141

东三环南路国贸桥南路东(建外 SOHO 对面) ☎87717013

✍ 一进门是一条窄窄的楼梯，感觉“很神秘”。经过吧台的走廊，再往上面就是吃饭的地方，“情调很好”。主营意大利菜，味道不错。也有套餐，分 100～500 元各个档位，中午稍便宜。服务“随意又专业”，服务生的制服也“很养眼”。

☺ 情侣约会。

💻 www.dianping.com/chain/15407

Lemon Leaf

见柠檬叶子（192 页）

Lemongrass

见柠檬叶泰印餐厅（192 页）

LIBRARY

见藏书馆咖啡（74 页）

Makye Ame

见玛吉阿米西藏餐吧（177 页）

Mare

见古老海西餐厅（108 页）

Maxim's de Paris

见马克西姆（177 页）

Mexican Wave

见墨西哥风味餐厅（187 页）

MIMA

见左右间咖啡（296 页）

MIX CLUB 18 24 20 ¥218

工体北路工人体育场北门内(近三里屯) ☎65302889

✍ “很时尚”的 Club。酒水价钱“比较公道”，音乐以 hip-hop 为主,“很好听”,在里面可以摇得“很开心”。洗手间里的阿姨态度“特别好”,“宝贝儿”“宝贝儿”叫得人开心。就是“太挤”,人“多得吓人”。

☺ 朋友聚餐、情侣约会。

💻 www.dianping.com/chain/16249

Morel's

见莫劳龙玺西餐(187 页)

Moscow Restaurant

见莫斯科餐厅(187 页)

Mr Pizza

见米斯特比萨(183 页)

My Humble House

见寒室(115 页)

Nam Nam

见那么那么越南菜(190 页)

Nuage

见庆云楼(200 页)

Outback Steakhouse

见澳拜客牛排店(63 页)

PacificCoffee

见太平洋咖啡(223 页)

Papa John's Pizza

见棒约翰比萨(67 页)

Passby Bar

见过客(113 页)

Paulaner Brauhaus

见普拉那啤酒坊(195 页)

Peter Pan

见小彼德（255 页）

Peter s Tex Mex Grill

见彼德西餐（71 页）

Pink Loft

见粉酷（101 页）

Red Basil

见紫天椒（294 页）

Red Moon

见东方亮餐吧（93 页）

ROMANA

见罗马娜（175 页）

Scene a Cafe

见中国大饭店咖啡苑（291 页）

Sculpting In Time

见雕刻时光咖啡馆（90 页）

Sizzler

见时时乐（212 页）

Starbucks Coffee

见星巴克咖啡（266 页）

SUBWAY

见赛百味（204 页）

T.G.I.Friday's

见星期五餐厅（267 页）

T6 香辣火锅 19 20 16 ¥56

成府路华清嘉园 12 号楼底商(城铁斜对面) ☎82865074
建国路 88 号现代城 A 区 B 座 S-3401 室 ☎85806014
望京新城 4 区 420 号楼(移动通讯大厦对面) ☎64705151
朝阳路八里庄 100 号住邦 2000 底商(慈云寺桥东) ☎85869568

✍ “比较高档”的火锅店。环境“有点像茶餐厅”，“没有大家习惯的火锅店的闹腾劲儿”，也“很干净”。锅底“很香”，菜品“很精致”，涮料“很新鲜”。最好的是各种拼盘，肉拼盘、菜拼盘、菌拼盘、豆腐拼盘，“1～2 人来也能吃到各种各样的菜”，“很划算”。

👍 特制豆腐、酸梅汤、菌拼盘、啤酒肥牛、鸭肠、冷锅鱼、菜拼盘。

☺ 朋友聚餐、情侣约会。

💻 www.dianping.com/chain/21944

Tafi 意大利餐厅 20 20 19 ¥35

中关村东路 8 号东升大厦 B 座 1 楼(近成府路) ☎82527533

✍ 如果想找个安静的地方吃饭，tafi 是个好地方。“轻柔的音乐”和“微笑的服务”，感觉“很舒服”。“29 元”的自助，品种虽“不多”，但南瓜汤“香浓甜糯”；小 pizza“饼底酥脆”，cheese“量足”；焗饭和面都“比较好味”；甜品也“过得去”。真的“非常超值”，“向大家推荐”。

👍 南瓜汤、意大利面、焗饭、比萨。

☺ 休闲、情侣约会、朋友聚餐。

💻 www.dianping.com/chain/19353

Tandoor

见天都里印度餐厅（229 页）

Tasty-Taste

见泰笛黛斯（224 页）

TCBY

见天使冰王（231 页）

The Kro's nest

见乌巢（242 页）

The Tree 24 20 14 ¥87

三里屯北街友谊青年酒店院内 ☎64151954

✍ 以前的“隐蔽的树”。现在搬到了北街的巷子里，“不大好找”。店内装饰“很有欧洲 pub 的感觉”。“传说中最好”的 pizza，底“特薄”，cheese“均匀而丰富”；啤酒听说是“原装进口的”，“很值得喝”，就是“有点贵”。人总是很多，“大多是老外”，“嘈杂”得很。

👍 比萨、沙拉、啤酒。

☺ 朋友聚餐、休闲。

💻 www.dianping.com/chain/19937

Together

见客来德欢乐餐厅（157 页）

Traktirr

见老井俄式餐厅（165 页）

Valentino 巧克力廊 23 14 18 ¥67

东长安街 1 号东方新天地 EE08 号
中关村广场步行街 R27a 号
将台路 6 号丽都假日饭店大堂
建国门外大街 1 号国贸商城 B1 楼(近屈臣氏)

✍ "到这诱人的柜台面前走不动了"。巧克力据说都"是从比利时空运来的"，"美味醇厚"，礼盒包装也"特别精美"，尤其是木头盒子，"典雅华丽"，"送人再合适不过"。冰淇淋"香浓而不甜腻"，可惜"没有多少品种"，"经常下午就卖完了"。好一个"让人动心"的地方！

💻 www.dianping.com/chain/1917112

Very Siam

见非常泰（100 页）

White Nights

见白夜西餐（65 页）

阿呆炖锅 ▽ 20 8 17 ¥36

南二环永定门内东街中里 13 号(近天坛南门) ☎67034020

✍ 这地方确实"很偏"，环境也"一般"，但出品却都是美味。"浓浓香辣"的锅底配上"怎么炖都很嫩"的柴鸡"最最经典"，吃过以后还能涮点蔬菜，蔬菜吸尽了汤里的"精华"，味道"好极了"；烤鸡翅相当"好吃"，"不比传说中的几家翅店差"。冬天还有自助火锅可点。

☺ 朋友聚餐。

💻 www.dianping.com/chain/63461

阿凡提餐厅 18 9 11 ¥26

苹果园东口天宇市场对面

✍ 算是"石景山新疆饭馆里的头一家"。烤串"是必须要吃的"，肉质"新鲜"，烤得"挺香"，"端上来大大的一盘各桌分着吃，很有气氛"；各种新疆风味的炒菜也“很地道”。装修“朴实”，服务风格“随便”，人多热闹，吃起来感觉“很放松”。“几个哥们聊天喝酒”很不错。

👍 羊肉串、大盘鸡、拉条子。

💻 www.dianping.com/chain/18885

阿凡提音乐餐厅 16 19 15 ¥109

朝阳门内大街后拐棒胡同甲 2 号 ☎65272288

✍ 新疆特色餐馆。餐厅缀满了“色彩艳丽的挂毯”，服务员身着“特色的民族服饰”，让你仿佛“置身于西域草原中”。每晚有节目表演，不过最经典的还是最后大家连成串“跳上桌子疯狂”，确实“跟安安静静地吃饭不一样”，“有意思”。就是菜品味道“实在一般”。

👍 羊肉串、柠檬牛肉、大盘鸡。

☺ 朋友聚餐、商务宴请。

💻 www.dianping.com/chain/15241

阿根廷烤肉 13 35 21 ¥165

顺义区来广营东路 1 号(近京顺路) ☎84701666

✍ 看广告以为是“类似巴西烤肉的餐厅”，进去后才发现是“很正式的西餐厅”。烤肉正不正宗不知道，但味道“可以接受”。环境“不错”，“后现代风格”的建筑，“高高”的大厅，感觉“很震撼”。气氛“很好”，客人不多，“周末去也不挤”，是感受异国风情的好地方。

👍 牛排。

💻 www.dianping.com/chain/18893

阿兰菜馆 20 11 14 ¥43

天坛东里南区 2 号楼西 ☎67026618

广安门南街 32 号(白纸坊桥东北角) ☎83530650

方庄路芳星园二区 9 号楼(二中人民法院对面) ☎67638313

✍ “典型”的南城清真馆。墙上挂的都是“大腕来店里吃饭”的照片，透着餐厅的“好”名声。东西大部分都炖得“较烂”，羊蝎子、大棒骨、炖板筋吃起来“很过瘾”。价格小“贵”。服务员“很纯朴”。气氛“很热闹”，基本都是“家人朋友”一块过来“吃吃饭的”。

👍 羊蝎子、羊棒骨、爆肚、红烧牛尾、麻豆腐。

☺ 朋友聚餐。

💻 www.dianping.com/chain/22162

阿丽雅 20 25 24 ¥321

建国门外大街 1 号中国大饭店 3 楼 ☎65052266-36

✍ 北京“最好”的酒店商务餐厅之一。环境“简约”

而“雅致”，氛围“安静”而“轻松”。二楼“靠阳台的位子”带着“无法表达的美丽”。西餐做得“还可以”，用餐的时候得注意“礼仪”。店里有许多“老外”和“在附近办公的人”。与闺中密友“小聚于此”，是个“不错的选择”。

☺ 朋友聚餐、商务宴请。

💻 www.dianping.com/chain/15251

阿森鱼翅店 27 24 24 ¥1025

东三环北路16号 ☎65085116

✍ 京城“很有名气”的店子。他家的燕鲍翅那是“没话说”，“绝对是好货”。环境和服务也够“档次”。就是“自己掏腰包”的话真是“非常之心疼”，还是“别人请客吃得痛快”。

👍 鲍鱼、红烧大煲翅。

☺ 商务宴请。

💻 www.dianping.com/chain/16393

阿山蒂 Ashandi 22 17 16 ¥151

新中街一条168号(工人体育馆北门正对面) ☎64166231

✍ “北京不多见的西班牙餐厅之一”。“两人份”的海鲜饭“最经典”，料“特足”，包括“虾、黑蚬、鱿鱼、牡蛎……”，“挤上柠檬汁，很香、很好吃”。餐厅“布置得挺有情调”，只是地方“有些局促”，就“少少的几桌”，临时起意去“经常没位子坐”，最好“提前预订”。

👍 西班牙海鲜饭、奶油蘑菇汤。

☺ 情侣约会、朋友聚餐、休闲。

💻 www.dianping.com/chain/15253

阿瓦山寨 24 11 10 ¥51

西大望路27号(建设银行旁) ☎87799688

昌平区花样年华正门边

✍ 湘西的土菜，“辣”、“咸”，味道“很特别”。“当家”菜是鱼头，“很鲜”、“很嫩”、“很入味”，“好像去那每桌都点”。吃完鱼头，汤可以泡面条。环境还可以，“有点少数民族的特色”。服务“欠缺些”，“不及时”。

☺ 朋友聚餐。

💻 www.dianping.com/chain/20338

阿西娅食府 20 19 20 ¥46

丽泽桥西丰台北路甲45号 ☎63858429

✍ 吃的是“地道的甘肃风味”。东西“非常赞”，想想就要“流口水”。最爱烤羊羔肉，“蘸着”辣酱咬上一口，“外焦内嫩”，有些许“刺激”，有丝毫“酣畅”。店堂是一派“西部风格”，“红灯笼、红门楼、红色的贴画”，“喜气”四处弥漫。服务蛮“好”的。虽然地方“偏”了点，人还“不少”。

👍 烤羊羔肉、酿皮。

☺ 朋友聚餐。

💻 www.dianping.com/chain/21417

阿一鲍鱼 27 25 24 ¥716

建国门外大街甲1号金之桥大厦1楼 ☎65089613

✍ “香港鲍鱼大师杨贯一的店”。燕窝鱼翅稍显“一般”，鲍鱼却真是“经典”——“鲜亮的鲍汁”中央微微凸起一块“金黄色的鲍鱼”，看着就“赏心悦目”；拿起刀叉切下，糖心鲍鱼的“精华”立刻“展现出来”，“稍用力”嚼便是鲍鱼“软韧的质感”和鲍汁“浓香的真味”一下子发挥到“淋漓尽致”——有人请客的话，可“千万别拒绝”！

👍 鲍鱼、鱼翅、鹅掌、鲍汁百灵菇。

☺ 商务宴请。

💻 www.dianping.com/chain/21808

埃蒙小填 17 27 19 ¥44

八达岭高速北三环路口玫瑰园2号楼 ☎62059410

✍ 在马甸桥东北角的公园里。布置“非常温馨”，而且“非常有云南特色”；老板埃蒙是“少数民族”同胞，“很豪爽”，歌唱得“非常好听”；服务员也“很热情”。真想找个日子来这里，尝几个云南特色菜，吃上一碗米线，再沏上一壶普洱茶，安静地享受午后的时光。

👍 过桥米线、香茅草烤鱼、小锅米线、黑三剁。

☺ 朋友聚餐、情侣约会。

💻 www.dianping.com/chain/20936

爱江山 22 28 24 ¥137

将台西路四得公园内静园(柏丽饭店对面) ☎84569336

✍ 韩餐馆，就开在“韩国人扎堆”的地方。环境是“精心设计过的”，“昏暗”的灯光，“安安静静”的氛围，“悠闲”、“惬意”。包间分为“开敞的榻榻米”和“普通的密闭”两种，私密性“极好”。翻开菜单，“如预料的一样”，价格“不菲”。食物种类还挺多的，烤肉是用“带网眼的铁篦子烤”的，由服务生代劳。赠送的小菜和红豆牛奶冰“可以续”。

☺ 商务宴请、情侣约会。
💻 www.dianping.com/chain/1895008

爱遥湘菜馆

19 14 14 ¥43

安慧里一区 24 号楼 ☎64972413
东方路 4 号希尔顿酒店院内东方服务楼 1 楼 ☎64623712
花家地北里 1 号楼 1 楼 ☎64733407

✍ 湘菜馆子，"常年不倒"。东西"不错"，"比较家常"的感觉，"适合大众口味"。环境"一般"，"人不少"，"随便吃吃"还可以，"专程去"的话就"没必要"了。

👍 剁椒鱼头、毛氏红烧肉、小炒肉。
☺ 朋友聚餐。
💻 www.dianping.com/chain/21872

安家美食城

18 16 16 ¥43

广安门外菜户营东街 60 号哈特酒店 2 楼 ☎88375878

✍ 西北风味儿，还算"比较正宗"。酿皮"相当筋道"，拌的料也"地道"；牛肉拉面"非常好"，"汤和面都出色"；手抓肉也"做得很香"，只是"羊肉比甘肃当地的有些差距"。还有各种甘肃的"特色饭菜、特色甜食和啤酒"供应。兰州朋友想念家乡时可以来这儿找找感觉。

👍 手抓肉、酿皮、牛肉面、大盘鸡。
☺ 朋友聚餐。
💻 www.dianping.com/chain/17630

安妮意大利餐厅

22 18 19 ¥77

朝阳公园西门南侧 ☎65911931
建国路 88 号 SOHO 现代城西门 ☎85898366
将台商业街（丽都饭店南） ☎64346041
来广营东路 5 号长岛澜桥别墅区旁（京顺路口） ☎84704768
东三环路 16 号（农展馆正门南侧） ☎65033871

✍ 周围"都是外国人"，感觉"像到了国外"。"红白相间"的格子桌布，"幽暗"的灯光，"轻柔"的背景乐，"有礼貌"的男服务生，一切都显得"好有气氛"。供应的是意大利菜，"挺正宗的"。免费的餐前面包"非常香"；比萨"很薄"、"很脆"，馅料也"比较丰富"，很好吃。价格"有些贵"，不过"很值"。

👍 奶油蘑菇汤、比萨、提拉米苏、海鲜千层面、奶酪茄子卷。
☺ 朋友聚餐、情侣约会。
💻 www.dianping.com/chain/21803

安外清真寺烤串

见梦幻肉筋（182 页）

澳拜客牛排店 23 23 21 ¥185

工体北路工人体育场北门内 ☎65065166

东长安街33号北京饭店东楼A座1楼东侧 ☎65282858

✍ “很正宗”的牛排馆子。牛排在北京“绝对算得上首屈一指”，“决不是一般西餐店的口感”，而且分量“超大”；配菜和汤都“有特色”；饮料是“地道”的“美国式”，可以“续杯”。装修充满了“乡村”风格，到处都是“大木头”。一水的“卡式车厢座位”既保留了“私密性”，又保持了餐厅整体的“通透明快”。

👍 牛排、炸蘑菇、炸洋葱花球。

☺ 情侣约会、朋友聚餐。

💻 www.dianping.com/chain/21819

八先生涮肉坊 23 11 15 ¥58

三里河三区14号楼 ☎68520816

亚运村北辰东路慧忠里304号楼 ☎64927397

✍ “多年的老店”。炭火铜锅，羊肉“很嫩很嫩”，“入口即化”；麻将调料“很香”。就是配菜“品种有点少”，价格“有点高”。店里人很多，到处都是“热腾腾”、“乱哄哄”的，“颇有一份老北京闹市的感觉”。饭点儿都“要等位”。

👍 羊肉、冻豆腐、墨鱼丸、炸豆皮、羊蝎子。

☺ 朋友聚餐。

💻 www.dianping.com/chain/21889

八燕烩食馆 21 12 13 ¥37

望京望花路东里7号楼副2号铺 ☎64729391

✍ “广东小馆子”。门脸“不大”，但里面“挺深”的。四壁都贴着“菜品价格”和“风水运势”之类的，还真有广东“当地”的茶餐厅“那么回事儿”。几个“比较有特色”的菜都“很不错”，“物美价廉”，尤其推荐煲仔饭系列。

☺ 朋友聚餐。

💻 www.dianping.com/chain/20909

巴国布衣 19 20 16 ¥65

西直门南小街68号北京青年宫1楼 ☎66152230

地安门东大街89-3号(平安大街路北) ☎64008888

东三环南路2号南航大酒店2楼(近建国路) ☎65672188

阜成路甲28号新知大厦1楼(航天桥西南角) ☎88190088

✍ “新派”川菜馆。川味“特色明显”，三峡石爆脆肠果真“名不虚传”，口感“非常奇妙”，“一点都不腻”。

其他菜肴也“好吃”。就是品种“偏少”，价格“偏高”。环境都是“仿古”的，晚上还能“近距离”欣赏“川剧变脸的表演”，感觉“不错”。

三峡石爆脆肠、毛血旺、川北凉粉、口水鸡、香芋卷、水煮鱼。

☺ 朋友聚餐、商务宴请、情侣约会。

www.dianping.com/chain/21805

巴黎贝甜

22 22 22 ¥28

朝阳门外大街99号岳秀服装市场1楼 ☎58761066

霄云路阳光上东对面 ☎51303960

广顺北大街33号嘉茂购物中心1楼 ☎64751012

望京街9号望京国际商业中心1楼 ☎59203260

建国门外大街1号国贸商城B1楼 ☎65054277

来自韩国的面包店。店内“韩国气息很浓”，耳边听到的“都是韩语”。环境挺好，从灯光到面包的摆放都“很用心”，让人感觉“温馨”、“舒服”。面包“很好看”，“有让人全买下来一个一个试吃的冲动”，闻到香味更“忘记了减肥的决心”。虽然价格“贵”，但“物有所值”。

小泡芙、草莓卷、红豆多拿、蒜泥棒、原味芝士蛋糕。

www.dianping.com/chain/76050

粑子火锅

21 14 14 ¥57

顺源里13号 ☎84510505

望京西路甲39号(望京桥西北) ☎64393985

传说中“北京最正宗的四川火锅”之一。味道确实“不错”，红汤里加麻加辣“很过瘾”，价格还算“实惠”，就是涮菜质量“不大稳定”。环境和服务实在“不敢恭维”，也就只能随便吃吃了。

午餐肉、黄辣丁、鹅肠、毛肚、藕片、金针菇、香菜丸子。

☺ 朋友聚餐。

www.dianping.com/chain/21935

白记年糕

24 8 10 ¥11

牛街北口西侧1号商业楼牛街清真超市1楼

就喜欢他家的老北京小吃。对那里“粘粘糯糯”的东西一向“没有抵抗力”。驴打滚、豌豆黄、年糕，都是“细腻绵软”，“香甜不腻”。自己吃“好”，送给亲戚朋友也“不错”。

www.dianping.com/chain/82887

白家大宅门食府

19 31 24 ¥239

苏州街15号 ☎62658851

✍ 由“礼亲王府”改建的餐馆。环境那是“没得说”，“假山喷泉”，“古色古香”。服务员都穿着“宫廷服饰”，见了客人就“您吉祥”，有时候还有“弹琴的、唱曲的伺候着”，真有“回到满清王朝”白王爷“大宴各路达官显贵”之势。吃的是一水的“宫廷御膳”，小点心最出挑。价格么，自然也是“对得起这些硬件”的。

👍 鹿肉、虾球、豌豆黄、鹿筋。

☺ 商务宴请。

💻 www.dianping.com/chain/17261

白魁老号饭庄 16 8 7 ¥22

隆福广场前街 1 号 ☎84012373

交道口南大街 158 号 ☎64040967

✍ “很有历史的老字号”。东西“那叫一个多”，各种“老北京”的“清真风味小吃”都能在这儿找着。味道嘛就时好时坏了，有时候吃着特“香”，有时候却是“一般般”。服务员都“爱搭不理”的，真不知道是“人手不够”还是人家的“传统”就是这样。

👍 烧羊肉、奶油炸糕、糖耳朵、面茶。

💻 www.dianping.com/chain/21955

白领桥私家菜馆 21 15 15 ¥45

文慧园北路甲 22 号 ☎62266368

✍ 在经典花园东门对面的胡同内，“地方不太好找”。环境“一般”，“就像那种普通的街头小馆子”。菜是“北京百姓人家的做法”，“普遍偏咸”，“几个经典的菜都值得一点”。菜名有特色，“咱家”开头，“很亲切”。老板是一个北京人，“很热情”，“还会和顾客聊上几句”。

👍 咱家老酒煨肉、咱家拌腰花、咱家金牌汤。

☺ 朋友聚餐。

💻 www.dianping.com/chain/19022

白马江韩国料理 21 12 13 ¥42

新源街 18 号楼 1 楼 ☎84542293

✍ “地道”的韩国小店。店面“不大”，装修“有点朝鲜风味”，“很温馨”，2 楼“要脱鞋盘腿而坐”。特色是狗肉料理，好多狗肉系列，其他饭菜的选择也“很多”，“性价比高”。服务“亲切”，就餐的“大部分是韩国人”。

👍 炒米条、大酱汤、狗肉火锅、石板豆腐。

☺ 朋友聚餐。

💻 www.dianping.com/chain/18195

白夜西餐 White Nights 24 15 14 ¥74

东直门内北中街甲13号(近俄罗斯大使馆南门)　☎84029595

✍ 在北京的俄罗斯人"最常去"的俄式餐厅之一，离它"不远处"就是"俄罗斯大使馆"。餐位基本上都在"地下"，墙上贴着"很多电影海报"，"挺有感觉"。出品"地道"而"家常"，价格可以说是"相当便宜"，性价比"极高"。奶油烤鱼、罐焖牛肉、羊肉汤……每次都能将菜肴"一扫而空"，"很喜欢"。

☺ 朋友聚餐、情侣约会。

💻 www.dianping.com/chain/70286

百富源酒楼

21　17　14　¥46

和平里中街六区8号　☎84214005

麦子店大街46号　☎64602075

✍ "以辽菜立足"，许多获奖菜都"不是浪得虚名"，口感"不错"，菜量"还可以"，价格"实惠"，时令海鲜常有"打折"。环境算是"标准"的，包间的装修"绝对不会让你没面子"。有机会的话可以去试试。

👍 砂锅独元。

☺ 朋友聚餐。

💻 www.dianping.com/chain/22070

百合素食

18　23　20　¥59

昆明湖路50号(近颐和园新宫门)　☎62878726

东直门北小街草园胡同23号　☎64052082

✍ 素菜馆子。环境"很好"，"安静幽雅"，"古色古香"。稊园店还能看见窗外的荷塘，"接天莲叶"映衬着"一池盛开的莲花"。素菜荤烧确实已经达到了"以假乱真的地步"，卖相"精致但不花哨"，味道"不错"。就是价格"不便宜"，偶尔"感受"下"还可以"。

👍 清蒸鳕鱼、糖醋素排、锅盔。

☺ 朋友聚餐、情侣约会、休闲社交、商务宴请。

💻 www.dianping.com/chain/17213

百事吉新派火锅

17　16　19　¥48

西三环北路95号　☎68412335

北中轴路熊猫环岛南　☎62370605

✍ 火锅"没什么特色"，云南风味的小菜"一般般"。地面总是"油乎乎的"。不过服务真"不错"，侍应生MM大都是"少数民族"的，都会"唱山歌"，吃完饭后还能替你"免费按摩"，挺"舒服"的。

👍 火锅、过桥米线、羊肉、鱼丸、肥牛。

☺ 朋友聚餐、休闲社交。

💻 www.dianping.com/chain/21893

百万庄园西餐厅

14 20 16 ¥61

白石桥路27号 ☎68931316

朝阳门外大街20号联合大厦1楼 ☎65889120

知春路63号 ☎62617202

更多分店请登陆大众点评网 www.dianping.com

👍 牛排、烤鳗鱼、沙拉、红菜汤、冷酸鱼。

☺ 情侣约会、朋友聚餐、休闲。

💻 www.dianping.com/chain/21980

百粥乡

17 15 11 ¥29

东中街9号东环广场写字楼A座1楼 ☎64185681

枣营北里6号伯宁花园1楼(亮马桥东) ☎65079656

万柳阳春光华甲5号楼1楼2号(苏州桥西) ☎82578396

黄寺大街23号院内 ☎82230408

安贞西里五区1号阳光乐佰商城2楼 ☎51237608

安定门外大街183号京宝花园B1楼(地坛公园对面) ☎64401280

✍ "喝粥的好地方"。粥的种类"看起来挺多",熬得也"到位",就是"量小","不是很划算"。其他小面点也"很多"。"二十四小时"营业,一到饭点"人很多","乱哄哄的"。上菜速度"太慢",要挨得住"等待"。

👍 锅贴、鱼片粥、皮蛋瘦肉粥、苹果酥、梅菜粥、叉烧酥、枸杞南瓜粥。

💻 www.dianping.com/chain/21869

半岛明珠酒家

18 24 21 ¥322

朝阳公园南路19号郡王府饭店院内 ☎65060888

✍ 听说是"花了十年功夫",按照"原郡王府的模样","以1:1的比例"修建起来的。门口站着"盛装的格格",客人一来就是句"您吉祥",感觉"就像到了清朝"。进去后"真就和在王府里似的",有"很多间厢房",被设计成包间,有"各自独立"的洗手间,环境"真是没得说"。主做粤菜,"精致"、"清淡","很地道";点心里的榴莲酥"特别好吃"。价格"挺贵的",不过这样的地段、这样的环境和服务、这样的美食,也"值了"。

👍 榴莲酥。

☺ 商务宴请。

💻 www.dianping.com/chain/18335

棒约翰比萨

19 17 17 ¥58

远大路1号金源时代购物中心1楼 ☎51659939

广渠门外大街9号富力城A座底商(世纪联华旁) ☎51659733

光华路1号嘉里中心B1楼 ☎51659299

苏州街3号大恒科技大厦1楼(海淀桥南) ☎51659581

北苑路 42 号易初莲花 1 楼 ☎96096528

✍ 美式比萨店。比萨口味上与“必胜客”并“没有太大差别”，但用料比“必胜客”要“足”一些。鸡翅和芝士条挺“好吃”的。价钱“和必胜客差不多”。外送比较“专业”。

👍 鸡翅、芝士条、超级棒约翰、薯角。

☺ 朋友聚餐、情侣约会、休闲社交。

💻 www.dianping.com/chain/18475

宝记豆汁店

23 8 14 ¥11

牛街输入胡同口路北

✍ 虽叫豆汁店，但“并不以豆汁儿出名”。好吃的是炒草莓和炒山楂，“很新鲜”。尤其是“夏秋供应”的炒草莓，“全是连草莓带汁水冻在一起”的，放入口中，“充分地刺激味蕾，暑气全消”。店“很小”，“不能堂食只能打包”。

👍 炒红果、豆汁、炒草莓。

💻 www.dianping.com/chain/59582

宝琴傣味餐馆

22 8 13 ¥36

民族大学北路 16 号(近民大西门) ☎68483189

✍ “就跟九寨沟的水似的，远近闻名”。店里“弥漫着一种特殊的香料味”，“很云南”。做的是“地道的傣家菜”，每一道“都有民族特色”，上菜的速度“快”得“惊人”。地方“很小”，也许要“等半天的座”；老板娘比较“牛”，一副“你爱吃不吃的样子”，可都别在意。

👍 菠萝饭、土豆球、黑三剁、米酒、汽锅鸡、过桥米线。

☺ 朋友聚餐。

💻 www.dianping.com/chain/17804

鲍鱼王子南国苑

26 22 26 ¥292

真武庙路 1 号中国职工之家大饭店 2 楼 ☎68566888

广安门外大街 1 号深圳大厦 1 楼 ☎63319797

东三环南路 17 号京瑞温泉国际酒店 2 楼 ☎67654925

✍ 鲍鱼是招牌菜，“好吃”、“地道”。除了鲍鱼之外，普通的家常菜也不错，“精致”、“清淡”，口感“很好”。装修“堂皇气派”，服务“一流”，商务宴请“绝对够面子”。只是价格“太高”，自己去“可得掂量着点”。

☺ 商务宴请。

💻 www.dianping.com/chain/22141

鲍鱼先生

22 26 20 ¥240

西三环北路 100 号金玉大厦 1 楼(近阜成路) ☎68413399

✍ 环境"挺优雅"，包间"布局很好"。鲍鱼、鱼翅"特别好吃"，但价钱"太贵"。老百姓可以选择"中午的自助"，不到30元就能吃到各种"港式茶点、粥和小菜"，味道"很不错"。就是"要早点去"，否则食物都"凉了"，好吃的也"没了"。

👍 鱼翅、鲍鱼、蛋挞、虾饺。

☺ 商务宴请。

💻 www.dianping.com/chain/17898

爆肚冯

24 | 10 | 11 | ¥28

菜市口十字路口西南(枫桦豪景西) ☎83558088

✍ "老北京的口味"。首先小料就是"一绝"，用的是麻酱和腐乳，"香"。爆肚看起来收拾得"非常干净"，"火候到家"，涮出来"新鲜"、"嫩脆"，沾上小料，"十分鲜美"。只是服务，"实在有必要改进"。

👍 爆肚、羊杂汤、涮羊肉。

☺ 朋友聚餐。

💻 www.dianping.com/chain/17319

爆肚皇

25 | 7 | 12 | ¥26

东直门外东湖别墅和金健饭店间

✍ 这地方还"真不好寻"，"那么不起眼儿"，但来的人可"真不少"。最爱他家的爆肚，"非常嫩"，齿感也"挺咯吱的"，大家伙儿"抢着吃"，"贼香"；豆汁儿也"不错"，看着那"灰绿的颜色"就"冲动"，赶紧"趁热吸溜着"，再"吧嗒一口咸菜"，那叫一个"美"的！卫生和环境么就"别说"了。

☺ 朋友聚餐。

💻 www.dianping.com/chain/17572

爆肚金生隆

25 | 18 | 18 | ¥46

东四十条24号青蓝大厦1楼(东四十条立交桥西) ☎65279051

西直门外大街135号展览馆剧场北皇帝船码头西堤

✍ 这里才是"老北京最正宗的爆肚"，"爆肚冯的嫡系传人"冯金生开的。他家的爆肚分得可"真细"，"肚仁、肚领、散丹……"，又"嫩"又"脆"，吃都"吃不过来"。火锅就是"大铜锅"，羊里脊"通体血红"，"绝非"一般店里的肉"可比"。其他老北京小吃也"颇为玲珑"。环境在吃爆肚的店里是"最好"的，"最有特色"的便是墙面上挂着的"宣扬"爆肚文化的东西。

👍 肚领、肚仁、酸梅汤、羊里脊。

☺ 朋友聚餐。

💻 www.dianping.com/chain/22087

爆肚王

26 | 13 | 18 | ¥37

垡头东直门长途汽车站附近(近化工路)

✍ “时不时跟朋友来这儿吃”。爆肚真的没得说——可以根据自己的口味“选择不同口感的部位”，肚丝最绝。调料“很浓”，味“特香”。自己涮，“可以掌握火候”。环境装饰“有老北京的味道”，24 小时营业。

💻 www.dianping.com/chain/64269

爆肚张

见东兴顺爆肚张（95 页）

北昌豆腐

18 | 15 | 17 | ¥52

建国门外大街 12 号秀水街对面(LG 大厦旁) ☎65682838

望京西园四区 420 楼 3 楼 ☎64717828

✍ “如果你喜欢吃豆腐，就来这里”。豆腐套餐，“都是白豆腐”，然后加上别的菜，“非常的淡”；豆浆面是“用冰豆浆泡的”，“口感极佳”；小菜“品种很多”，送的黄鱼居然“还可以续”。就餐的韩国人、鲜族人“挺多的”，服务“亲切”。

👍 大酱汤、石锅拌饭、泡菜、豆腐汤、豆浆面。

☺ 朋友聚餐。

💻 www.dianping.com/chain/19801

北京饭店谭家厅

22 | 25 | 18 | ¥1081

东长安街 33 号北京饭店 C 座 7 楼 ☎65137766-1389

✍ “摆排场”的地儿。出品“取材讲究”，“烹法奇特”，没有愧对“谭家菜”招牌。当家的黄焖鱼翅尤其让人“叹为观止”。“消费水平”自然也是“普通人家望尘莫及”的。就是服务“实在不够五星级别”，得改进些才好。

👍 黄焖鱼翅、佛跳墙。

☺ 商务宴请。

💻 www.dianping.com/chain/15711

北京人大酒楼

24 | 20 | 23 | ¥81

月坛南街二七剧场路甲 6 号(长安商场东口) ☎68022636

✍ 第一次去的朋友“不要被它清雅幽静的环境、规范热情的服务和粤菜的招牌吓倒”，其实那儿的价格“比较平实”。菜品“不是很多”，但“做得比较精细”，味道“中规中矩”，水准“一直保持稳定”。就是分量“少了点”，“适合 2～3 人吃”。

👍 烧鹅、南瓜盅、佛笑飘香、干炒牛河。

☺ 朋友聚餐、商务宴请。

www.dianping.com/chain/19320

北平羊汤馆 24 8 9 ¥18

白家庄路 8 号工体东门对面(近工体南路)

“地地道道的老北京羊汤馆”。店“不大”，卫生状况“一般”，但食客“可不少”。每次去“必点”羊杂汤，“浓郁厚重”，“一点不膻”，里头的粉条也“不错”，“很筋道”。值得一提的还有火烧，比一般店里的都“好吃”，“不少人至少来俩”。价格“实惠”。好这口的一定要去尝尝。

www.dianping.com/chain/20113

北容酒楼 18 11 10 ¥35

劲松路 1 号 ☎67741776

家常馆子。菜量“大”，“好吃又便宜”，“特别适合家庭聚餐”。烤鸭、焦熘丸子、熘肝尖值得推荐。环境“一般”，服务“一般”。周末人“超多”，有时还得等位。小贴士：楼梯挺窄的，老人家上下不方便。

烤鸭、焦熘丸子、熘肝尖。

家庭聚餐、朋友聚餐。

www.dianping.com/chain/17008

贝儿多爸爸 26 15 16 ¥12

东长安街 1 号东方新天地地下美食街 CC09-CC11 铺

西单北大街 153 号君太百货 B1 楼

广顺北大街 33 号嘉茂购物中心 B1 楼

中关村大街 27 号新中关购物中心 B1 楼

每次闻到那股“浓浓的香味”就“受不了”，不管是不是“刚刚饱餐了一顿”，先买上一个再说。“金黄酥脆的外皮”撒着“白白的糖粉”，“一口咬下去”便是里头“香浓爽滑”的奶油，最适合“谈恋爱的小情侣”，从“嘴里甜到心里”。那么多种口味里还是“最钟情”于原味的——不愧为“经典之保留”。

原味泡芙、巧克力泡芙、绿茶泡芙。

www.dianping.com/chain/22152

彼德西餐 20 22 21 ¥78

建国门外大街 21 号国际俱乐部 1 楼 ☎85322449

走进店里，像进了“森林中的小木屋”。里面有书和各种装饰品，灯光“昏黄”，气氛“温馨”。客人“大部分是老外”，有点“到了国外的感觉”。吃的是墨西哥菜，分量“很大”。每个餐桌上“都有一个按铃”，服务员随“按”随到。书架上的原版小说均可“免费”借阅，只需登记即可。

👍 奶昔、烤薯皮、意大利面条配熏肉芝士、英其拉达、玉米脆片配奶酪汁。

☺ 朋友聚餐、休闲、情侣约会。

💻 www.dianping.com/chain/72116

必胜客 Pizza Hut　20　20　19　¥64

多家连锁店

✍ “最常吃”的PIZZA，只要是饭点就一定“排着长队”。吃来吃去“最经典”的还是“至尊系列”，料给得“很多”，火候掌握得“不错”。自助沙拉也“好玩”，完全就是“自娱自乐”。环境么，“Pizza Hut 的小气氛”，还是“比较适合小聚会”的。

👍 鸡翅、超级至尊、自助沙拉。

☺ 朋友聚餐、情侣约会、休闲社交。

💻 www.dianping.com/chain/22062

碧露轩茶艺馆　17　21　20　¥147

亚运村汇园公寓 R 座 1 楼　☎84977951

建国门外大街 21 号国际俱乐部饭店公寓 1 楼　☎65327008

✍ 精品茶艺馆。喜欢店里的“设计风格”，“雕花台面”、“镂空隔扇”，处处体现着“中华文化的韵味”。晚上还有“乐师抚琴”、“茶道表演”，让人“大开眼界”。茶叶价格“非常贵”，适合“高档的商务活动”。

☺ 商务宴请。

💻 www.dianping.com/chain/21998

便宜坊烤鸭店　20　16　13　¥84

崇文门外大街甲 2 号哈德门饭店 1 楼　☎67112244 转

北三环中路 6 号　☎82081019

阜成路 101 号　☎88146066

天坛东路 73 号　☎67020904

幸福大街 36 号　☎67116545

崇文门外大街 5 号新世界二期青春馆 3 楼　☎67088680

✍ “老字号的焖炉烤鸭”，和全聚德相比“各有特色”。鸭皮“真是一绝”，“又油又酥”。其他菜肴还“凑合”，价格“不便宜”。装修“很有老北京特色”。服务么，有时候还残留着国营店的“旧习气”，崇文门店还得收“服务费”。

👍 烤鸭、干烧鸭四宝、芥末鸭掌、盐水鸭肝。

☺ 朋友聚餐、商务宴请、家庭聚餐。

💻 www.dianping.com/chain/21886

别院 House by the park ▽　24 28 23 ¥333

建国路 89 号华贸中心 19 号楼会所 2 楼　☎65307770

✍ 环境非常好，深色的地板及家具，搭配白色墙面，“简约而不失奢华”。吃的是创意菜，什么“江山柳如烟”、“净秋空”，“诗一样的名字”，“很精致”，“味道都还不错”。最最吃惊的是菜谱，“简直是山水画”，可见其品位了。总之，“在这里不仅仅是吃，还是在享受”。

☺ 情侣约会。

💻 www.dianping.com/chain/81420

槟城小馆　19 23 18 ¥65

天泽路 32 号(近星吧路)　☎64620004

✍ “马来风味”的小馆子，女人街里“最安静”的食肆之一。环境挺“舒适”的，“特别喜欢”二楼靠窗的大沙发座儿，看不远处的霓虹灯“此起彼伏”，“别有一番情趣”。出品是“传统”而“地道”的马来菜，姜汁拉茶尤其适合“冬天手冷脚冷的姑娘们”，“确实暖胃”。

👍 拉茶、肉骨茶、椰浆饭。

☺ 情侣约会、休闲社交、朋友聚餐。

💻 www.dianping.com/chain/18775

波罗斯咖啡 Cafe Bros　23 21 20 ¥51

成府路华清嘉园底商　☎82863198

✍ 韩国人开的咖啡小店。卖的蛋糕很好吃，cheese 的、蓝莓的、巧克力的，“每一种都不会让你失望”。最喜欢红薯蛋糕，“凉凉甜甜”、“软软滑滑”的，而且带着“红薯特有的清香”。简餐也不错，饮料“不怎么样”。韩国老板娘“态度很好”，顾客“50%以上是韩国人”。

👍 芝士蛋糕、红薯蛋糕。

☺ 情侣约会、休闲。

💻 www.dianping.com/chain/17921

菜香根酒楼　20 14 13 ¥53

月坛南路 9 号(正在装修)　☎68021707

广安门外大街北手帕巷 2 号　☎63392418

车公庄西路甲 19 号华通大厦 A 座 1 楼　☎68700768

民族园路 8 号　☎66804025

东三环中路乙 16 号(双井桥北)　☎87762779

✍ “湘菜迷们一定会迷上这里”。做的是“很地道”的湘菜，“辣辣香香的”，“很开胃”。“每次必点湘之驴”，特别是带皮驴肉，“很香”。老板好像是衡阳人，服务员也“都是湖南妹子”。服务不怎么样。

👍 湘之驴、剁椒鱼头、干锅鱼杂、水煮烟笋、辣椒皮蛋、土鸡汤。
☺ 朋友聚餐。
💻 www.dianping.com/chain/21956

藏书馆咖啡 LIBRARY

16 24 14 ¥42

牡丹园西里 11-16 号底商(牡丹园十字路口东北角) ☎62351698

✍ 空间“非常宽敞”，不像“一般的咖啡馆”那么“小家碧玉”。“大大软软”的沙发，“好大好长”的“木制”桌椅，“超级宽”的书架，“满满当当”的书，“摆了满屋”，一切都“很大气”。食物品种“特别多”，不过“味道一般”。店内可“免费无线上网”，是个“消磨时间的好地方”。

👍 蔬菜沙拉。
☺ 休闲、情侣约会。
💻 www.dianping.com/chain/66782

藏素风格餐厅

▽ 19 30 19 ¥68

大兴区黄村三中西巷 14 号 ☎51010288

✍ 大兴地区“非常棒”的一家餐厅。他家的家具餐具都是特意“订做”的，“素雅”而“漂亮”，“非常”有“特色”。吃的是素菜，造型和口味都“有新意”，尤其是毛氏红烧肉，是“用芋头之类”做出来的，居然可以分出三种“不同的口感”，“太赞了”。价格“不算特别贵”。有空带女友去那儿试试，不错。

☺ 情侣约会。
💻 www.dianping.com/chain/1930828

茶花妹子过桥米线

22 16 21 ¥16

地安门外大街 101 号
东四北大街 272 号

✍ 门脸“很小”，“不留神就会错过”。布置“很整洁”，桌子上面调料罐、烟灰缸也“很考究”。米线有好几种，“秀才、进士、状元”——其实味道“差不多”，就是“料放的多少不同”。价格“便宜”量又“足”，“要是没有机会去云南，先在这里过过瘾吧”。

👍 秀才米线、口水鸡、糖醋排骨、状元米线。
💻 www.dianping.com/chain/78478

茶马古道

16 23 15 ¥92

什刹海前海西沿荷花市场甲 19 号 12-13 室 ☎66155515
建国路 88 号 SOHO 现代城 D 座 3 楼会所 ☎85804286
安慧里二区 4 号北楼 3 楼 ☎64813261

✍ 云南菜馆。这里的一切“凝聚”着设计者对于艺术和商业的一种“平衡和把握”，从玻璃地面到墙饰到菜单，都给人以“清新的艺术享受”。出品“很有云南特色”，几个招牌菜都值得“尝试”下。就是价格“偏贵”，“不能常去”。

👍 米酒、汽锅鸡、过桥米线、过桥鲈鱼。

☺ 朋友聚餐、情侣约会、商务宴请、休闲社交。

💻 www.dianping.com/chain/21913

柴氏风味斋 23 12 10 ¥21

甘家口小区21号楼(近三里河东路) ☎88385108

西三环中路57号(航天桥西南)

✍ 门脸看起来“有些陈旧”——符合“北京老馆子的形象”；踏门而入店堂里“吵”得慌——“生意好嘛”。吃的是各种清真小吃：“冒着热气刚出锅”的面条“圆滚滚的”，“扑楞扑楞的”，汤汁“浓浓的”；酱牛肉“瘦而不柴”，拌面“刚好”；各种凉菜也都做得“很专业”。和朋友去过“好几次”了，“百吃不厌”！

💻 www.dianping.com/chain/22172

馋思仙食阁 25 23 19 ¥71

东二环广和路出口907号楼(近光明桥) ☎67702288

✍ 用粥做锅底，“别有一番风味”。所有的涮料都“很新鲜”，招牌是各种“泥”，鱼泥、虾泥、鸡泥等；涮过之后的粥底“清淡爽口”，几乎把一锅粥都“喝见底”了，“还是意犹未尽”。店面装修“时尚”、“现代”，就是人比较“多”，稍微“有些吵”。

👍 虾泥、鱼皮饺、牛肉丸、马蹄、午餐肉、鱼泥。

☺ 朋友聚餐。

💻 www.dianping.com/chain/18130

长安海洋宫 26 29 33 ¥442

复兴路26号长安净雅大酒店1-3楼 ☎58899166

✍ 吃山东海鲜的地方。环境“一流”而不“流于俗套”，整体装修以“海洋的蓝灰色和白色”为“主色调”。服务员“确实好”，总是“面带微笑”，点菜时还提醒你“菜量的大小”，算是对得起那“10%的服务费”。菜肴“干净清淡”，“当家”的四大凉菜都是“一等一的”。当然，“享受”这样的就餐过程付出的代价也着实“不小”。

👍 海参汤、拌海肠。

☺ 商务宴请。

💻 www.dianping.com/chain/21723

长安壹号 24 24 24 ¥275

东长安街甲1号君悦大酒店1楼 ☎65109608

✍ "藏"在东方君悦大酒店中，布置"简约"、"明快"，"开放式"厨房可边吃边观看厨师做菜。吃的大部分都是"比较常见"的菜，但"精致美味"，"平凡之中见不凡"。请客的话"挺有面子"，但要是自己花钱"可得掂量着点"。提醒：预约要趁早，至少提前1天。

👍 烤鸭、香煎鸭肝。

☺ 商务宴请、情侣约会。

💻 www.dianping.com/chain/15416

长江国际俱乐部

15 24 21 ¥533

广安门外天宁寺前街1号(天宁寺立交桥西南) ☎63487788

安定门外大街2号安贞大厦2楼 ☎64482222

✍ "高档"粤菜馆。"大"而"气派"，装修"金碧辉煌"，包间"像皇宫"。鱼翅不错，吃过以后"一直记忆犹新"。服务"还算周到"。只是价格实在太"贵"了，"不是一般人吃得起的"，"请人谈事才选择这里"。

☺ 商务宴请。

💻 www.dianping.com/chain/22067

常州宾馆

22 19 18 ¥66

朝阳门外大街吉祥里113号楼 ☎65535588

✍ 常州驻京办事处餐厅。地方"不大"，"以乳白和浅金色为主"，"淡雅"、"亮堂"。做的淮扬菜"确实地道"，"清淡"、"爽口"，"每一道都不会让你失望"。鱼头汤"一定要点"，"非常鲜美"。价格"不是很便宜"。地方也"不太好找"。

👍 狮子头、鱼头汤、话梅排骨、小笼包、扬州炒饭。

☺ 朋友聚餐、商务宴请、休闲。

💻 www.dianping.com/chain/16972

潮福城

23 18 20 ¥68

建国路甲108号(摩托罗拉中心后) ☎65669936

✍ "大部分时候都是去吃茶"。广式点心"品种丰富"，做工"精致"，味道"在北京的广式点心里算比较好的"。价钱一律是8元，所以"不用花太多钱就可以吃很多"。炒菜也不错，出品的粤菜"清淡可口"。饭后"送甜品"。装修"陈旧"了些，但是可以看出"曾经的豪华"。服务"保持了些许大家风范"，"比较到位"。

👍 虾饺、榴莲酥、叉烧肠粉、潮州煎年糕、蛋挞。

☺ 商务宴请、朋友聚餐。

💻 www.dianping.com/chain/15286

潮皇食府 21 30 28 ¥953

莲花池东路1号(近天宁寺立交桥) ☎63392828-1801

✍ 潮州菜馆。装修颇具“特色”,“茶亭、字画、屏风、古玩”……处处显现着“典雅大方”,处处是一派“宫廷”的模样。包房里还能看到“镏金壁画”《清明上河图》,非常“壮观”。服务生大都“十分殷勤”。“请客摆谱”最合适。相比之下,口味就“不那么重要”了。

👍 榴莲酥、蟹黄翅、葱烧赤参。

☺ 商务宴请。

💻 www.dianping.com/chain/17292

潮汕美味牛肉丸店 19 13 10 ¥45

广安门外天宁寺东里3号 ☎63479160

✍ 一开门看满店的人,都吃得“热火朝天”。喜欢牛肉丸和牛筋丸,真的“像电影《食神》里面的那样”,“很有弹力、很筋道”。免费的沙茶酱“难吃”,“偏咸”;小料都是5元1份,“太贵”。提醒:东西“不要点太多”,餐巾纸“要收费”。

👍 牛肉丸、牛筋丸、炸腐竹。

☺ 朋友聚餐。

💻 www.dianping.com/chain/22129

炒豆合作社 21 21 23 ¥43

宽街路口炒豆胡同(近中医医院) ☎84016165

✍ “简单明快的小店”。装修风格“简约”,颜色搭配“鲜亮”,储物柜里陈设了许多“玩偶和时尚杂志”,背景音乐净是“老动画片的主题曲”。鸡翅个头挺“大”的,肉质“不错”,口感偏“麻”。比萨做工“还可以”,味道蛮“正”的。其他小食都能尝尝。老板是“地道的北京人”,感觉“很诚恳”。

👍 蜜辣烤翅、比萨、自制豆干、黑椒土豆泥。

☺ 朋友聚餐、情侣约会。

💻 www.dianping.com/chain/1997656

陈记卤煮小肠 28 8 11 ¥13

取灯胡同东口

✍ “卤煮的老字号”,“一定要去”尝尝。他家的卤煮简直就是“天下一绝”,那个“香”啊,保准你“终生难忘”!可别说环境“脏啊小啊的”,吃这口嘛,就是图个“气氛和感觉”。就是“关门早”,晚上“7点多”就“不用再去了”。

💻 www.dianping.com/chain/1900186

城一锅

22 9 11 ¥41

广安门内大街临337号(新菜百对面) ☎63132934
宣武门外大街157号(SOGO对面) ☎83162366
白广路二条26号 ☎63543562
白纸坊西街甲3号 ☎63530422

✍ "喜欢吃羊蝎子的人这里一定要去"。羊蝎子煮得"很烂",味道"很浓郁"。啃完骨头再用汤涮菜配上啤酒,"相当过瘾"、"相当解馋"。价格"便宜"。环境和服务"较差",不过,"冲着美味的羊蝎子,忍了"。

👍 普通羊蝎子、宽粉、精品羊蝎子、面片、抻面。
☺ 朋友聚餐。
💻 www.dianping.com/chain/17671

重庆饭店

22 20 17 ¥76

西坝河光熙门北里15号 ☎64228888

✍ 重庆官办的川菜馆,"味道正宗自然不在话下","该麻的麻","该辣的辣",厨子如果知道你"馋辣又不太会吃辣"的话,还会"酌情处理"。毛血旺、辣子鸡、水煮鱼……保管让你"尽兴"。服务员"都是重庆妹子","热情又周到"。价格比同类餐馆要"贵一些"。

👍 毛血旺、川北凉粉。
☺ 商务宴请、朋友聚餐。
💻 www.dianping.com/chain/15297

重庆秦妈老火锅

18 14 12 ¥43

万泉河路75号(人大西门对面) ☎62635149
方庄蒲芳路30号(方庄购物中心西) ☎67664112
昌平区西关路27号(西关转盘东) ☎86699686

✍ 成都开过来的火锅店。"外红内白"的锅底外面一圈是"辣"的,中间小圈是"不辣"的。辣锅底是用大块的红色调料"现场煮化"的,所以是"越涮越辣",吃着"绝对爽"。涮品"很丰富",看着挺"新鲜"的,分量"相当足",价格也"还成"。店里的气氛总是"热火朝天"的,特别适合"朋友聚会"。

👍 鸳鸯锅、羊肉、肥牛、鸭血、毛肚、鸭肠。
💻 www.dianping.com/chain/17370

出云

18 13 14 ¥91

呼家楼向军北里6号汇鑫大厦1楼 ☎65915381

✍ 日式料理店。能单点也能吃自助。自助有"各种价位"可以选择。三文鱼、北极贝刺身"新鲜味道好",烤鳗鱼也"不错"。环境"舒适",小包间要"脱鞋进入"。

要想坐好一点的位子，最好“提前预订”。

👍 烤鳗鱼、金枪鱼沙拉、三文鱼、北极贝。

☺ 朋友聚餐。

💻 www.dianping.com/chain/15839

楚畹园

见湖广会馆楚畹园（127 页）

川办餐厅

26 13 12 ¥44

建国门内大街贡院头条 5 号 ☎65122277-6101

✍ 北京“最正宗”的川菜馆。“什么都好吃”，真的是拿到了菜单就“什么都想点”。量“大”，价格“便宜”，“性价比极高”。等位的话，“凭等位牌还能打九折”，“很人性化”。缺点是，环境“嘈杂”，有时“还得拼桌”，上菜“不够快”，但为了美味这些都“忍”了。“不用细说了，去了就一切都明白了”。

👍 口水鸡、川北凉粉、毛血旺、水煮鱼、夫妻肺片。

☺ 朋友聚餐、家庭聚餐。

💻 www.dianping.com/chain/17498

川福楼

20 11 12 ¥44

成府路 208 号（近清华南门） ☎62623194

✍ “北京很少有这样正宗的川味火锅店”。辣锅“味道很足”，“真的很辣”，辣得“很过瘾”，“辣中带着香味”；白汤“有咸味”，里面放了“不少紫菜”，可以“当一道涮品”；涮菜里羊肉最好吃。价格“很便宜”，“常年有免费”的啤酒。环境“不太好”，“比较喧闹”，包厢要人多才能订。

👍 羊肉、宽粉、嫩牛肉。

☺ 朋友聚餐。

💻 www.dianping.com/chain/17743

川府酒家

19 14 12 ¥47

亚运村安慧北里 1 号楼 ☎64935615

✍ 挺“家常”的川菜馆子。生意特好，永远都是“人满为患”的。有火锅也有炒菜。量“大”，味道“不错”，价格“便宜”。装修上颇有几分“川南民居的元素”。就是小凳子坐久了有点儿“不舒服”。

👍 水煮鱼、麻辣香锅、麻酱油麦菜。

☺ 朋友聚餐、家庭聚餐。

💻 www.dianping.com/chain/21974

川流不息

19 21 19 ¥51

中关村南大街2号数码大厦A座B1楼(双安旁) ☎51627878

✍ 装修以黑色为主，“别致”，但“不够亮堂”。杯子颜色“很好看”，“几次冲动想拿走”。做的是“新派川菜”，“没有什么太辣的”，味道“还算不错”，招牌菜彩虹排骨让人“印象很深刻”。价格“可以接受”。服务“一般般”，包厢还要“收取服务费”。

👍 彩虹排骨、川流小炒、玉米烙、香锅鱼。

☺ 朋友聚餐、情侣约会、商务宴请。

💻 www.dianping.com/chain/15783

川人情重庆火锅

24 21 21 ¥39

双榆树北里甲18号(当代商城东) ☎62642314

✍ “比较正宗”的重庆火锅店。麻辣锅“分不同等级”，“红彤彤的”，还有“牛油”在里头，辣得“那叫一个实在”。涮菜的品质“还行”，关键是“分量大价格实惠”。人“不多”，“随时都有位”。算是学生时代“重庆老乡们的聚会窝点”。

👍 鲜牛肉。

💻 www.dianping.com/chain/22111

川嫂麻辣烫

21 3 7 ¥11

护国寺宝产胡同北侧胡同内

✍ “挡不住那里的美味”。听说煮麻辣烫的汤里“有28种汤料”，吃在口中能体味到一种“满”的感觉。可以“无限量”加麻酱。店面“很小”，但是人“非常多”，场面那叫一个“火”。郁闷的是卫生“差”了点，而且“根本没人服务”。

👍 麻辣烫、热干面、酸辣粉、麻辣米线。

💻 www.dianping.com/chain/18593

川仔担担面

21 14 13 ¥13

磁器口(红桥北) ☎67131191

✍ 川味小吃店。东西虽然说不上特别“地道”，但吃起来也挺“过瘾”的。担担面很“不错”，是“没有汤的那种”，料都在面条“底下”，“色泽红润”，“香气扑鼻”，一口下去麻辣得“极其舒服”。其他面条、凉菜之类的也“正点”。很适合逛累了“随便吃吃”。就是价格“贵”了点。

👍 担担面、红豆沙、渣渣面、夫妻肺片、怪味鸡丝。

💻 www.dianping.com/chain/18980

串哥家常菜馆

见二哥鸡翅（99 页）

春夏秋冬

21 19 18 ¥93

农展馆东路 1 号棕榈泉生活广场 2 楼 ☎65398590
新中街 68 号聚龙花园 8 号楼底商(亚洲酒店东) ☎65536796
霄云路 21 号嘉里大通大厦 1 楼 ☎64680988
奥体东门北路西安定路 1 号院内(近安慧桥) ☎64931870

✍ “典型的港式火锅”。锅底和调料都“比较清淡”。海鲜“干净”而“新鲜”，滑类的嚼起来“很嫩”，拉面也“非常棒”。装修“大气”而“素雅”，“临窗的那一溜”最适合情侣。服务员都“挺活泼”的。美中不足的是，价格“小贵”。

👍 虾滑。
☺ 朋友聚餐、商务宴请、情侣约会。
💻 www.dianping.com/chain/19135

慈海素心

19 25 24 ¥76

地安门西大街 103 号齐鲁饭店院内 ☎66571898

✍ “很清雅”的所在。一对对情侣或低头轻语，或柔情相视，餐厅里放着“轻悠回荡”的曲子，“俨然世外桃源”。吃的是素菜，豆制品“做出了鱼肉的味道”，鱼香茄子变成了“色即是空”。餐具“很漂亮”，服务员“很殷勤”，待客“合十为礼”。只是价格实在“不便宜”。

👍 一指禅、布袋豆腐、多聚财宝、如是我闻、水煮鱼。
☺ 情侣约会、朋友聚餐。
💻 www.dianping.com/chain/18981

萃华楼饭庄

19 17 14 ¥92

王府井大街 58 号(金鱼胡同北) ☎65134970

✍ “老北京八大楼之一”，“有名气”的老字号。做的是鲁菜，分量“足”，味道“还可以”，就是价格“贵了点”。葱烧海参、乌鱼蛋汤最为推荐。也有“早点”提供，还挺“好吃”的。服务是“典型的国营企业风格”。环境“一般”，包间“有最低消费”。

👍 葱烧海参、乌鱼蛋汤、糟熘鱼片。
☺ 商务宴请、朋友聚餐、家庭聚餐。
💻 www.dianping.com/chain/15835

翠清酒家

26 9 12 ¥40

翠微东里甲 1 号(近万寿路) ☎68252634

✍ “很不起眼”的一家“小馆子”，去了一趟之后便成了我们的“腐败窝点”。湘菜“超级好吃”，辣得“够味”，辣得“过瘾”。“物美价廉”。环境自然是走的“大众路线”。生意“很好”，每天都有好多人“排队”。

👍 酱椒鱼头、小炒肉。

☺ 朋友聚餐。

💻 www.dianping.com/chain/63425

大笨象西餐厅

19 19 14 ¥84

朝阳门外头条甲93号(雅宝路亚太大厦北) ☎85614073

雅宝路12号华声大厦B1楼 ☎51206758

✍ 北京“性价比最好”的俄式餐厅之一。有“自助和点餐”两种形式。出品味道“纯正”，口感“浓重”，分量就像俄罗斯人那么“实诚”，价格也“还说得过去”，就是吃多了感觉有点“腻”。食客里“俄罗斯人较多”，大都“吸着烟”，“害怕烟味”的人可得小心了。晚上一般都有歌舞表演，感觉“还不错”。

👍 金枪鱼沙拉、红菜汤、奶油烤杂拌、蒜蓉面包。

☺ 朋友聚餐、情侣约会。

💻 www.dianping.com/chain/21813

大刀记凉皮

22 9 13 ¥5

新街口大街(平安里路口南)

✍ 就在“平安里路口东南角”一家“成都小吃”的北侧。“很小的窗口”，就四种外卖：“凉皮、炒凉皮、薯块、酸辣粉”，都用“白色餐盒”包着。凉皮在北京算得上“数一数二”的，口感特“筋道”，调料“非常好”（不是通常的芝麻酱），吃着吃着就能把调料汤给“喝了”。“走过路过千万不能错过”。

👍 凉皮、米皮。

💻 www.dianping.com/chain/18504

大地餐厅

见华天大地餐厅（129页）

大董烤鸭店

26 22 19 ¥123

团结湖北口3号楼(长虹桥东南) ☎65824003

东四十条甲22号南新仓国际大厦1-2楼 ☎51690329

✍ 终于去了“传说中”的大董。这里的烤鸭的确“名不虚传”！“皮很酥”，“肉很嫩”，“一点也不肥腻”。“最特别”的是“鸭皮蘸白糖”，“香香甜甜的”，口感“一流”。其他菜肴也不赖，盐水鸭肝、红花汁栗子白菜都是“经典”。“有银子”的话真想多去FB几次呢！小贴士：等位时提供饮料和葡萄酒。

👍 烤鸭、盐水鸭肝、鸭四宝、红花汁栗子白菜、红花豆腐、雀巢鸭宝。
☺ 商务宴请、朋友聚餐、家庭聚餐、情侣约会。
💻 www.dianping.com/chain/16809

大贵 18 18 16 ¥67

交道口大兴胡同69号(东城分局旁) ☎64071800

✍ 位置在“宽街那边的大兴胡同里”,门口招牌“不明显”,“很不好找”。环境“还算有特色”,院子里有竹子,“透过大大的落地窗能看见前后的院落”,“菜单写在扇面上”也“很有意思”。贵州菜做得“很好”,就是菜量“较小”,价格也“较贵”。

👍 酸汤鱼、蜂窝煤、干锅毛肚、老干妈土豆粒。
☺ 朋友聚餐、情侣约会。
💻 www.dianping.com/chain/20770

大槐树烤肉馆 23 10 20 ¥43

美术馆东街23号 ☎64008891

✍ “挺火”的一家烤肉馆子。“圆桶状”的小烤炉号称是“自家设计的”,“篦子不大”,“刷了一层油”,“不用老换”。烤物都“腌制”过了,味道“不错”,蘸的调料汁儿也“好吃”,“稠稠的”,“透着一丝甜味儿”。就是分量“太小”,怕是不能“撇开了吃”。环境“简陋得不行”,服务员都是“大爷大妈级的”,那个“热情劲儿”,就“甭提了”!

👍 牛肉、牛舌、五花肉、真心相拌、疙瘩汤、鱿鱼。
☺ 朋友聚餐。
💻 www.dianping.com/chain/16377

大连海鲜饺子 21 8 10 ¥34

地安门东大街119号 ☎64043054
车公庄西路29号 ☎68460724

✍ 饺子真有传说中那么“大”,都能“顶三个龙眼包子了”,一般都是“半斤半斤地点”,“半斤十个”,女生吃五六个就“差不多”了。“最喜欢”海螺馅儿的,“汤汁鲜香”,海螺块“混在肉馅中”,“弹口得很”。其他口味的也“不错”,“好吃”又“实惠”。“不在意”环境和服务的“可以一试”。

☺ 朋友聚餐。
💻 www.dianping.com/chain/22163

大明堂 17 25 23 ¥165

芳园西路6号丽都公园北门 ☎64314254

✍ 开在公园里，周围“绿树成阴”，“小桥流水”，内部设计“简洁大方”而“通透”。小包间景致特别“清雅”，透过竹子间隙，可以依稀看见湖面。出品打的是“大明堂，中国菜”的招牌，以粤菜为主，“取众家之长”，“精致”、“清淡”，不过“印象很深的没有几个”。服务生“比较专业”，都是“轻声细语”、“小心翼翼的”。常有婚宴在此举行。

👍 腐乳肉。

☺ 商务宴请。

💻 www.dianping.com/chain/16039

大清花

20 15 15 ¥44

方庄蒲芳路 1-2 号 ☎67688275

白纸坊西街 8 号 1-2 楼 ☎83539038

通州区北关环岛齐天乐园内(近朝阳路) ☎69516655

✍ 东北馆子。装潢“很有特色”，“满清风韵”十足。菜品“丰富”，口味“不错”，价格“便宜”量又“足”，餐前还送豆花和拔丝红薯，性价比“相当好”。特别适合“一家人来吃”。

👍 饺子、拔丝红薯、锅贴、豆花、东北大拉皮。

☺ 朋友聚餐、家庭聚餐。

💻 www.dianping.com/chain/16619

大蓉和酒楼

21 20 18 ¥45

白纸坊东街 10 号 ☎63536601

✍ 外面看着“金碧辉煌”，其实就是川菜馆子。做的是“改良”版的川菜，“不算辣”，也“不够麻”，名字里“带蓉和”的菜都很“不错”。大蓉和开门红可是一定要点的——红红的辣椒“铺满一盘”，底下藏着的鱼头入口“很嫩”，吃完了再用汤“下面条”，绝对能让你“惊呼太棒了”。环境“简洁雅致”。价格还“可以”。上这儿聚餐挺合适。

☺ 朋友聚餐。

💻 www.dianping.com/chain/18363

大食客

18 11 11 ¥36

安慧北里秀园甲 16 号 ☎64948080

东大桥工体东路 17 号楼(东大桥路口西北角) ☎65534883

✍ 都是东北家常菜，口味“比较咸”。“招牌”是大棒骨和腔骨，虽说啃起来“有点不雅”，但“很有感觉”。量“很大”，“一般吃了肉，别的就吃不下了”。可以“坐在炕头上”吃。人特多，“比较喧闹”，服务员“招呼不过来”。

👍 大棒骨、腔骨、土豆泥、疙瘩汤。

☺ 朋友聚餐、随便吃吃。

💻 www.dianping.com/chain/17372

大顺堂食府 24 14 15 ¥31

法源寺西里5号楼1楼 ☎63530644

✍ 地方不大好找，走的是“吃回头客的路线”。家常清真菜“量大”、“实惠”，味道也“好”。秘制羊排是“手抓羊排过油炸的”，“外酥内香”，“肥而不腻”；糖卷果有咸的也有甜的，甜的是“山药裹枣泥过油炸再用糖炒出来的”，特“好吃”。生意挺“不错”的，到了节假日还得“订位子”呢。

☺ 朋友聚餐、家庭聚餐。

💻 www.dianping.com/chain/16526

大碗居 21 17 17 ¥31

东华门大街11号 ☎65250986

东安门甲37号 ☎65137599

✍ 大碗大碗，“没想到除了碗大，锅盘也大”。吃的是“平凡”的家常菜，就“像是在自家吃饭”，点什么“味道都不错”。以它的菜量，价格“不算贵”。上菜“极快”，服务员“随叫随到”，是一个在王府井“可以舒服吃饱的地方”。

👍 宫保鸡丁、盆盆香、水煮肉。

☺ 朋友聚餐。

💻 www.dianping.com/chain/20032

大西北马大胡子羊羔肉

见马大胡子羊羔肉（176页）

大馅饺子 ▽ 21 13 14 ¥17

西堂子胡同(和平饭店北侧胡同内)

永外洋桥12号

✍ “超级赞”的一家小馆子。他家的饺子馅“真大”，跟“小包子”似的，“荤素都有”，样样好吃。凉菜里蓑衣萝卜也“不错”。“物美价廉”。王府井店在一个“四合院”里，夏天坐在院子里吃还蛮“惬意”的。顾客不少，正好印证了那句老话，“酒香不怕巷子深”。

💻 www.dianping.com/chain/18602

大鸭梨烤鸭店 14 13 11 ¥36

北洼路 98 号 ☎88587635
大屯路 2 号 ☎64861646
大慧寺路 18 号(近北方交大) ☎62189772
上地树村东口路北(近上地信息路) ☎62973182
通州区车站路乙 8 号 ☎69515102
更多分店请登陆大众点评网 www.dianping.com
👍 烤鸭、水煮鱼、鱼香肉丝。
☺ 朋友聚餐。
💻 www.dianping.com/chain/22037

大渔铁板烧

25 23 19 ¥145

万柳中路 15 号冠军超市 1 楼 ☎82566044
北三环胜古家园底商(安贞桥东) ☎64448855

✍ 日式铁板烧自助。大部分食物是"在铁板上现场加工的",可以围着厨师看表演,"很过瘾";东西用料"绝对很棒","新鲜可口"。服务员"很热情",郁闷的是"点过的菜总记不住","要催好几遍"。整个屋子"吵闹"得很,想谈事的就免了。

👍 银鳕鱼、牛排、北极贝、鳗鱼、扇贝、泰国黑虎虾、三文鱼刺身。
☺ 朋友聚餐、商务宴请、情侣约会。
💻 www.dianping.com/chain/61255

大宅门

17 24 19 ¥121

惠新北里 3 号楼(罗马花园东) ☎64952166
昌平区府学路 23 号 ☎80116060
首体南路甲 20 号国兴家园旁(近车公庄路) ☎88356687
工体北路甲 2 号盈科中心太平洋 4 楼(长虹桥西) ☎65392668
清河安宁庄东路(近毛纺厂路)

✍ 吃的东西也就是一般的宫廷菜、家常菜,"口味一般"。装修"古香古色",每天晚上 7:00 有节目表演,京剧、变脸啥的,"非常热闹"。老外比较喜欢这些,"看着高兴呢"。就是价位"实在是让人咋舌"。

👍 石烤虾、麻豆腐、鲍汁花菇、西红柿牛腩。
☺ 商务宴请、朋友聚餐。
💻 www.dianping.com/chain/15257

大自然东北酒楼

17 15 12 ¥48

方庄芳城园三区 14 号 ☎67618946
安慧里一区 1 号 ☎64988118
羊坊店西路 12 号 ☎63963355
清河永泰小区甲 6 号 ☎82416188

✍ 适合"家庭聚餐"的地儿。菜是"典型"的东北家常菜,"量大",味道"还可以",就是"比较油腻"。也有很多海鲜可点。价格“还算合理”。环境“乱”了点，最好“别赶着饭点”去。

👍 东北大拉皮、排骨炖豆角、大拌菜。

☺ 朋友聚餐、家庭聚餐。

💻 www.dianping.com/chain/21929

丹尼艾丽斯 Danieli's ▽ 19 25 17 ¥416

建国门外大街21号国际俱乐部饭店2楼 ☎64606688-2441

✍ 很好的一家餐厅。店堂不大，但“风味十足”，布置得“很雅”、“很舒服”。吃的是意大利菜，几乎每道都试过，“都挑不出什么毛病”。服务更是没话说，“细心又低调”。

👍 意大利面。

💻 www.dianping.com/chain/15311

淡水复式餐厅 17 29 19 ¥67

顺黄路甲6号 ☎84591688

✍ 传说中的“情调基地”。“两层的建筑”，装修于“简单”中体现出“时尚”，“大大”的玻璃窗能望到后院里“青翠的草地”和“草地上的白色桌椅”。主营“台湾菜”，也有“湘菜、上海菜、潮州菜”，口味上“没什么特别出彩的”。店里多是老外和台湾人。“节假日”到这儿放松一下还是“不错”的。

👍 三杯鸡、蛋黄南瓜、南瓜粥、花生糊。

☺ 朋友聚餐、情侣约会、休闲社交。

💻 www.dianping.com/chain/18663

到家尝 19 16 17 ¥32

光熙门北里20号 ☎64221078

朝外大街19号 ☎65802298

✍ “北京老字号”。吃的是“地道的北京菜”，豌豆黄、炸灌肠、炸酱面……样样都“很正”，“一点杂味儿都没有”。装修也都是“一板一眼”的“北京特色”。服务“不错”，尤其是“倒水的伙计”，“随叫随到”，“乐此不疲”。“喜欢京味儿”的朋友可以试试去。

👍 豌豆黄、炸灌肠、炸酱面、炒红果、麻豆腐。

☺ 朋友聚餐。

💻 www.dianping.com/chain/21846

道乐 20 20 19 ¥92

金融街33号通泰大厦C段1楼 ☎88086868

王府井东长安街1号东方广场写字楼E1座 ☎85188869

亚运村汇园公寓N座1楼 ☎84980819

朝阳门北大街 6 号万泰北海大厦 1 楼 ☎85282566

✍ 日式料理店。环境“好”，菜品也“好”。喜欢点套餐，最“美味”，最“实惠”，“女生吃正好”。光顾的多是附近的“白领”。不愿堂吃的叫“外卖”也行。

👍 鳗鱼饭、三文鱼。

☺ 商务宴请、朋友聚餐、情侣约会。

💻 www.dianping.com/chain/21975

稻香村

27 14 17 ¥19

多个营业部 ☎84043305

✍ “地道的老字号”，家里老人们“都爱吃这口”。他家自产的点心“京城里还没人能比得了”，“尤其推荐”牛舌饼和豌豆黄，这里的吃起来“最放心”。有些点心还分“无糖的和有糖的”。价格“便宜”，非常适合“咱老百姓”。

👍 牛舌饼、豌豆黄、萨其马、羊肉串、枣糕、南瓜饼、炒红果、糖火烧、拿破仑、起酥、玫瑰饼、绿豆糕。

💻 www.dianping.com/chain/17374

得蚨香

24 4 7 ¥32

右安门开阳里东二条(近大康国际鞋城) ☎63570575

✍ 烧烤店子，就是原来的“满得蚨”。烤鸡翅“的确不错”，“火候合适”，“不辣不麻”，还带点“甜”。鸡脆骨简直就是“简体中文版的骨肉相连”，真怀疑店主“是不是找了个 KFC 的大师傅”。还有好几年没喝的“北冰洋”，这儿都有。环境卫生都“不好”，服务生“比老板还牛”。

👍 鸡翅、鸡脆骨。

☺ 朋友聚餐。

💻 www.dianping.com/chain/1900954

德川家日本料理

18 18 14 ¥91

中关村南大街甲 12 号寰太大厦 2 楼 ☎62109096

光华路甲 9 号世贸国际公寓 D 座 1 楼 ☎65063252

亚运村安慧里一区 26 号 ☎64962739

东三环中路 16 号(富力城斜对面) ☎87762765

亚运村慧忠北里 413 号楼 1 楼 ☎64830303

✍ 日料自助，生鱼片“很新鲜”，烤鳗鱼也很好吃。分几个档次，一般都点 68 元的，“比较实惠”，缺点是“种类少”，“烤鳗鱼限量”。“不含酒水”。服务一般，上菜“慢”，要“催 N 遍”。

👍 烤鳗鱼、三文鱼。

☺ 朋友聚餐、情侣约会。

www.dianping.com/chain/22021

德国厨师帽

20 22 19 ¥103

东三环中路 39 号建外 SOHO7 座 718 铺 ☎58693830

✍ “木质”的桌椅、地板，天花板上是“黑色”金属灯，灯光“恰到好处”，照亮了室内的“每一个角落”，整体感觉“简洁”、“亲切”。老板是个德国人，“胖胖的”、“笑容可掬”。供应的是德国菜，“很棒”，“样样都是不能错过的”。最喜欢什锦扒香肠配土豆泥和酸菜。啤酒“很正宗”，“好喝极了”。

☺ 朋友聚餐、情侣约会。

www.dianping.com/chain/19990

登品素食府

16 22 17 ¥61

国子监大街甲 26-1 号 ☎64046568

✍ 素食自助。品种“比较丰富”，既有“中式的传统素菜”，又有“日式铁板烧和寿司”，另外“还用一些西式的小甜点作点缀”。味道“还可以”，价格“不贵”。P. S. 另有全素宴。

👍 苜蓿芽手卷、羊肉串、铁板烧。

☺ 朋友聚餐、休闲、情侣约会。

www.dianping.com/chain/18862

迪欧咖啡 DIO CAFE

20 27 22 ¥54

广安门外大街 275 号 ☎63368637

大兴区黄村镇新华大街三段 25 号 ☎69220011

通州区云景东路 15 号院 17-1 号（梨园城铁站南） ☎81530505

上地信息路 7 号数字传媒大厦 1 楼 ☎62976006

西四环恒富中街 5 号院（怡海花园西门） ☎63737600

✍ 非常“宽敞”、“安静”、“舒适”的咖啡店。咖啡“好喝”，“午后时段”消费还有“免费的水果和小点心赠送”；简餐味道也“不错”。“漂亮”的服务生“总是那么耐心细致”。在这儿，看书、写作、聊天或是商谈合作都很合适。

👍 咖啡、奶茶、套餐、黑椒牛排。

☺ 情侣约会、休闲。

www.dianping.com/chain/18743

地安门小吃店

21 9 11 ¥12

地安门外大街 180 号 ☎64042946

✍ 老北京，老字号，“更老的是他的味道”——“熙熙攘攘的”人，端着盘子“挤来挤去”，人也都“不分彼此”，“很是亲切”，“吃的就是这个景儿”。点一碗面茶，来一块豌豆黄，似乎又“回到了小时候”。

👍 面茶、豌豆黄、奶油炸糕、驴打滚、糖耳朵、枣卷果、糖火烧、豆汁儿、紫米粥、松肉。

💻 www.dianping.com/chain/16872

地瓜坊 26 12 20 ¥4

地安门东大街 119 号(近地安门中学) ☎64078277

皂君西里 6-7 号楼前 ☎81644239

✍ “很小的一个门脸儿”，居然是“主营烤白薯”的。看着就“很卫生”、“很规矩”。烤得“喷香”的白薯，装在“可爱”的盒子里，外皮“轻轻一剥”就下来了，“橙红色”的瓤冒着“丝丝热气”，糖胶“渗出”，“非常美味”。价格虽然比路边摊“贵”了点，但“贵得有道理”。小贴士：10 盒以上可外送。

💻 www.dianping.com/chain/70783

雕刻时光咖啡馆 16 22 18 ¥42

魏公村路 7 号(近理工大学南门) ☎68946825

成府路华清嘉园 12 号楼 1 楼 ☎82867025

香山买卖街 50 号 ☎82590040

将台路乙 2 号海润国际公寓商业 3A 号铺 ☎51358108

学院路 37 号航空航天大学天行网球馆 2 楼 ☎82310662

✍ “我不在咖啡馆，就在去咖啡馆的路上”——雕刻时光，“非常喜欢”的地方。环境于“温馨”中透着“慵懒”，书架上摆着许多杂志和“满纸涂鸦”的速写本，“倨傲”的猫咪“蜷”在沙发里美美地“睡”着它的午觉，露天小院里净是“各种肤色”的年轻人，或“卿卿我我”，或“昏昏欲睡”。在这样的氛围里，吃什么都不重要了。P. S. 想找家教练习口语的可以在店里登记。

👍 芝士蛋糕、比萨、咖啡、薰衣草小饼干。

☺ 休闲社交、情侣约会、朋友聚餐。

💻 www.dianping.com/chain/22020

钓鱼台国宾馆餐厅 ▽ 17 31 27 ¥1002

三里河路 49 号 ☎58592992

✍ 环境真的是非常好，那一片绿，那一步一景，在北京算是“太过难得的了”。当然，这里也是个“充满故事的地方”，每个细节搞不好就有一段惊世骇俗的过去。总之，“味道已经不那么重要了”。

☺ 商务宴请。

💻 www.dianping.com/chain/1924072

顶峰旋转餐厅 ▽ 21 30 25 ¥377

新源南路2号昆仑饭店29楼 ☎65903388-5406

✍ 昆仑饭店29楼的旋转餐厅。出品非常“丰富”，日本菜、印度菜、粤菜……“一应俱全”，口感“地道”。装修“现代而时尚”，桌与桌之间有“很强的私密性”。在这里俯瞰“川流不息”的车河与“灯火辉煌”的夜色，聆听“低沉性感”的菲律宾歌手驻唱，享用晚餐和美酒，的确是“难以忘怀”的“浪漫”感受。

☺ 情侣约会。

💻 www.dianping.com/chain/16179

鼎鼎香 24 22 16 ¥88

东中街40号元嘉公寓2楼(东环广场B座对面) ☎64179289

首体南路国兴家园7号楼1-2楼 ☎88357775

东直门外东中街14号楼1楼 ☎64172546

甘家口小区31号楼1楼 ☎88371327

✍ “能把火锅吃到西餐水准的也就它了”——装修比一般的店子“有情调”，大厅里“3个有珠帘的圆桌”显得尤为“高贵”，餐具也挺“讲究”的。“酒精小火锅”，涮肉“不错”，麻酱小料“精细实在”，烧饼“巨香”，“强力推荐”。就是价格“稍微贵了点”，“不是很大众”。

👍 烧饼、羊肉、小料、肥牛、小肋卷。

☺ 朋友聚餐、情侣约会、商务宴请、休闲社交。

💻 www.dianping.com/chain/21938

鼎好大酒楼 19 19 12 ¥27

海淀大街3号鼎好电子商城5楼 ☎82699258

✍ 来这里“就是吃下午茶的”。都是“3元1份”的小吃，服务员用小车推过来，“有什么点什么”，“真的特别实惠”。“在这种条件的酒楼吃到这么便宜的小吃，简直是奇迹”。

👍 虾饺、蛋挞、凤爪、皮蛋瘦肉粥、鱼片粥、叉烧包、肠粉。

☺ 朋友聚餐。

💻 www.dianping.com/chain/17394

鼎酷 18 25 24 ¥132

工体西路8号COCO5楼 ☎65527992

工体北路4号院 ☎65017501

✍ 港式火锅店，环境非常酷，东西口味也不错，推荐牛滑。

💻 www.dianping.com/chain/1962727

鼎泰丰 21 22 22 ¥95

胡家园22号迤北楼(近渔阳饭店) ☎64624502

✍ 据说曾被纽约时报评为“全球十大餐厅”之一。环境“干净整洁”，装修“讲品味”，座椅也“很舒服”。出品是“很有名”的台湾小笼包，“一共4个品种”，味道“真的很好”，可以“只点半笼”。其他菜品“不多”。一顿饭下来“花钱不少”，有点“华而不实”，去也就是“尝尝鲜”罢了。

👍 小笼包、糖醋小排。

💻 www.dianping.com/chain/18702

东北虎菜馆

21 14 15 ¥37

安慧里二区1号楼 ☎64985015

东三环南小街6号楼(三元桥与三元东桥间) ☎64685258

芍药居文学馆路(对外经贸大学东门对面) ☎84649038

✍ 东北菜馆的“典型代表”。出品号称是“地道”的“东北农家菜”，价格“便宜”量又“足”，“好吃”又“管饱”。装修完全像到了“过年的东北”，到处都是“红红火火”的，“花门帘、花衣服、花椅套”……还有“魏三的二人转”在电视里放映，“热闹极了”！喜欢东北菜的朋友可以来“尝尝”。

👍 东北大拉皮、大拌、腔骨、风味大排、锅包肉。

☺ 朋友聚餐。

💻 www.dianping.com/chain/22056

东北虎家乡菜

18 11 11 ¥31

知春路57号 ☎58724607

✍ “图实惠您就找对地方了”。是地道的东北菜，“没别的，就是实在”。“几个人吃得饱饱儿的，也花不了多少钱”。特色菜酱腔骨，啃起来“很过瘾”，“基本上是每桌必点”。环境“很嘈杂”，有“公众食堂”的感觉。服务质量“一般”。

👍 酱腔骨、肉丝拉皮、风味大排。

💻 www.dianping.com/chain/15604

东北虎鑫菜馆

19 14 12 ¥36

阜成门北大街17号 ☎68317314

✍ “很有特色”的一家店，看那装修和服务员的打扮就“够你乐的”，“花花的”。菜是“地道的东北风味”，“价格便宜量又足”，特别适合朋友“聚会”。环境“有点吵”，说话得“扯开嗓子”，太斯文的可别去。

👍 东北拉皮、大排、东北乱炖、锅包肉、烤羊腿、酸菜粉丝、杀猪菜。

☺ 朋友聚餐。

💻 www.dianping.com/chain/17302

东方红大酒楼 21 24 22 ¥148

知春路 1 号学院国际大厦 3-4 楼(近学院路) ☎82338999

✍ "档次很高"的湘菜馆。菜肴的"做工和装盘都很讲究",味道也"好"。环境"不错",服务"中规中矩"。就是价格"巨贵",请客"不失面子",自家吃饭的话就有点"华而不实"了。

👍 剁椒鱼头、酱油炒饭。

☺ 商务宴请、朋友聚餐。

💻 www.dianping.com/chain/19423

东方沪园大酒楼 24 23 17 ¥77

西直门外大街 6 号中仪大厦 1 楼 ☎68330321

✍ 上海菜馆。出品还算"精致",口味已经"本地化",不是"非常甜",也没有太多的"浓油赤酱",比较"适合"北京人。店里"人不多","很安静"。价格么,就"贵"了点。

👍 蟹黄狮子头。

☺ 商务宴请、朋友聚餐、家庭聚餐。

💻 www.dianping.com/chain/16700

东方君悦凯菲厅 23 24 25 ¥266

东长安街 1 号东方君悦大酒店 2 楼 ☎85181234 转

✍ "Grand Hyatt 永远是信心的保证",凯菲厅就藏在他家的"二楼"。自助餐厅,餐台"不大",品种也"不算多",但大都卖相"精致",味道"不错"。海鲜和甜品都属"强项",喜欢的人可千万"不能放过"。环境和服务都"没得说"。两三个人过来边吃边"聊天",是个"好选择"。

👍 海鲜、甜品、水果。

☺ 商务宴请、情侣约会。

💻 www.dianping.com/chain/18251

东方君悦意餐厅 21 26 28 ¥598

东长安街 1 号东方广场东方君悦酒店 2 楼 ☎85181234-3628

✍ 五星级大酒店里的意大利美食,享受五星级的服务,贵一点也值了。

☺ 情侣约会、商务宴请。

💻 www.dianping.com/chain/15307

东方亮餐吧 Red Moon 24 29 23 ¥184

东长安街 1 号东方广场东方君悦大酒店 1 楼 ☎85181234-6366

✍ "喜欢日式风格的朋友可以来"。东西做得"很精致”，“味道也不错”。环境“幽雅”，光线“柔和”，还有“古典乐器现代演奏”，“情调迷人”，感觉在这里用餐“很舒服”，“很放松”。

💻 www.dianping.com/chain/17817

东关吉祥肉夹馍

21 12 10 ¥14

北土城西路 103 号 ☎62389488

✍ 在肉夹馍圈子里“算规模大的了”，有 20 来张桌子，百十来平米。肉夹馍“太好吃了”，“和在西安吃的一个味道”，馍“脆”肉“香”。烤馍的师傅“很多”，去了基本上“马上就能吃到现成的”。

💻 www.dianping.com/chain/1929079

东海海鲜酒家

23 26 23 ¥196

麦子店街 39 号 ☎65089933

北四环西路 56 号辉煌时代大厦 3 楼 ☎62695522

✍ “京城粤菜海鲜新贵”。菜品卖相“精致”，口味“地道”。广东点心也“非常正宗”，特别喜欢叉烧酥、榴莲酥。环境真的“很高档”，“金碧辉煌的”。服务没得说，“很周到”，“非常适合商务宴请”。价钱“不便宜”，要收 10%的服务费。

👍 虾饺、叉烧酥、榴莲酥、酥皮雪蛤、鲍鱼、萝卜酥、芒果布丁。

☺ 商务宴请。

💻 www.dianping.com/chain/15351

东海渔港酒楼

23 27 27 ¥521

大屯路慧忠里 201 号 ☎64956966

✍ 喜欢这里的环境，觉得来这吃饭“是一种享受”。菜品当然也“没得说”，海鲜“很新鲜”，粤菜“精致”、“清淡”、“可口”，点心也很不错。虽然价格“偏贵”，但“贵有贵的道理”。“适合商务宴请”。

👍 清蒸多宝鱼。

☺ 商务宴请。

💻 www.dianping.com/chain/15622

东来顺饭庄

18 13 12 ¥66

王府井大街 138 号新东安大厦 5 楼 ☎65280932

王府井大街 198 号 ☎65253562

建国门内大街小羊毛胡同 2 号 ☎65241387

复兴路甲 23 号城乡贸易中心 5 楼 ☎68296775

三里河路 7 号 ☎88378838

更多分店请登陆大众点评网 www.dianping.com

✍ “老字号”的炭火铜锅涮羊肉。实话说，从“肉质”到“调料”到“家伙”都算“地道”，糖蒜“好吃”，烤羊肉串儿也“硕大”，尝尝挺“过瘾”。就是环境和服务没啥“风范”，有点“盛名之下，其实难副”的感觉。

👍 羊肉、羊肉串、烧饼、糖蒜。

☺ 朋友聚餐。

💻 www.dianping.com/chain/21851

东坡酒家 24 15 19 ¥37

白家庄东里 20 号楼(近东三环北路) ☎65823742

✍ “来这家吃过很多次了”。菜品“偏辣”，吃起来“很过瘾”，“很多普通的菜肴口味都极好”。服务员“基本都是四川姑娘”，服务“比较周到”。地方“小”了点，“如果中午去，一定要订位，否则肯定没位”。

👍 宫保鸡丁、干煸牛肉丝、川北凉粉。

☺ 朋友聚餐。

💻 www.dianping.com/chain/17716

东坡眉州酒楼 21 13 14 ¥44

松榆里西路 2 号楼(潘家园桥东北角) ☎67317628

平谷区府前街 1 号(电影院旁) ☎69964908

✍ 川菜馆子，有一阵子聚会“顿顿去那儿”。有点心、有炒菜也有火锅，川味“浓郁”，油水“很足”，价格“有高有低”，选择的空间“比较大”。总之俩词儿，“顺口”，“实惠”。

👍 水煮鱼、川北凉粉、鱼香肉丝、东坡肘子。

☺ 朋友聚餐。

💻 www.dianping.com/chain/21874

东兴楼饭庄 18 16 16 ¥75

东直门内大街 5 号 ☎84064118

京石高速甲 1 号悦都大酒店 1 楼 ☎63315756

✍ 鲁菜馆里的“老字号”，“老北京的八大楼之一”。他家的鲁菜“偏重于海产品”，几道经典菜味道都“很好”。也有“不同于‘全聚德’”的烤鸭可点，吃口“还行”。就是价格“有点贵”，环境和服务“粗糙”了点。

👍 葱烧海参、干炸丸子、烤鸭、糟熘鱼片。

☺ 朋友聚餐。

💻 www.dianping.com/chain/16827

东兴顺爆肚张 27 5 11 ¥23

什刹海前海东沿 17 号

✍ 和烤肉季的富丽堂皇相比，这里“就是个路边摊”。

不过，他家的爆肚真好吃，“脆”、“嫩”、“火候正好”，小料“地道”，配上芝麻烧饼，再来盘芥末堆儿，来瓶小二，这叫一个“绝”啊！东西好，价钱也“不贵”。就是“牛”了点，总是“早早就关门了”。

👍 爆肚、烧饼、羊杂汤。

💻 www.dianping.com/chain/22088

洞庭楼

23 13 15 ¥31

志新路 43-3 号(科技大学北门对面) ☎62322326

✍ 湘菜做得“比较正宗”，虽然“没有啥特出彩儿的地方”，但“辣得有滋味”，也“够油”、“够香”。红烧肉“肥瘦搭配适当”，剁椒鱼头“鲜嫩”，性价比“很不错”。吃的人“挺多”，饭点“经常要排队”。

👍 剁椒鱼头、红烧肉、萝卜干炒腊肉。

☺ 朋友聚餐。

💻 www.dianping.com/chain/18375

都江府

19 21 17 ¥56

松榆西里 29 号 1-2 楼 ☎67305999

✍ 这地方“已经换过几个牌子”了，全是川菜馆子。环境很好，“小桥流水”，“鹅卵石铺路”，“古朴随意”。菜“还是那些菜”，“没有什么大的特色”，“最超值的”是水煮鱼。缺点是上菜太“慢”，“对于忙的人来说不方便”。因为“地处繁华地界”，人气“极旺”。

👍 水煮鱼、冒菜、樟茶鸭。

☺ 朋友聚餐、商务宴请。

💻 www.dianping.com/chain/17456

都王烤鸭

19 18 18 ¥76

大屯路慧忠里 201 号楼 ☎64919665

✍ 他家的烤鸭水平“不稳定”——说不定就会赶上鸭子片得“非常薄”，鸭皮蘸上糖“焦黄嫩脆”、“不油腻”；说不定就会赶上鸭子片得“不好”，味道也“不好”。其他菜品大都“一般”，价格“太贵”，性价比“不高”。

👍 烤鸭、鸭肝生菜包、火燎鸭心。

☺ 商务宴请。

💻 www.dianping.com/chain/21950

都一处烧麦馆

16 12 10 ¥41

蒲芳路 1-6 号方庄芳城园美食街 15 号楼 ☎67606235

✍ 京城里“有名”的老字号。烧卖是特色，蒸出来一笼笼“晶莹剔透”的，口味“独特”，不过味道似乎“没有”以前的“好”。炒菜还挺“不错”的，就是分量偏

"少"。价格"丰俭由人"。服务员可真"不怎么样"，人一多就"手忙脚乱"了。

👍 烧卖、乾隆白菜、干炸小丸子。

☺ 朋友聚餐。

💻 www.dianping.com/chain/21984

豆花香辣蟹

24 10 13 ¥59

东四西大街大豆腐巷46号(民航大厦对面) ☎65142513

✍ "来这就是吃香辣蟹的"。蟹"据说是缅甸黑蟹"，"辣得很柔和"，"透"着"螃蟹的鲜美"。"可以点青笋、藕片等菜和螃蟹一起炒"。"其他菜没什么特色"。价格"适中"。店"不大"，环境"简陋"，位置也"比较偏僻"，去的话得做好心理准备。

👍 香辣蟹、福寿螺。

☺ 朋友聚餐。

💻 www.dianping.com/chain/18232

独门冲

19 11 12 ¥58

东直门内大街15号(北小街北中街间) ☎84062040

天泽路30号(女人街对面) ☎64660100

✍ 一家吃重庆烤鱼的餐馆。鱼有"草鱼、鲫鱼"可供选择，味道分"麻辣、香辣、豆豉、泡椒、酸菜"几种。选好的鱼和"金针菇、木耳、藕片"等配菜一起放在平锅里"炭火加热"——鱼香四溢，肉质"鲜嫩"，配菜的味道也"很不错"。难怪就算"地方小"，环境一般，来吃的人还是"很多"。

☺ 朋友聚餐。

💻 www.dianping.com/chain/19274

独一味万州烤鱼

20 8 8 ¥50

东直门内大街220号 ☎64016128

地安门外大街120号(天意市场北) ☎64060243

✍ 招牌"不太显眼"，"一不小心就走过了"。店面"很小"，"不到十张桌"，"拥挤、嘈杂"。烤鱼"堪称经典"，"外焦里脆"，上面的花生也"很好吃"，就是煮久了会"比较咸"。推荐"香辣口味的鲶鱼"，"刺少"，辣得"挺过瘾"。还要记得"一早把涮料放进去"，会"比较入味"。两个人吃"二斤出头的鱼"，再"来点小菜"，别提多舒服了。

👍 香辣烤鱼、豆豉烤鱼。

☺ 朋友聚餐。

💻 www.dianping.com/chain/19425

多乐之日

20 20 18 ¥23

成府路 35 号 ☎62560783
西单北大街 133 号君太百货 B1 楼 ☎66164822
麦子店西里 3 号新恒基大厦 1 楼(女人街北) ☎84580255
宣武门外大街 8 号庄胜崇光百货南区新馆 B1 楼 ☎63107616
望京街 9 号望京国际商业中心 B1 楼 ☎59203138

✍ 韩国"非常有名"的西点品牌。"宽敞明亮"的环境,"简洁清新"的设计,"精致"的货架上"卖相诱人"的甜点,让人有"想立刻尝试的冲动"。绿茶面包的发酵"比较特别",口味"有些酸";蛋糕"种类很多",韩式、法式的都有,提拉米苏"好吃",不过乳酪蛋糕"偏淡";手工饼干"不错";咖啡和饮料的"品种也不少"。店内还可以"免费无线上网"。这样的地方,适合"独享阳光的下午"和"情人约会的夜晚",不是吗?

👍 提拉米苏、木薯麻团、面包、孩儿面、绿茶烤饼。
💻 www.dianping.com/chain/21326

多味居

22 15 17 ¥23

府学胡同中剪子巷 1 号 ☎64065305

✍ 胡同里的小店,"听说已经开了 10 多年了"。他家的米线"很不错",做的云南菜也"很地道"。服务"不是过分热情",但是"有求必应"。生意"还可以",来的大都是附近的单位和居民。

👍 过桥米线。
☺ 朋友聚餐、情侣约会。
💻 www.dianping.com/chain/18478

峨嵋酒家

见华天峨嵋酒家(130 页)

鹅掌门

19 17 15 ¥46

西单北大街 130 号西单新一代商场 8 楼 ☎66032022
美术馆东街 13 号 ☎84040411

✍ "又是一吃火锅的地儿"。酸萝卜鹅掌锅是特色,整个汤锅"酸辣适中",锅里"盛满了酸萝卜、鹅掌、黄豆芽、魔芋"。鹅掌炖得"挺烂","鲜美不腻",只是感觉"没多少","没吃爽就没有了";酸萝卜"非常好吃",不过有时候"能给你酸个跟头"。价格"不贵","性价比挺高的"。

👍 鹅掌、火锅里的酸萝卜、魔芋。
☺ 朋友聚餐。
💻 www.dianping.com/chain/18656

二哥鸡翅 21 7 12 ¥29

东四七条西口

✍ “慕名而去”。他家鸡翅的“腌制方法”据说和五哥家的“一样”——先“用花椒水泡过”再“抹”点儿“蜂蜜”。烤好了皮特“脆”，味道还“真是不错”！二哥的态度也“挺好”的。以后“还要去”。

☺ 朋友聚餐。

💻 www.dianping.com/chain/66694

番茄火锅 22 17 16 ¥50

大慧寺路 2 号 ☎62189567

新源西里中街 8 号 ☎64612345

✍ “口味独特”的火锅。番茄锅底汤“酸酸的”，“浓浓的”，“太好喝了”。每次都是“一边涮肉一边喝汤”，灌个“汤”饱。服务生叫“酷哥”、“辣妹”，桌上会“剪贴一些小故事、小笑话”，“蛮有意思的”。价钱“不便宜”，但吃了“不会后悔”。

👍 番茄锅底、绿豆沙、秘制排骨、培根、土豆沙拉、姥姥腐丝、鲜肉盒子。

☺ 朋友聚餐、情侣约会。

💻 www.dianping.com/chain/18379

凡情-蒂诺比利时巧克力

见 Valentino 巧克力廊（58 页）

饭是纲火锅店 22 23 22 ¥44

安定门内大街 140 号 ☎64042187

西坝河北里甲 8 号(近北三环辅路) ☎64201747

✍ 吃的是“最正宗的炭火铜锅”，调料也是“正宗的芝麻酱”，新炸的辣椒油透着一股子“香气”。鲜羊肉“不赖”；白菜分菜叶和菜心儿，“很合心意”；还有“能加热”的老北京白酒，冬天喝应该“挺美”的。菜量“不少”，价格“实在”。装修风格颇似“798 里的特色餐馆”，“现代主义而不故弄玄虚”。

👍 炸腐竹。

☺ 朋友聚餐、情侣约会。

💻 www.dianping.com/chain/16723

方庄三千里烤肉 17 12 13 ¥46

方庄蒲芳路 30 号 ☎67621918

✍ “和其他的韩国烤肉没什么区别”。自己烤着吃，挺好，价格“实惠”。人“巨多”，“每次去都等位”。空气流通不好，吃完“一身的味”。

👍 烤牛肉、冷面、拌饭、鱿鱼、明太鱼。

☺ 朋友聚餐。

💻 www.dianping.com/chain/17747

仿膳饭庄

20 23 18 ¥210

景山西街北海公园东门内 ☎64042573

✍ 就在“北海公园”里，京城“宫廷菜”的老字号。装修“确实气派”，“皇气十足”，颇有些个“清朝的感觉”。菜看一上来都得给你介绍，每一样可都是“大有来头的”。要说“印象最深”的还是那些小点心，“不算凤毛麟角，也称得上出类拔萃”。当然，“不菲的代价”也是一定要付出的。小贴士：从东门进可免门票。

👍 豌豆黄、肉末烧饼、芸豆卷、小窝头、大虾。

☺ 商务宴请。

💻 www.dianping.com/chain/15353

非常泰 Very Siam

26 25 23 ¥114

新源西里东街甲 10 号渔阳饭店西北胡同内 ☎84510031

✍ 朋友说这里的泰国菜“很正宗”，“酸酸辣辣的”，还都“爱”放些柠檬汁，闻起来“更觉鲜美”。环境“清幽”、“雅致”，每个细节都“很泰国”，里面的装饰品“好看”得让人“想搬回家”。虽然店“在胡同里”，地方“不好找”，但是“人气还是挺旺的”。服务员“忙”得已经“找不着北”了。

👍 菠萝饭、柠檬鱼、海鲜粉丝沙拉、冬荫功海鲜清汤。

☺ 情侣约会、朋友聚餐。

💻 www.dianping.com/chain/15778

翡翠皇宫

19 25 21 ¥203

东长安街 1 号东方新天地地铁层 BB78 号 ☎85150238

✍ 看名字就知道环境之“豪华”，大堂装修得“金碧辉煌”，看着“眼花缭乱”；座位“间距够大”，“聊天的私密性很好”。服务“非常到位”，“有被敬若上宾的感觉”。粤菜做工“精致”，“色香俱佳”，味道也“好”。就是价格“实在不菲”，只能“偶尔为之”。

👍 烧鹅、原汁牛肋骨、肠粉。

☺ 商务宴请。

💻 www.dianping.com/chain/18806

沸腾 180 度

20 22 15 ¥49

中关村北大街 18 号(北体南门南) ☎82626869

海淀大街 35 号(海淀图书城西门) ☎82620008

✍ 川菜馆，菜的味道不错，“又麻又辣”，“最喜欢”水煮鱼。菜量“比较大”，价格“合适”，“经常按人头送水煮鱼餐券”。生日去“有优惠”，而且还“有工作人员为你庆生”。中关村店环境“很有特点”，进门有个鱼池，几个“惬意”的位子错落其间。总的来说，“比较适合朋友聚餐”。

👍 水煮鱼、毛血旺、福寿螺、香芋卷、酱油炒饭、鳝鱼粉丝。

☺ 朋友聚餐、情侣约会。

💻 www.dianping.com/chain/17737

沸腾鱼乡 23 17 15 ¥69

知春路 17 号 ☎82311286

工体北路 1 号 ☎64174988

新源南路甲 3 号(昆仑饭店路北) ☎84552333

建国门外大街乙 24 号华侨村燕华苑内 ☎65159600

西直门南大街 2 号成铭大厦底商(西直门桥东南角) ☎51901778

✍ 菜肴辣得“很彻底”、“很痛快”、“很过瘾”，是“真正”的川味。水煮鱼“每次必点”，“百吃不厌”，只是斤两“好像差点儿似的”。这么多年了，生意“一直很好”，客人“多”，“没有一次不用等位子”。环境有点“乱哄哄的”，人多的时候说话都听不见。

👍 水煮鱼、馋嘴蛙、酸梅汤、酱油炒饭。

☺ 朋友聚餐。

💻 www.dianping.com/chain/21896

粉酷 Pink Loft 16 23 18 ¥125

三里屯南路 6 号 ☎65068811

✍ “满眼”的“粉”色，“连洗手间都是粉粉的”；光线“很暧昧”，配着“泰国的音乐”和空气中泰国香的气息，“有种很令人恍惚的感觉”。沙发“软软的”，一坐整个人都“陷”进去了，“好舒服”。吃的是东南亚菜，“味道还行”。

👍 冬荫功、粉酷粉、绿咖喱、鲈鱼、甜点、虾饼、虾酱炒空心菜、粉酷金牌。

☺ 情侣约会、朋友聚餐。

💻 www.dianping.com/chain/15457

丰和轩餐厅 ▽ 22 8 12 ¥14

丰台镇南四环路 98 号 ☎63821397

✍ 回民馆子，“开了好多好多年了”。早点“种类很多”，做的都“很正宗”，羊杂、面茶、奶油炸糕、糖耳朵，“老北京的小吃应有尽有”，每天早上“人都特多”。中午有份饭，“特别实惠”。就是晚上关门“太早了”。

👍 面茶。

💻 www.dianping.com/chain/76322

丰滑火锅

20 25 24 ¥65

宣武门外大街8号庄胜崇光百货新馆5楼 ☎63104703

✍ 各种滑"是特色"，滑面是"像挤蛋糕花一样"挤出来的，"很有意思"；小料"自助"，虽然"品种丰富"，但"最好吃的还是麻酱"。服务生都"彬彬有礼"。总的感觉，"吃个新鲜"，"吃着不如传统火锅店那么痛快"。环境"比较小资"，"不像很多火锅店那么嘈杂"。

👍 鱼滑、双滑拼盘、肉类组合。

☺ 朋友聚餐、情侣约会。

💻 www.dianping.com/chain/1957084

丰年灌肠

22 6 7 ¥9

隆福寺街16号(近东四)

✍ "吃灌肠，怎么说都是这家最正宗"。"薄厚适中"，"软硬适度"，"热热的"，"香香的"，放上蒜汁，"味道真是好极了"。"要是一段时间不去，就会特别想"。最近门面"重新装修"了一下，"光线什么的好多了"，但服务还是那样，"爱搭不理"。

👍 灌肠、门丁肉饼、小米粥。

💻 www.dianping.com/chain/17265

丰泽园饭庄

22 18 15 ¥128

珠市口西大街83号 ☎63186688

学清路38号金码大厦2楼(近学院路) ☎82838568

✍ 许多老字号都给人以"盛名之下，其实难副"的感觉，幸好丰泽园并"没有滑入此列"。出品是"正宗的山东菜"，几道招牌菜"非常好"。"特别喜欢"葱烧海参——"颜色亮泽"，"葱香四溢"，"口感弹牙润滑"，果真"名不虚传"。价格"不低"，包房还"有最低消费"，"没有银子"的可别"贸然前往"。

👍 葱烧海参、烤馒头、乌鱼蛋汤、银丝卷、糟熘鱼片。

☺ 商务宴请、朋友聚餐。

💻 www.dianping.com/chain/21959

枫林小馆

20 16 11 ¥43

光华路甲8号和乔大厦A座1楼 ☎65832529

✍ 台湾小馆子。"整体而言"给人的感觉是"规规矩矩"的，环境如此，菜品也如此。买套餐赠送"汤和甜品"，吃口"不马虎"。能送外卖，冬天窝在家里不想出去的时候，叫份这里的外卖是"不错的选择"。就是服务不大好，有待改进。

👍 红烧鱼、苍蝇头、三杯鸡。

☺ 休闲社交、朋友聚餐。

💻 www.dianping.com/chain/64770

浮士德 FIRSTAR 19 28 19 ¥249

霄云路18号 ☎64601981

✍ 属于现代派的法菜，菜品“还说得过去”。环境“非常浪漫迷人”——有水景，有花园，有一墙的书，有洒满餐桌的玫瑰花瓣，还有现场的钢琴演奏。在“微微的烛光”下“品”着那儿的法国红酒，“很美的享受”！就是服务生水平差了点，价格“高”了点。

👍 南瓜汤、鹅肝、蜗牛、牛排、提拉米苏、芝士蛋糕。

☺ 情侣约会、商务宴请。

💻 www.dianping.com/chain/15356

福合埕 21 12 14 ¥41

上地东里小区门口(体大西门北侧) ☎62985691

✍ “地道”的牛肉丸火锅。牛肉丸“很筋道”，配上沙茶酱，“太棒”了！牛筋丸、墨鱼丸的味道也是“一流”，蔬菜“可以点半份”。虽然消费“比家常的火锅略微高一些”，但去了“还想去”。

👍 牛肉丸、牛筋丸、墨鱼丸。

☺ 朋友聚餐。

💻 www.dianping.com/chain/18183

福华肥牛 20 15 14 ¥48

劲松九区907楼(光明桥北二环辅路东) ☎67734939

丰台东大街36号(近丰台公安局) ☎63839882

呼家楼北街甲2号 ☎65067566

左家庄东街静安里37号 ☎64645588

广渠路21号(化工路口) ☎67783666

更多分店请登陆大众点评网 www.dianping.com

✍ 回民火锅店。“一人一小锅”，汤好，“调料鲜”，羊肉牛肉“品质有保证”，分量“大”，价格“实惠”。生意“火暴”，“常年客满”。

👍 肥牛、羊肉。

☺ 朋友聚餐。

💻 www.dianping.com/chain/21986

福库 21 19 15 ¥57

德胜门内大街滨海胡同甲4号(后海西北沿) ☎64024093

✍ 据说是自家创意菜，“中西合璧”。有几个特色菜“让人印象深刻”，尤其喜欢咖喱牛肉配黄油饼，“每次必点”。量“不算小”。服务态度“有待改善”。装修“简洁”、“时尚”——玫红色的墙，艳色纱幔。饭后还可以和朋友沿后海散步，感觉“超好”。

👍 咖喱牛肉配黄油饼、阳光灿烂、芒果玉米泥、油游虾、蜂蜜桂花茶。

☺ 朋友聚餐、情侣约会、休闲。

💻 www.dianping.com/chain/18057

福楼 Brasserie Flo

22 | 22 | 23 | ¥292

东三环北路16号隆博广场2楼 ☎65955139-11

北辰东路8号村长楼 ☎84972287

✍ “北京最好”的“法国餐馆”之一。环境是“老式的艳丽温暖”，“不炫奢华”，“不玩阴暗”，置身其中“随意”而“温馨”。传统鹅肝批配西梅酱“浓腴无比”，“细腻润滑”；“从诺曼底空运过来”的法国生蚝“饱满肥厚”，“极其鲜美”。服务“不是一般的周到”。带着她过来，空气里都能冒出“幸福的小泡泡”。

👍 鹅肝、生蚝、牛排、蜗牛。

☺ 情侣约会、商务宴请。

💻 www.dianping.com/chain/15318

福禄林涮肉坊

23 | 9 | 13 | ¥38

阜通东大街花家地小区40号 ☎64730226

✍ 望京味道“最好的涮羊肉馆子”之一，“馋肉”的时候就会来这里。“炭火铜锅”，肉“嫩”，“不膻”，小料“香”，羊杂汤“很正”，“物美价廉”。环境“一般般”，服务“一般般”。生意还挺“好”，大热天的都能“满座”。跟“熟人”来吃最“合适”。

☺ 朋友聚餐。

💻 www.dianping.com/chain/18230

福瑞林西点

24 | 12 | 19 | ¥12

地安门外大街50号(烟袋斜街口对面)

✍ “从未见过沿街的西点窗口可以这样火”：无论“春夏秋冬”，无论“刮风下雨”，每天下午都能看到“一条长龙”出现在鼓楼大街上。他家的小点心都是“现做现卖的”，“又好吃又便宜”，保准你“吃过一次还想吃”。最爱小泡芙，“软软”的外皮，“香而不腻”的奶油，放一个在嘴里，“感觉整个人都要融化了”。

👍 泡芙、蝴蝶酥、椰蓉条。

💻 www.dianping.com/chain/81797

福寿斋　29 7 16 ¥31

顺义区回民营路口　☎80485347

✍ 回民营一带“有名的清真馆”。菜量“大”，价格“实惠”。火锅是那种“大铜锅”，肉“新鲜”，“味儿好”，“超级推荐”。就是地方偏了点，“没有车的话”过去“有些不方便”。

☺ 朋友聚餐。

💻 www.dianping.com/chain/19041

富春江　23 20 16 ¥54

亚运村安慧里二区 3 号楼　☎64986699

✍ 杭帮菜馆。店堂里弥散着“湿润”的“江南”气息。“厚厚”的一本菜谱，“差不多每道菜都有图片”，看着便“垂涎欲滴”。金牌扣肉是“一致推崇的招牌菜”，“滑滑的”，“甜甜的”；腌笃鲜，“暖暖的一盆白色乳汤是主角”；鱼头汤“浓郁厚重”，“味香扑鼻”。菜看价格“有贵有贱”，可以“随意搭配”。

👍 金牌扣肉、鱼头汤、腌笃鲜、茴香豆、醉虾。

☺ 朋友聚餐、情侣约会。

💻 www.dianping.com/chain/18941

富丽客巴西烤肉　18 15 15 ¥48

东三环南路 58 号富顿中心 B 座 2 楼　☎58673186

复兴路甲 36 号百朗园底商(永定路口)　☎88202933

✍ 自助餐厅。胜在“种类丰富”，从各类烤肉到主食到水果到甜品，选择的余地非常“大”，“48 元钱”1 位的价格，怎么看都“物有所值”。对于“饭量大”的人来说，绝对能让你“扶着墙进来，扶着墙出去”。环境分就稍微“减”了点，“有点吵”，“人多得像过年”。停车免费。生日当天凭身份证能享受 5 折优惠。

👍 烤牛舌、羊肉串、烤菠萝、甜点。

☺ 朋友聚餐、情侣约会。

💻 www.dianping.com/chain/18606

富罗云韩国料理　21 22 28 ¥104

朝阳门外大街 18 号丰联广场 4 楼 401 室　☎65889533

✍ 丰联广场内的韩国料理店。出品“精细”而“地道”，拌饭、火锅面都“不错”。环境“简约雅致”，服务“细致入微”。只是价格也“不是一般的工薪阶层能够经常享用的”。

☺ 商务宴请、休闲社交。

💻 www.dianping.com/chain/17681

富士屋

19 14 12 ¥63

西三环北路1号武警总部路口内(北京电视台后) ☎68465157
清华东路16号艺海大厦1楼 ☎51733879
复兴路乙11号梅地亚大厦内 ☎68514422-1738

✍ 基本上想“狂吃”日本料理的时候就“一定会来这里”。“自助”形式，东西“很新鲜”，生鱼片“厚而不腻”，烤鳗鱼“相当好”，价格又“便宜”，性价比颇“高”。装修跟一般的“中国小餐馆”差不多。服务就“差”了点，希望能改进。提醒：酒水另收费。

👍 烤鳗鱼、北极贝、三文鱼、烤牛舌、土豆沙拉、鸡蛋羹。
☺ 朋友聚餐、情侣约会。
💻 www.dianping.com/chain/22078

尕老汉炝锅鱼

20 10 12 ¥38

高粱桥斜街19号(交大南门) ☎62174204
三里河路41号 ☎68318574

✍ 第一次吃炝锅鱼，就被那个味道给“馋住了”。表面的一层芝麻看着就“香”，泡菜“打底”，鱼肉“鲜香麻辣”俱全，“配上”涮料，“特别合胃”！就是吃多了“容易腻”，不喜欢油腻口味的人恐怕“受不了”。环境服务就不用计较了，“尝尝风味而已”。

👍 炝锅鱼、绿色拉面。
☺ 朋友聚餐。
💻 www.dianping.com/chain/22110

干锅居

20 16 15 ¥49

中关村东路1号威新国际大厦2楼 ☎58722008
安慧里2区4号 ☎64947721
霄云路27号 ☎64605378
远大路1号金源时代购物中心5楼西区 ☎88872057

✍ 贵州菜馆，生意“真不是一般的好”，“到了饭点都要等位”。酸汤鱼“汤浓汁厚”，“鱼肉爽滑”，吃起来“非常爽口”；干锅鸡肉质“新鲜软嫩”，口味“鲜明”，倒锅里的笋和腐竹“越吃越香”；老奶奶土豆泥掺了点“小葱”、“西红柿”和“青椒”，“细细滑滑的”，还有点“酸酸的味道”。整体说来“还不错”，值得去“细细品尝”。

👍 酸汤鱼、老奶奶土豆泥、苗家干锅鸡。
☺ 朋友聚餐。
💻 www.dianping.com/chain/18764

高丽屋

18 15 15 ¥50

白云路甲2号(近长安商场) ☎68053755
甘雨桥甲1号天宁寺桥西北角(近白云观东口) ☎63366770

✍ 韩餐馆。东西味道“还可以”，吃着挺“舒服”的。有的菜还能“要求双拼”，这样就可以“多尝几种”了。烤鳗鱼“最有吸引力”，大酱汤、石锅拌饭都是“原汁原味儿”。就是分量“小”了点，价格“偏贵”。服务生换篦子“很勤快”，烤肉也能让他们“代劳”。

👍 烤鳗鱼、大酱汤、石锅拌饭、五花肉、牛排、牛舌。

☺ 朋友聚餐、情侣约会。

💻 www.dianping.com/chain/15468

戈拿旺巴西烤肉　20　21　24　¥57

科学院南路知春东里 13 号楼　☎82133026

广安门内大街 6 号枫桦豪景西配楼(菜市口路口)　☎63560050

✍ 烤肉“大多比较嫩”，烤得也“到位”。服务员“很热情”、“很主动”，烤肉师“一遍一遍地上肉”，让你觉得“不吃就对不起他们”——都“来不及细细品尝”，真有点“囫囵吞枣”的感觉。周末的演出“很有意思”，有“漂亮”的舞蹈和“好玩”的杂耍。总之，在这里吃饭“心情很好”。

👍 牛舌、牛肩峰、三角肉、火鸡卷、鸡翅、羊肉串、鸭肝泥、培根卷牛里脊。

☺ 朋友聚餐、情侣约会。

💻 www.dianping.com/chain/18297

格格府　20　24　21　¥158

美术馆后街大取灯胡同 9 号内　☎64078006

✍ “非常非常有特色的一个去处”。以宫廷炖品为主，都是“慢火精心熬制的”。老鸭汤算里面“最便宜的”，“汤浓味厚”。最有意思的是答题，“可以过过中举的瘾”，一不留神没准还“弄个状元、榜眼、探花之类当当”，得来的铜钱可以买小货郎手里的货，“很新鲜”。

👍 老鸭汤、霸王别姬。

☺ 商务宴请、朋友聚餐。

💻 www.dianping.com/chain/15523

格桑湄朵　16　24　21　¥93

东直门外大街新东路路口西南角(加拿大使馆正南)　☎64179269

✍ 一进门就是“浓浓的西藏风情”，转经筒、哈达、唐卡、还有绕梁的藏音，“仿佛一下子就置身于藏民家中”。藏族服务员个个“身着藏袍”，“很是热情”，“淳朴”的笑脸和“贴心”的问候带给你的是“无比的新奇和快乐”。最美妙的就是大家一起围着圈子跳舞的时刻，“仿佛所有的不开心都随着张张绽放的笑脸而消失殆尽了”。此时此刻，“食物已经不是主角”。

🖳 www.dianping.com/chain/21019

更香茶楼

▽ 11 24 23 ¥83

马连道甲10号 ☎63321938转

✍ "马连道茶叶街上的一家名店"。一楼"卖茶叶"，二楼能喝茶能点菜。出品号称是"南方乡土菜"，做工"细腻"，口味"比较清淡"。相比之下，装修更有"特色"些——大厅里"错落陈列"着"陶瓷古玩"，"仿古木椅"上刻着"更香茶楼"的字样，水池上的"几列竹灯"穿过粗毛竹"射下来"，在水中泛起"鳞鳞波光"。

🖳 www.dianping.com/chain/63888

古城岐山面

21 9 10 ¥16

雍和宫大街32号 ☎84023859

阜成路8号 ☎88530445

上地东路1号盈创动力E座底商 ☎58851539

✍ 爱吃陕西面食的人别错过这里。岐山面"特别棒"，面条"呈半透明状"，"极为筋道"，浆水"油大"，"料足"，"微辣"，口味"很是地道"；干拌面除了"有些咸"，口感还"真不赖"；油泼扯面等也都"值得尝尝"。吃完别忘了再要碗面汤，"稍有碱味"，"解渴又解腻"。

👍 油泼扯面、岐山面、干拌面、羊肉泡馍。

🖳 www.dianping.com/chain/18807

古典玫瑰园

22 23 22 ¥98

建国门内大街18号恒基大厦1楼9-11号 ☎65181812

✍ 空间"有些局促"，不过"整体氛围很不错"，"像是进到了英国贵族家的客厅"，"优雅华贵"。所有的茶具都"分外精致"，配上"清香甜美"的花茶和"新鲜"的"手工"甜点，享受一顿"地道的英式下午茶"，感觉"真好"。

👍 玫瑰水、玫瑰茶、司康、超级火焰。

☺ 情侣约会。

🖳 www.dianping.com/chain/18518

古老海西餐厅 Mare

23 24 19 ¥191

新东路14号 ☎64171459

✍ "不太起眼"的一家店，"棕灰色"的"石砖门墙"上，只见"Mare"字样。室内环境"雅致"，"不事张扬"。"地道"的TAPAS，"正宗"的西班牙火腿，"香浓"的蘑菇烩饭，"很棒"的橄榄油烫虾仁，还有"只在周日供应"的海鲜饭，以及"品种丰富"的葡萄酒和香槟，都等待着每位喜爱西班牙菜的客人来品尝。美中不足的是服务生的态度——如果能对中外客人“一视同仁”就好了。

小羊排、提拉米苏、海鲜饭、蘑菇烩饭、橄榄油烫虾仁。

情侣约会、商务宴请。

www.dianping.com/chain/15418

鼓浪屿大酒楼 17 23 19 ¥135

上地创业路17号金辉科技大厦 62977799

店门“比较气派”，装修感觉“有点儿旧”。原来一直是“做福建海鲜”的，现在也有家常菜，味道“还行”。配套设施还不错，吃完饭“可以打保龄球、唱歌”。价格“偏高”，请客“比较有面子”，普通吃喝“有些划不来”。

商务宴请。

www.dianping.com/chain/18721

鼓楼姚记炒肝 25 8 12 ¥10

鼓楼湾东南角

“要想吃炒肝，鼓楼一拐弯”。他家的炒肝够“地道”，“适合咱老北京的口儿”。掌柜的老爷子“人很好”，给你捞的都是“稠的”，你说多要肠人家就给你“多撇肠子”，多要肝就“几乎全是肝”，“全在一个锅里”，“真技术”！最好再垫上瓶“儿时的北冰洋”，真能“舒服死了”。相比之下，包子、卤煮和灌肠就略显“一般”了。

炒肝、包子、卤煮、炸灌肠、冰豆浆。

www.dianping.com/chain/18881

故乡山川 22 11 17 ¥56

望京新城四区423号楼1楼 64709292

“很正宗的韩国料理”，老板也“是韩国人”，因此在这里吃饭耳边经常盘旋着“韩语声”。东西“以烤肉为主”，“基本上每桌都会点烤五花肉”。烧烤的家什也“比较有意思”，“不是常见的篦子或铁盘，而是一个大锅盖似的东西”。“有盘腿坐着吃的地方”。

烤五花肉、辣白菜炒饭、辣牛肉汤。

朋友聚餐。

www.dianping.com/chain/18776

拐弯抹角 19 19 20 ¥56

左家庄路16号左家庄3区9号楼(静安宾馆南) 84518301

地点太“偏”，的确“要经历一番拐弯抹角”才能找到。做的是改良川菜，口味“偏咸”，味道“还不错”，但也“没有想象的好”，期望值不能太高。量“小”，价“有点儿贵”。服务“绝对热情”、“到位”。

👍 炝锅鲶鱼、鸡丝凉面、泉水豆花、水煮鱼。

☺ 朋友聚餐。

💻 www.dianping.com/chain/17406

官也街澳门火锅 20 17 17 ¥105

新源街45号（近昆仑饭店） ☎84512520

✍ 以澳门的食品街命名。装修“简洁明快”。东西“用料讲究”，“做工细致”，摆盘“是西餐的作派”。鸳鸯锅底“蛮香的”，自制咸菜“味道很亲切”，各种滑据说都是“人工反复摔打的”。建议选海鲜料，“是店里的特色”。“没有免费茶水”。想尝尝鲜的人可去试试。

👍 虾滑、手擀面、顶级肥牛、马蹄爽、墨鱼滑、牛筋丸。

☺ 朋友聚餐、情侣约会。

💻 www.dianping.com/chain/62040

光明楼麻辣烫 23 4 7 ¥10

光明楼华普超市西胡同内（邮局对面）

✍ “对这里简直太熟了”！上中学时就“经常光顾”，那时店“特别小”，“破破烂烂的”，后来“慢慢发展起来了”，店面“大”了，味道还是那么“好”。麻辣烫自然是“经典”，涮菜看着都挺“干净”的，吃口“非常非常正”；酸辣粉也“不错”，“值得推荐”。小店生意“特火”，什么时候去都“爆满”，想尝尝的可得做好等位子的心理准备了。

👍 麻辣烫、酸辣粉、凉皮。

💻 www.dianping.com/chain/79093

广东人民菜 20 12 11 ¥39

花家地北里14号楼1楼（中央美院北门对面） ☎64736501

✍ 离美院很近。墙上挂的都是“很艺术”的画，“像是美院的半个食堂”。这里除了粥好之外，最大的特色是广式小点，“丰富”并且“好吃”，价格“很合适”，所以每次去“都点很多样”。环境不是很好，光线“很暗”，高峰期“人很多”，“需要等位”。

👍 煲仔饭、虾饺、龟苓膏、生滚鱼片粥、肠粉。

☺ 朋友聚餐。

💻 www.dianping.com/chain/15371

广州蕉叶 Banana Leaf 22 22 18 ¥104

工体北路4号院内（凯富酒店后） ☎65068855

北四环路 58 号中关村广场金融中心商业 2 楼 ☎59863666

✍ "十足"的东南亚风味。菜品"很好"，菜单上"想一试的菜太多了"。咖喱皇炒蟹不愧为"王牌菜"，咖喱味儿"很正"，蟹肉"挺嫩"的，"让人爱到极点"。有歌舞表演，演员们"还会邀请客人一起跳舞"，气氛"很热闹"，比较合适一大群朋友聚会。服务员比较"没眼力见"，点菜都"要叫五六次"。

👍 咖喱皇炒蟹、猪颈肉、冬荫功汤、菠萝饭、芒果大虾沙拉、芒果布丁、咖喱火锅。

☺ 朋友聚餐、情侣约会。

💻 www.dianping.com/chain/18804

贵山苗家菜 22 9 13 ¥39

魏公村民院北路 14 号楼(民族学院西门) ☎68421881

✍ "民院附近"的贵州菜馆。菜品做工"比较粗糙"，但味道"还可以"，"有地方特色"。"当家"的酸汤鱼特别"适合志趣相同者大快朵颐"。不计较环境的可以来"打打牙祭"。

☺ 朋友聚餐。

💻 www.dianping.com/chain/18672

贵州大厦牡丹厅 21 17 16 ¥58

北三环樱花西街 18 号贵州大厦 2 楼 ☎64444466-6203

✍ 贵州驻京办餐厅。菜"保持了贵州原味"，"比较正宗"。不仅能品尝到"经典的酸汤鱼"等大菜，还能吃到米粉、小米糍等小吃。服务员身着各式"简易的民族服装"，态度不错。只是"要收服务费"。人经常很多，"要等位"。

👍 花江狗肉、酸汤鱼、折耳根、黄粑。

☺ 朋友聚餐。

💻 www.dianping.com/chain/17493

贵州箩箩酸汤鱼 19 9 13 ¥51

农展馆南路 1 号(近朝阳公园西门) ☎65940939

方庄芳城园三区 15 号楼 ☎67609626

东直门内大街 186 号 ☎64051717

阜通东大街甲 1 号方舟苑南门 ☎64730970

东直门内大街 5 号(东直门桥西) ☎84062004

✍ 一进餐馆就闻到那"浓浓的酸味"。酸汤鱼确实不错，鱼肉"嫩嫩的"，"很入味"，就着辣味小料"越吃越香"；汤也"很好喝"，"酸酸辣辣的"，"特别开胃"。环境"一般"，"有点吵"，晚上去"有时候要等位"。

👍 酸汤鱼（酸汤鲶鱼）、米豆腐。

☺ 朋友聚餐。
💻 www.dianping.com/chain/22099

郭林家常菜

17 15 13 ¥39

西直门外大街德宝新园 E15 号 ☎68345043
清华东路 25 号(金码大厦对面) ☎82377660
中关村北一街 18 号 ☎62628768
西四环南路 56 号望园大厦 1 楼 ☎63830414
王庄路 15 楼 ☎62347929
更多分店请登陆大众点评网 www.dianping.com

✍ "家常"馆子,"大小聚会都来这里"。出品"汇聚了东西南北各路菜肴",虽然"没什么特色",但味道"还过得去",菜码也"挺大的",每天还有"特价菜","经济实惠"。环境"不错",饭点那个"热闹"劲儿啊,适合咱"老百姓"。

👍 烤鸭、官保鸡丁、水煮鱼、鱼香肉丝、京酱肉丝、蟹黄豆腐。
☺ 朋友聚餐、家庭聚餐、商务宴请。
💻 www.dianping.com/chain/21898

锅比盆大

20 21 21 ¥112

工体西路 8 号 4 楼 ☎65518606

✍ 刚到楼下就闻到了咖喱味,"很诱人"。点了招牌黄咖喱锅,"地道",汤汁"非常浓郁",里面东西也"很丰富",腐竹、荸荠、胡萝卜、豆芽都有;特色是涮油条,"简直是中西合壁"。还有私房菜,"菜式出奇",甜品也"都很好吃"。环境"干净明亮","大部分是沙发座","比一般的火锅店好很多",服务"殷勤适度"。价钱"挺贵的","如果有人请客就好了"。

👍 咖喱锅、油条、虾丸、冻豆腐、咖喱蟹、芦荟椰奶、洛神花。
☺ 朋友聚餐、情侣约会。
💻 www.dianping.com/chain/81571

国际饭店旋转餐厅

16 25 19 ¥208

建国门内大街 9 号国际饭店 28 楼 ☎65126688-6218

✍ 自助餐,中午、晚上"不是一个价位"。菜品种类"不算多",口感也"不称道",感觉"都没什么可吃的"。环境"没有什么特色",关键就是这个旋转,"据说 50 分钟转一圈",从"28 层的高楼"看下面"川流不息"的车流和"长安街的夜景",够"浪漫"。价钱"贵"了点,自己掏腰包可"真舍不得"。

👍 冰淇淋。
☺ 情侣约会、商务宴请。
💻 www.dianping.com/chain/15521

国肴小居 25 21 23 ¥90

交道口北三条 58 号 ☎64031940

✍ 小居“小得精致”，“古色古香”，“安静闲逸”。菜品高、中、低档俱全，既有传说中的“谭家菜”，也有“便宜”的家常菜。老板“侃得很有门道”，“边吃边听”还真能“长点学问”。去过就会发现——这一趟，“不白来”！

👍 浓汤群丝、烤笋、八宝豆腐。

☺ 朋友聚餐、情侣约会、商务宴请。

💻 www.dianping.com/chain/19294

过客 Passby Bar 17 25 16 ¥70

南锣鼓巷 108 号 ☎84038004

✍ “温馨”的小餐吧。意大利风味菜肴其实挺“一般”的，最爱的还是这里的环境——喜欢“一墙书橱的 LONELY PLANET”，足以让所有“以背包走天下为理想”的人们找到“归属”的感觉；喜欢坐在四合院里“喝东西聊天”，有“家居的感觉”，也有“走在路上的感觉”。店里“老外很多”，也常有明星来此“聚会”。

👍 比萨。

☺ 朋友聚餐、休闲社交、情侣约会。

💻 www.dianping.com/chain/18319

哈根达斯 Haagen-Dazs 23 22 19 ¥76

建国门外大街 21 号国际俱乐部 1 楼 196 室 ☎65326661

西单北大街 153 号君太百货 1 楼 ☎66164122

建国门外大街 1 号国贸西楼 L125 ☎65056527

东长安街 1 号东方新天地 1 楼 A102 ☎85186071

王府井大街 138 号新东安市场 1 楼 ☎65596277

中关村大街 15 号中关村步行广场西南角 ☎51721606

科学院路 44 号双榆树华星电影院 1 楼 ☎82112489

广顺北大街 33 号嘉茂购物中心 1 楼 ☎84729478

✍ 广告语很有名，“爱她就请她吃哈根达斯吧”。其实冰淇淋“口味哪里都一样”，关键是环境和氛围，两个人吃着冰淇淋，聊着天，看着外面来来往往的行人，感觉“挺舒服”。服务不好，服务员“叫好多次还不一定会过来”。价格“贵”，便宜点就好了。

👍 冰淇淋火锅、提拉米苏、比利时巧克力、醉酒樱桃、绿茶。

☺ 情侣约会、休闲。

💻 www.dianping.com/chain/21832

海底捞火锅 24 20 31 ¥50

花园东路 2 号(牡丹宾馆北) ☎62033112

大慧寺路2号(交大西门西) ☎62133511
南磨房路29号(近西大望路) ☎87798911
广安门南街42号中建二局大厦1-2楼(白纸坊桥东) ☎51816880
惠新东街甲2号北奥大厦3楼(近北四环) ☎84639300

✍ 吃的是“正宗”的四川火锅，菜品“全都可以”点半份，而且量并“不少”。不过，最让人难忘的还是服务——等座本来是令人心焦的事情，但在这里“变成了享受”，排队时有冰水、果盘、瓜子供你“免费食用”，有棋牌“供你娱乐”，美甲、擦鞋“全部免费”。整个用餐过程让人“很舒服”，“充分体会到了上帝的感觉”。所以“每一次都是满意而归”的。

👍 滑牛肉、柠檬水、抻面、鸭血、豆花、猪蹄。
☺ 朋友聚餐。
💻 www.dianping.com/chain/18454

海佬太和屋 19 17 16 ¥88

亚运村大屯路慧忠里201楼1楼 ☎64895656

✍ 日料餐厅。中午有“自助”，品种“比较丰富”，刺身、寿司都是“无限量供应”，食材“新鲜”，口味“还算不错”，价格“不贵”。晚上是“单点”。环境还可以，空间“很宽敞”。随便吃吃挺好的。

👍 生鱼片。
☺ 朋友聚餐。
💻 www.dianping.com/chain/16423

海清轩 20 9 11 ¥55

东直门内大街5-12号 ☎84063527

✍ 和海盛苑是同一个老板。做的是“青岛小海鲜”，海鲜品种挺“全”的，量“大”，“新鲜”，“爽口”，价格还“便宜”。店内“生意火暴”，常常是“座无虚席”，建议“提前订位”。

👍 西红柿炖大虾、蚝油扇贝、鲅鱼饺子。
☺ 朋友聚餐。
💻 www.dianping.com/chain/20013

海山日本料理 24 26 27 ¥91

光熙门北里22号远方饭店1楼 ☎64225588-816

✍ “值得一吃的日式餐厅”。各种鱼生“普遍都很新鲜”，温度“尚可”，切片“比较厚”，特别适合“喜欢大口吃的朋友”；千岛酱烤牡蛎“确实味美”；好多款饮品都“非常非常好喝”，值得“严重推荐”。环境“清幽”，服务“到位”，“加菜次数再多”侍应生们都不会给你“甩脸色”。

👍 千岛酱烤牡蛎、烤鳗鱼、北极贝、金枪鱼、海胆。

☺ 情侣约会、朋友聚餐、商务宴请。

💻 www.dianping.com/chain/1933456

海棠居 19 27 17 ¥257

宣武西大街32号(新华社斜对面) ☎83158663

✍ “小小的四合院”，“有着闹市中难得的幽静”。里面无论是“房间的格局”，还是“墙上的挂饰”，或是用餐的器皿，都透着“雅致”。官府菜，味道“不错”，不过价格“让人咋舌”，比较适合宴请客户。

👍 红烧鲴鱼、一个萝卜。

💻 www.dianping.com/chain/18209

海天阁 22 27 26 ¥122

光华路1号嘉里中心1楼 ☎65618833-41

✍ 嘉里中心里的粤餐厅，环境“很好”，服务也“比较到位”。中午的点心自助“最是出色”，品种“丰富”，“50%的菜品都和虾有关”，而且虾仁个个都“新鲜肥美”，“爱吃虾的人真是会幸福到死”；鱼肚汤吃得出“炖功不一般”；龟苓膏和芒果布丁也是“质量了得”。周末固定有“买一送一的打折活动”，价格“相对优惠”，“要吃就趁那时候”。

👍 虾饺、芒果布丁、龟苓膏。

☺ 休闲、情侣约会、商务宴请。

💻 www.dianping.com/chain/15381

海碗居 22 14 20 ¥30

增光路11号(甘家口大厦西北) ☎88374993

三里河路17号甘家口大厦5楼 ☎88392073

花园路2号(牡丹园翠微大厦后) ☎82070488

松榆东里36号 ☎87313518

✍ 一进门就是八仙桌、长条木凳和小二的吆喝声，“仿佛把你带回了100年前的北京”。吃的都是老北京的小吃，炒灌肠、炸酱面、松肉、爆肚、咯吱……“应有尽有”，量“足”味“美”，价格“便宜”，包你吃得“欢”。生意非常好，“饭点时肯定得等位”。

👍 炸酱面、麻豆腐、炒红果、灌肠、芥末墩、爆肚、驴打滚。

☺ 朋友聚餐。

💻 www.dianping.com/chain/22086

寒室 My Humble House 21 31 26 ¥402

东长安街1号东方广场西3办公楼平台层 ☎85188811

✍ 环境很好，“简约雅致”，大堂中央还有一个“非常大的水池”。吃的是创意菜，菜单叫做“作品”，“每道菜都是一首诗”，配着水墨画；菜“很精致”，摆盘造型“美观”，“视觉、味觉都很享受”。中餐西吃，每道菜之间的等待时间“充裕”。服务“很到位”。虽然贵了点，但偶尔去一次还是“挺有情调的”。

👍 香滑杏仁豆腐。

☺ 商务宴请、情侣约会。

💻 www.dianping.com/chain/18781

韩馋翅吧

22 11 14 ¥36

辛安里胡同10号（烟袋斜街对面胡同内） ☎64035282

✍ 吃这儿的鸡翅“会上瘾”，几天不吃就“惦记得要命”。他家的鸡翅有原味的和各种辣度的，能吃得下“极品辣”的都是“强人”。其他烤串也“不错”，凉菜挺“爽口”的，正好解了鸡翅的“腻”。环境“不大好”——“吃烧烤的地儿”嘛，自然都是“这样”的。提醒：鸡翅要一次点齐。

👍 烤鸡翅、土豆沙拉、烤馒头片、豆腐干。

💻 www.dianping.com/chain/1906540

韩国巴拿米西饼

22 18 19 ¥17

东三环中路39号建外SOHO现代城A座0101室 ☎58692869

建国路93号万达广场4号楼1-D24号 ☎58206167

东三环南路富力城星光大道天力街15号楼20号 ☎58766209

中关村大街19号新中关大厦B129-130铺 ☎82486969

✍ “小小”的店，整体给人一种“很韩国的感觉”。好些点心都“比较特别”，“外面不太看得到”。如果对某样东西感兴趣，“小姐会切一块下来让你免费试吃”，“觉得味道好再买”，“真是贴心极了”。价格“挺贵”的，不过“每天晚上8点后会打折”。

👍 泡芙、韩国特点、红豆糯米饼、蛋糕。

💻 www.dianping.com/chain/19441

汉江韩村鲜农汤

21 17 16 ¥54

霄云路9号 ☎64605089

✍ 韩餐馆。主食和菜加起来总共只有14样，比酒类还少2样——似乎是“专门”为“爱喝酒的韩国人”开的。他家的特色是牛尾汤，“奶白色”的汤品“滑爽醇香而且完全没有油腻之感”，食客能按自己的喜好添加海盐或葱花。其他菜肴也大都是以牛尾汤为底汤“加工而成”的，“清淡而自然”。环境挺“舒服”的，价格“不是很贵"，可以再来。

👍 牛尾汤、冷面。

☺ 朋友聚餐、情侣约会。

💻 www.dianping.com/chain/19057

汉拿山 21 17 18 ¥55

花园东路 8 号(近国安剧院) ☎82037888

万泉河路 109 号(近城乡超市) ☎62658666

复兴路 40 号(玉泉路口) ☎88229998

新源街 45 号(近京信大厦) ☎84518881

西直门外大街乙 143 号(近家乐福) ☎68359688

安慧里四区 16 号化工大厦 3 楼 ☎84885589

车道沟 10 号(近紫竹桥) ☎68726888

西坝河北里甲 8 号(近国美) ☎64220992

春秀路甲 11 号 ☎64178377

复兴路 65 号-2 ☎88229292

远大路 1 号金源时代购物中心 5 楼 ☎88874188

望京街 9 号望京国际商业中心 1 楼 ☎59203588

✍ 韩国料理店。一到晚上总是"人多得不行"。他家的烤物"高中低档的都有"，质量"不错"，尤其推荐五花肉，烤得"滋滋冒油"的，"焦一点最好吃"。石锅拌饭什么的也是"美味"又"实惠"。服务员"态度挺好"的，"换篦子特勤快"。如果是"和绝对肉食的男生吃饭"，"多半会选择这里"。

👍 烤牛肉、石锅拌饭、烤五花肉、冷面、烤牛舌、辣白菜炒饭、烤牛排。

☺ 朋友聚餐、情侣约会。

💻 www.dianping.com/chain/22128

濠景轩 16 24 20 ¥101

芳园路四得公园南门(近霄云桥) ☎64373838

✍ 环境"宽敞明亮"，"白色"的沙发"干净简洁"，"通透"的大玻璃墙外面"是一个足球场"，"视野很好"。餐具"都是玻璃的"，看着"很舒服"。据说做的是"澳门菜"，但"好像混合了各种风味"，卖相"好"，但"不见得有多好吃"。菜单的价格却"着实让人一惊"。

👍 咖喱牛腩。

☺ 商务宴请、情侣约会。

💻 www.dianping.com/chain/66104

好地方 20 16 17 ¥49

中关村南大街 17 号韦伯时代中心 C 座 2 楼 ☎88579162

远大路 1 号金源时代购物中心 B 座 ☎88892353

✍ "海鲜自助火锅"。海鲜"不少"，但通常都是"一上而空"。虾类"比较新鲜"，小螃蟹也蛮"好"，味道"还行"。水果点心种类"不多"，"免费"的酒水就几款。环境"一般"，但没有一般火锅店"烟雾缭绕"的感觉。价格涨过之后有点贵。

👍 蛏子、皮皮虾、乌鸡汤。

☺ 朋友聚餐。

💻 www.dianping.com/chain/82117

好利来

18 15 16 ¥18

多家连锁店

✍ 京城里"规模最大的连锁面包房"之一。品种"很多"，口味上感觉大体"和味多美持平"。老婆饼"好吃"，"淡淡的味道"，"比较清香"。毛毛虫也"诱人"，经常买来当"早点"。过生日订蛋糕的话也常"来这里"，就是蛋糕造型"N 多年了"似乎也"没太多创意"。价格"有点儿贵"。

👍 老婆饼、冰粥、毛毛虫。

💻 www.dianping.com/chain/22127

好嫂子刀削面

20 12 11 ¥20

八角(苹果园路口北)

✍ 刀削面"确实不错"，"推荐牛肉的"，吃时再"来点辣椒油和老陈醋"，那叫一个"香"啊！还有炒菜供应，"家常"口味，"好吃不贵"，真的"实惠"。难怪"人气很旺"。关门挺"晚"的，饿了还能"吃夜宵"。

👍 刀削面、干锅肥肠、大拌菜、大盘鸡、酱猪手。

☺ 朋友聚餐。

💻 www.dianping.com/chain/19127

好运站点 Tube Station

19 22 12 ¥29

新街口外大街甲 4 号(北师大东门斜对面) ☎62004439

交大嘉园 4 号楼 1 楼 ☎82162768

魏公村 16 号楼底商 ☎82871607

新中街 18 号(55 中学南门对面) ☎84473949

✍ 一进店就觉得"很学生气"，可以"到处胡乱涂鸦，无论是墙上、凳子上还是桌子上"，"很有意思"。东西以快餐为主，都"要自己去前台拿"。pizza 和三明治"很便宜"，味道也"还好"。总的来说，在这种环境下吃饭聊天，"很随意"。小贴士：可以无线上网。

👍 红豆冰山、金枪鱼比萨、薯条、金枪鱼沙拉。

☺ 情侣约会、休闲、朋友聚餐。

💻 www.dianping.com/chain/21923

好兆头 2068　22　10　10　¥46

金台路 21 号(万惠商场北)　☎85996966

朝外大街佳汇中心北面　☎63652068

✍ 从“西安”开过来的店子。主料（虾啊排骨啊之类的）和蔬菜先过油“炸”，盛上来是“满满一大锅”，吃完了在锅中“加汤料”就变成了“麻辣火锅”，味道“相当不错”。扯面也“好吃”，“论根”卖的，“建议尝尝”。就是油太“大”了，“特别容易饱人”。环境和服务嘛，就没什么可说的了。

👍 香辣虾。

☺ 朋友聚餐。

💻 www.dianping.com/chain/63796

喝了蜜甜品店　19　15　17　¥24

东直门内大街甲 168 号　☎84027793

✍ “嘈杂”的簋街，“清幽”的小店。装修一般，都是木头的桌椅，看着“很好玩”。上甜品的“速度很快”，双皮奶“浓郁”，杏仁豆腐“滑而香甜”……“温馨”的味道，“喜欢甜品的可以来尝尝”。价格“小贵”。

👍 芒果布丁、杏仁豆腐、芝士焗山芋、双皮奶。

☺ 情侣约会。

💻 www.dianping.com/chain/1935655

何贤记　24　19　19　¥39

颐和园路 1 号资源燕园宾馆 1 楼　☎62750968

✍ “北大南门”的小馆子。老板和厨师都是“广东人”，出品号称“广东人民菜”，口味上南方人、北方人“应该都能接受”，“煲汤类”的东西“不少”，挺“鲜美”的，可以“试试”。价格“适中”，有时候还有“特价菜”供应，就是分量“少”了点。生意“相当火暴”。

👍 老火鸡汤、蜜汁叉烧、烧鸭。

☺ 朋友聚餐。

💻 www.dianping.com/chain/1960729

和众烧烤　24　9　15　¥31

蒲黄榆一里 10 号楼北(玉蜓桥南)　☎67634367

✍ “很隐蔽”的一家小馆子。小料“一级棒”，“甜甜”的味道，“蘸上”瓜子仁，“那叫一个香”。烤肉也“不错”，“物美价廉”，保准让你“甩开了腮帮子吃”，一次“吃个够”。就是“没啥环境”可言，吃完了一身都是“烟味”。

👍 五花肉、小料、肥牛、牛舌。

☺ 朋友聚餐、休闲。
💻 www.dianping.com/chain/69754

荷花泰菜

16 16 15 ¥102

东长安街 1 号东方新天地 B1 楼 ☎85186391
建国门外大街 1 号国贸西楼 SB124A ☎65055386
东直门外新中街 21 号东方银座 C 楼 ☎84477163
永安里双子座购物中心 5 楼 ☎51096089

✍ 泰式餐厅。环境“比以前好”，“宽敞华丽”。菜肴“又酸又辣”的，吃得惯的人大概会觉得“不错”。就是分量太“小”了，价格也“贵得不行”，不是工薪族随随便便就能去的地方。

👍 菠萝饭、冬荫功汤、咖喱蟹、绿咖喱。
☺ 情侣约会、朋友聚餐、休闲社交、商务宴请。
💻 www.dianping.com/chain/22100

荷塘月色

20 25 21 ¥80

左家庄西街柳芳南里 12 号楼 ☎64653299
北四环西路 66 号第三极文化中心 3 楼 ☎62680848

✍ 有名的素菜馆。菜名“很雅”，雅到“都记不起来叫什么”。有的菜做得“真的和肉差不多”，“让你难辨真假”。争取“多去几次”，“把所有菜都尝遍”。环境“优雅”、“清静”，服务员态度“和蔼”，伴着袅袅禅音，吃饭也“成了一种享受”。

👍 水煮三国、荷塘月色、素鸭。
☺ 情侣约会。
💻 www.dianping.com/chain/15332

盒子咖啡馆

18 23 21 ¥34

双清路西王庄 5 号 ☎62791280

✍ “小盒子”地方“不太好找”，但“有很多特色”——书架上摆放着“各种类型的书”，也准备了“各式棋牌”，“每周都有免费的电影、纪录片放映”，还“不定期”地举办各种活动。空闲时喜欢坐“靠门口的小桌”，就着窗外“淡淡的夜色”和台灯“昏黄温暖的光晕”，喝喝咖啡，看看书，享受“亲切周到”的服务。

☺ 情侣约会。
💻 www.dianping.com/chain/15698

鹤千里韩式烧烤

18 19 13 ¥50

大望路 10 号现代城旁(近西大望路) ☎85893609

✍ 韩式烤肉店。菜单和权金城的差不多，口味还“过得去”。“特别推荐”烤口蘑，“新鲜”的，“非常好吃”。

记着夹起来的时候“要小心”，别让中间的汁给洒了，这是“精华”。价格“不贵”。环境在现代城的韩餐馆里算是挺“好”的，有“小开间”。一般“不用等位”。

👍 石锅拌饭、火锅面、烤口蘑。

☺ 朋友聚餐。

💻 www.dianping.com/chain/20205

黑松白鹿 18 21 20 ¥56

西坝河光熙门北里 15 号重庆饭店 1 楼 ☎64201954

✍ 一家不错的日料店。分黑松和白鹿两厅，“都是日式自助”。黑松在右边，光线“比较暗”，有“浓浓的日本风情”，“较高档”；白鹿在左边，“很亮堂”，颜色也是“浅的”，“与黑松截然不同”。白鹿 68 元自助“烤鳗和生鱼不限量”。服务员都“挺可爱的”，要的东西上得“很快”。

👍 烤鳗鱼、生鱼片、土豆沙拉、寿司。

☺ 朋友聚餐、情侣约会。

💻 www.dianping.com/chain/1933705

红鼻子米粉 20 9 11 ¥30

广安门外北滨河路甲 1 号(近深圳大厦) ☎63438367

✍ “很有特色”的一家店。进门就是“股浓郁的酸笋味儿”，让人“为之一振”。吃的是米粉和桂林菜，“挺正宗”的，偶尔品尝一下算是“不错的调剂”。就是环境和服务“不太好”。

👍 酸辣粉、卤菜粉、黄焖鸡。

☺ 朋友聚餐。

💻 www.dianping.com/chain/17284

红草火辣栈 21 23 20 ¥61

中关村广场步行街 22 号 ☎51721612

✍ 自称“激辛料理专门店”。菜品以“韩国青阳辣椒”为原料，第一口吃下去“觉得没什么”，可是“越吃越辣”，连身体、嘴都“一点点燃烧起来”。幸好有“免费”的冰水提供，“很贴心”。周围的客人都是韩国人，感觉是“在异国他乡”。推荐给喜欢吃辣的朋友。

👍 火辣鸡、火炉烤饭、火辣海鲜、培根卷蘑、鸡翅饺。

☺ 朋友聚餐、情侣约会。

💻 www.dianping.com/chain/1889329

红蕃茄楚珍舫 18 15 15 ¥54

万寿路翠微南里 22 号楼 ☎68215512

西三环中路 13 号(近中央电视塔) ☎68456158

月坛南街南一巷 11 号(近西官宾馆) ☎68517028
北辰东路 18 号凯迪克大酒店北门 ☎84981055
✍ “吃湖北菜的地方”。东西做得“很细致”，价位也“不高”。最近不知道怎么的“菜单换了”，好在“口味没有变”，“还是一样吸引人”。郁闷的是“等菜的时间实在是太漫长了”。环境一般。
👍 杜婆鸡、热干面、剁椒鱼头、砂锅鲴鱼、排骨藕汤。
☺ 朋友聚餐。
💻 www.dianping.com/chain/22036

红京鱼 21 14 14 ¥52

北三环西坝河远方饭店 B 楼 1 楼 ☎84253840
天泽路女人街莱太美食街 1-2 号 ☎84545147
光熙门北里 14 号楼(近重庆饭店) ☎64204776
北四环西路 52 号中芯数码大厦 6 楼 ☎62691090
远大路 20 号鹏安世纪大厦东 1 号 ☎51980586
望京新城西区 424 楼 1 楼 ☎64707221
上地信息产业基地信息路 7 号数字传媒大厦 1 楼 ☎62971389
✍ 据说是北京“水煮鱼的鼻祖”，水煮鱼的确“挺不错”的，能吃到“鱼的香味”，麻辣味儿又“不那么浓烈”，“适合一般人”。其他川菜也“还可以”，但总体来说似乎“不如过去好吃”。环境“一般”，价格“偏贵”。
👍 水煮鱼、炝炒圆白菜、川北凉粉、福寿螺。
☺ 朋友聚餐。
💻 www.dianping.com/chain/22035

红孔雀火锅吧 20 24 21 ¥44

陶然亭路 16 号西藏证券 1 楼 ☎83557335
✍ 环境“不错”，比较“小资”，“不太像是吃火锅的地方”。口味上“注重创新”，推出不少“新颖”的锅底，清真的、番茄的、香辣的，还有粥味锅底“都值得试试”。其间还赠送各种凉菜、点心和饮料。服务也非常“热情周到”。看得出“店家在很用心地经营”，希望能一直坚持下去。
👍 番茄锅底、啤酒肥牛、油条、鲜鱼丸、小火烧、酸梅汤。
☺ 朋友聚餐、情侣约会、休闲。
💻 www.dianping.com/chain/70095

红莲烤鸭店 18 15 14 ¥45

广安门外红莲北里甲 11 号 ☎63263335
慧忠北里 111 号楼 1 楼 ☎64808411
✍ “算是附近比较知名的烤鸭店”。烤鸭不错，菜式“很家常”，量“大”、“实惠”。菜价“基本没有三十元以上的”，有时还会有“特价烤鸭套餐”推出。“不想做饭就往这里跑”。就是饭点人“很多”，“需要等位子”。

☺ 朋友聚餐、家庭聚餐。

💻 www.dianping.com/chain/22103

红炉磨坊 21 13 15 ￥24

亮马桥路 46 号(近凯宾斯基饭店) ☎84401300

麦子店西路 9 号(女人街北门侧) ☎64650101

✍ 店堂很小，但“干净明亮”，可以窥见制作面包的全过程，“很家庭化的感觉”。最喜欢泡芙，“细腻”、“浓郁”；蛋糕做工“精致”，“品种丰富”；门口随意挑选的各种口味的饼干也不错。晚上七点半之后半价优惠。

👍 泡芙、提拉米苏、南瓜布丁。

💻 www.dianping.com/chain/60937

红墙咖啡厅 19 24 22 ￥246

东长安街 35 号贵宾楼饭店 2 楼 ☎65137788-343

✍ 北京“最精致”的自助餐厅之一。“紧挨着”天安门的核心地段，“大大”的玻璃墙给人“温暖明净”的感觉，放眼望去是“车水马龙的长安街”和那段“著名的红墙”，耳畔是“悠扬”的钢琴曲。可以吃的东西还“挺多的”，“最喜欢”甜品，让人“回味”。

👍 甜品、蜗牛、烟熏三文鱼、鲍鱼。

☺ 情侣约会、商务宴请。

💻 www.dianping.com/chain/15517

红色凯旋门 13 28 25 ￥126

月坛南街 12 号万丰怡和大厦(二七剧场路口) ☎68061818

木樨地茂林居 18 号 ☎68518888

玉渊潭南路世纪坛东侧财政部 9 号院

✍ 打一进门就觉得“晃眼”，装修“金碧辉煌”，餐具也是“金光闪闪”，有点“像皇宫”的感觉。菜肴以粤菜和湘菜为主，“没什么特色”，但也“不难吃”。服务生都特“殷勤”，真会让您觉得“自个儿是上帝”。价格“贵”，但大厅里能打七五折，因此特别适合“百姓大众宴请宾客时前往”。

☺ 商务宴请。

💻 www.dianping.com/chain/18234

红太阳美食生态园 16 26 19 ￥72

来广营新北路 9 号 ☎84916111-2588

✍ 外边看“像蔬菜大棚”，里面就“像个大花园”，植物、假山，小桥流水，居然还“养了一条鳄鱼”。菜肴各式各样的都有，东北农家菜是主打，都“摆在展示柜上”任食客挑选。点完菜还可以在里面先“溜一圈”。有时候还会赶上一家结婚的，“很热闹”。总之，“吃什么无所谓，关键在于吃的乐趣”。

👍 蜂窝玉米、野菜豆腐、大丰收、玉米鸡翅、烤鲈鱼。

☺ 朋友聚餐。

💻 www.dianping.com/chain/16399

红子鸡大酒楼

21 25 24 ¥290

阜成路 73 号裕惠大厦 1-4 楼 ☎88512323

✍ “高档”粤菜馆，“阜成路的后起之秀”。出品用料“考究”，“咸鲜”适口，招牌红子鸡是“特色”，吃过才知道“美味”；环境“很好”，包间“多得眼晕”，里头还有“免费的卡拉 OK”；价格“不低”，适合“商务宴请”。

💻 www.dianping.com/chain/21860

宏源涮肉城

27 11 15 ¥45

永内东街东里 13 号楼(近天坛南门) ☎67017030

丰台镇文体路 58 号 ☎63853188

永外大红门西马场甲 14 号 ☎87885688

安定门桥东河沿乙 3 号楼 ☎84242533

昌平区立汤路天通西苑一区 37 号 4 门 ☎84840065

✍ 老店，“朋友们涮肉的首选”。鲜羊肉“是特色”；小料是“别的地方调不出来的香”，“绝对有秘方”；锅“是铜制的”，“冬天吃着很有感觉”。价格“不算贵”，“适合工薪阶层消费”。去之前“最好先订位”，不然“会等很久”。

👍 鲜羊肉、小料、冻羊肉、炸烧饼、鲅鱼丸。

☺ 朋友聚餐。

💻 www.dianping.com/chain/17557

宏状元粥店

18 13 13 ¥25

亚运村安慧北里安园 10 号(阳光广场北门对面) ☎64925659

志新东路 30 号楼志新桥北一百米 ☎62312888

展览馆路 24 号楼百万庄园旁 ☎68313902

紫竹院车道沟 100 号院(军乐团门口) ☎68433483

苏州桥北二百米(城乡仓储对面) ☎82650049

更多分店请登陆大众点评网 www.dianping.com

✍ 不错的连锁粥店，有许多种“好喝”的粥和“可能是全北京最好吃”的肉饼。小菜也都“清淡可口”，吃着“舒心”；而且品种多，和粥搭配可以“顿顿不重样”。虽然店堂“有点小”，人常常“巨多”，但是“分店多”，“24 小时营业”，很“方便”，是个吃家常便饭的好地方。

👍 皮蛋瘦肉粥、状元粥、手抓饼、肉饼、扁豆焖面、冰粥。

☺ 朋友聚餐、随便吃吃。

💻 www.dianping.com/chain/22039

泓盛花园 22 20 21 ¥130

北土城西路 18 号(熊猫环岛西) ☎62004880

✍ 开了很久，“有些陈旧了”。原来老做广告，说是“平价”海鲜，其实“每天就一种或两种”是“特”价。不过说实话，海鲜的品质还“真是不错”。龙虾最值得一提，做得“入味”，而且也“比较便宜”。粤菜和港式点心也还成。饭馆旁边是免费公园，吃完饭可以去溜达溜达，不错。

👍 扇贝、龙虾刺身、蛋挞、鲈鱼、萝卜丝酥。

☺ 商务宴请。

💻 www.dianping.com/chain/18255

洪运轩饭庄 26 13 17 ¥50

北纬路寿长街二条(近新北纬饭店) ☎63131914

✍ 这才是“真正”的老北京涮羊肉——“没有什么花里胡哨的名头”，羊肉只有生吃的磨裆精肉和涮的肉两种。磨裆肉“没有膻味”，吃起来“妙不可言”；小料每人 7 元，吃完“可以随便要”，“挺实在的”。要是“运气好老爷子在”，可以请“老爷子亲自”来配料。“对喜欢羊肉涮锅的人来说，这里绝对是个解馋的宝地”。

👍 羊肉、半边云、烧饼、糖卷果。

💻 www.dianping.com/chain/67258

鸿宾楼 22 18 16 ¥81

展览馆路 11 号(百万庄路口) ☎68992569

✍ 京城里“老字号的清真饭庄”，传说中“回民婚宴的最高承接处”。他家的“经典”菜式不少，芫爆散丹和烤鸭“都是一绝”。“最喜欢”红烧牛尾，“软烂香口”，“连筋带肉”都能“啃个干干净净”。环境在清真馆里算是“好”的，颇有些“庄重的气氛”。价格嘛，也“确实够贵的”！小贴士：他家还有“外卖”窗口，每天都“排长队”。

👍 红烧牛尾、芫爆散丹、烤鸭、糖卷果、红烧蹄筋、扒肉条、它似蜜。

☺ 商务宴请、朋友聚餐。

🖳 www.dianping.com/chain/21943

鸿光楼茶餐厅

18 15 15 ¥40

东三环中路 39 号建外 SOHO 现代城 0101 商铺 ☎58690983

✍ 建外 SOHO 的港式茶餐厅。店堂“高挑”，“黄色”的灯光和座椅，“白色”的落地窗，“温暖宽敞”。一份海南鸡饭就能知道出品的“地道”：从鸡饭、鸡肉、鸡汤到蘸汁都“完全没有受到本地饮食习惯的影响”，“精益求精”，分量“超大”，两个女生吃一份就行。价格“适中”。中午总能碰到“很多香港人”，“一张报纸”，“一份饭”，便是一中午的休闲。小贴士：可外送。

👍 奶茶、海南鸡饭。

☺ 朋友聚餐、休闲社交、情侣约会。

🖳 www.dianping.com/chain/64760

后院

20 17 20 ¥57

平安大道恭俭胡同三巷 5 号(近北海北门) ☎64023055

✍ 老北京胡同里的小院，略显“简陋”，但很“亲切”。老板是个“典型的北京爷们儿”，那份儿“好客”和“痛快劲儿”听着就舒服。菜单是“折扇”，点菜时很有“把玩古扇”的感觉。说实在的，菜的品质也“让人惊喜”。私房菜，“小巧精致”，“淡而不薄”。就是地方“不太好找”，去的时候“一定要记住电话”，以便咨询。

👍 乌鱼三吃、红酒焖牛肉、后院拌菜、虾酱豆腐。

☺ 情侣约会、朋友聚餐。

🖳 www.dianping.com/chain/1936918

胡同比萨

18 20 13 ¥65

银锭桥胡同 9 号院 ☎66175916

✍ 在后海的小胡同里。主厨“是外国人”，东西“也是标准的外国人口味”，“原汁原味”。招牌 pizza 是“薄”饼，料“新鲜”，而且“cheese 放了很多”，“非常香”。“经常还会有些新鲜东西可以尝试”。最值得称赞的是环境，“小小的木制建筑”，装修“很小资”。P. S. 部分食物可外送。

👍 比萨、烤土豆皮、奶油蘑菇汤、厨师沙拉、烤薯皮。

☺ 情侣约会、朋友聚餐。

🖳 www.dianping.com/chain/15387

胡杨风大盘鸡

23 14 17 ¥30

东四北大街 126 号(近东四十二条) ☎84029668

✍ 新疆餐馆。他家的大盘鸡真“不错”——鸡肉“很嫩很入味”；土豆挺“绵”的，还有“丝丝甜味”；“侵入了汤汁”的宽面吃起来特“香”，“值得一尝”。其他菜品还算“中规中矩”，价格“便宜”量又“足”。找几个朋友过来“吃吃喝喝”，“爽”！

👍 大盘鸡、羊肉串。

☺ 朋友聚餐。

💻 www.dianping.com/chain/62653

湖广会馆楚畹园

20 20 14 ¥36

虎坊路 3 号 ☎63553112

✍ “200 年历史”的会馆里，饭庄“与博物馆、戏园连在一起”，环境“很是古色古香”。经营的湖北菜分“私房”、“私家”两种，私房类“价高”，私家菜却“非常平易近人”。汗蒸炉鸭、绝味鱼、小炒肉、三鲜豆皮、热干面都是“挺地道的鄂味”；汤也煲得“很好”，看得出“花了番功夫”。值得去体验一下。

👍 三鲜豆皮、汗炉蒸鸭、小炒肉、热干面、土椒小炒肉。

☺ 朋友聚餐。

💻 www.dianping.com/chain/16421

蝴蝶泉宾馆

20 16 15 ¥78

西单北大街西斜街 55 号 ☎66157755 转

✍ 大理的驻京办餐厅，据说原料“都是从大理运过来的”。过桥米线“比较正点”，其他云南菜褒贬不一。菜量“好小”，价格却“真的是昂贵”。服务“不太理想”。地方也“不太好找”，“在胡同深处”，“曲里拐弯的”，要走半天。

👍 过桥米线、汽锅鸡、乳扇、木瓜鸡。

☺ 朋友聚餐。

💻 www.dianping.com/chain/17906

虎丫饺子王

25 11 11 ¥20

东四十二条 2 号(朝内北小街北面)

✍ “就是冲着三鲜饺子去的”，确实价格“便宜”用料“足”——“每只里头都有个大虾仁”，“不是火碱发的那种”，“很新鲜”。其他的饺子也“个个饱满，比较好吃”。就是“门脸巨小”，藏在胡同里面“不容易发现”，喜欢饺子的朋友走过路过可千万不要错过了。

👍 三鲜饺子、酱腔骨。

💻 www.dianping.com/chain/16087

护国寺小吃店

24 12 13 ¥13

护国寺大街 93 号 ☎66181705

月坛北街 11 号楼 ☎68034083

西单缸瓦市
地安门十字路口东北角
阜成门内大街 349 号 ☎66162446
北草厂胡同路西
东四北大街 248 号(近平安大道)
西四南大街 109 号(近丰盛胡同) ☎62252519

✍ 生活在“老北京胡同里”的人，对护国寺的小吃总能存着那么点儿“迷恋”之情。奶油炸糕“和小时候吃到”的还是“一个味儿”，外皮“酥酥的”，芯儿“宣宣的”；面茶里放着“很多芝麻酱”，“香死人了”，每每吃起来都能“唤起某处的回忆”。当然，环境也似乎“停留在了记忆中的那个年代”，几十年未变。

👍 豌豆黄、面茶、奶油炸糕、豆汁、艾窝窝、驴打滚。

💻 www.dianping.com/chain/22007

沪江香满楼

19 15 11 ¥58

东四十条甲 34 号 ☎64031368

✍ 上海菜馆。楼下是吃小吃的，楼上是吃炒菜的。点餐“很方便”，味道么感觉小吃要比炒菜更“地道”更“好吃”些。店子装修成了“里弄的样子”，颇有“老上海风情”，一到饭点便“热闹非凡”，“家庭聚餐”的“不少”。

👍 糖醋小排、生煎包、烤麸、小笼包、醉虾。

☺ 朋友聚餐、家庭聚餐。

💻 www.dianping.com/chain/15386

沪景园

19 24 20 ¥126

朝阳门外大街 16 号中国人寿大厦 4 楼 ☎85251181

✍ 环境挺好，“安静”，“适合谈事情”。菜品“比较精细”，的确有上海菜的风范，不过“口味挺重的”，看来是为了适应北京人“改良”了。菜量“不算小”。服务“周到”，服务员很“有眼力见儿”。价格“不便宜”，要“收服务费”。

👍 五香熏鱼、蒜片极品牛肉、红烧肉、毛蟹炒年糕、蟹粉狮子头。

☺ 商务宴请、朋友聚餐。

💻 www.dianping.com/chain/17552

花渡美食会

22 25 22 ¥209

朝阳门外大街乙 12 号昆泰国际大厦 3 楼 ☎58797188

✍ 昆泰大厦 3 楼的日式料理店。能“单点”也能吃“自助”，食材“新鲜”，品种“丰富”，以海鲜为主，味道“相当不错”。“中西结合”的装修风格“现代感十足”。

现场还有"又高又帅"的厨师表演"铁板烧"制作——看看那"娴熟"的技术也算是种"享受"。

👍 大虾、扇贝、鳕鱼。

☺ 商务宴请、情侣约会。

💻 www.dianping.com/chain/70602

花家怡园 20 23 18 ¥69

东直门内大街 235 号 ☎64051908

东直门内大街 5 号 ☎84078288

静安里党校路 3 号(家乐福对面) ☎84518809

✍ 从家常菜系到官府菜系都有，做得也"有那么点意思"，而且"味道都不错"。招牌烤鸭"很有自己的特色"，配了山楂果条、鲜黄瓜等，"相当爽口"，"一点都不腻"。价格"不便宜"。簋街的 2 家店，1 家是四合院，1 家"比较现代"，环境都很好。

👍 酸梅汤、霸王鸡、花家白菜、八爷烤鸭、麻辣小龙虾、发财鱼、八爷鸭方。

☺ 朋友聚餐、商务宴请。

💻 www.dianping.com/chain/21834

花之歌日本料理 ▽ 23 17 20 ¥91

万柳东路万泉新新家园俱乐部 3 楼 ☎82552322

北京语言大学会议中心 1 楼 ☎82370212

✍ 店长自出机杼，花式寿司"是特色"，铁板的东西"十分丰富"。料理自助有 58 元、68 元、88 元、128 元 4 个档次，推荐 88 元的自助，基本包括了除生蚝和吞拿鱼之外所有日本料理的经典内容，"性价比比较高"。最喜欢柳东路店的露台，天气晴好的时候可以看到西山，小风一吹，那叫"舒服"。

👍 寿司、烤鳗鱼、三文鱼。

☺ 朋友聚餐、情侣约会。

💻 www.dianping.com/chain/18061

华天大地餐厅 16 11 12 ¥56

西四南大街 44 号 ☎66020738

✍ 开业多年的一个"老"店。地方"有些小"，"有些陈旧"，不过"很温馨"。供应的是"俄国人的家常菜"，"偏中式"，奶油烤鳜鱼、火腿沙拉、罐焖牛肉都"比较经典"。价钱在西餐来说，"应该算便宜"。"适合老一代的人去回味过去的时光"。

👍 罐焖牛肉、红菜汤、火腿沙拉、奶油烤鳜鱼、奶油杂拌。

☺ 朋友聚餐、情侣约会。

💻 www.dianping.com/chain/16595

华天峨嵋酒家

20 13 13 ¥49

北礼士路 58 号 ☎88374437

亦庄开发区天华园二里二区大雄超市 2 楼 ☎67891352

✍ 川菜馆里的“老字号”，算是个“怀旧的地方”。宫保鸡丁“相当经典”，鸡肉“巨嫩”，干果“还算脆”，配上米饭就是“香”。其他菜肴也“不错”，而且新菜“比较多”，“吃不腻”。就是价格“有点贵”。服务嘛，国营店就是这样了。

👍 官保鸡丁、凉面、担担面、口水鸡。

☺ 朋友聚餐。

💻 www.dianping.com/chain/16023

华天又一顺饭庄

20 13 13 ¥43

黄寺大街 28 号 ☎82022934

✍ “华天旗下的店”，“清真馆”里的“老字号”。菜肴“囊括了炒、烤、涮、烧”，即“清真烤鸭、火锅、炒菜、小吃等”，味道还“不错”，每次都能“吃个肚儿歪”。装修后价格“涨”了些。服务“差了点”。小贴士：有外卖窗口。

👍 红烧牛尾、烤羊腿。

☺ 朋友聚餐。

💻 www.dianping.com/chain/16071

华威肉饼

24 7 9 ¥23

松榆西里 16 号楼西侧 ☎67312996

✍ “小小破破”的回民馆儿，“从早到晚都是满满的人”。肉饼“特别好吃”，“皮酥馅香”，“一点不腻人”；就着“做得很到位”的铁板牛羊肉，再来点“爽口”小菜，“真是绝了”。想吃点“顺口东西”的时候，这里“绝对是个好选择”。

👍 肉饼、铁板牛肉、铁板羊肉、羊蝎子。

💻 www.dianping.com/chain/19304

华宴美食

18 23 19 ¥120

定慧寺东里 18 号 ☎88138966

✍ 供应“特色的淮扬菜”和国宴菜，做工“精致”，“好吃”，“不腻”。环境也“很赞”，装修“很上档次”。服务员“能够全程保持微笑”，“在北京大大小小的饭店里算是少见”。不过，价格“偏高”，比较适合商务活动。

👍 狮子头、大煮干丝、乌鱼蛋汤。

☺ 商务宴请、朋友聚餐。

💻 www.dianping.com/chain/17420

欢奇环球餐厅 18 19 15 ¥52

工体北路甲 2 号盈科太平洋百货 2 楼

✍ “逛街休息的好地方”。菜品“很杂”，日餐、中餐、意餐、韩餐都有，还“不定期推出新菜品”。菜量“很大”，菜式搭配也“很好”。餐厅内有单人沙发桌和普通的沙发桌，单人沙发特别软而且还能旋转。就是感觉人“有点多”，“嘈杂”了些。

👍 罗宋汤、奶酪焗扇贝、咖啡、咖喱饭。

☺ 休闲。

💻 www.dianping.com/chain/18339

皇城老妈 23 20 20 ¥98

大北窑庆丰闸后街 39 号 ☎67798801

长椿街 3 号 ☎63173369

德胜门教场口街九号院 ☎82068882

✍ “地道”的川味火锅。锅底辣得“很有味道”，而且“越煮越辣”，“很过瘾”。菜都“很新鲜”，特色是老妈牛肉，“爽滑入味”，“越煮越嫩”，只是肉都是“按两算”的。服务“很周到”。价格实在“有点贵”，自己消费的话要掂量着点。

👍 老妈牛肉、鹅肠、毛肚、午餐肉、黄辣丁。

☺ 朋友聚餐、商务宴请。

💻 www.dianping.com/chain/21836

皇城食府 23 31 26 ¥574

南池子大街菖蒲河公园内 ☎85115142

✍ “京城档次最高的餐厅之一”。供应“各个菜系的高档菜”，做得“比较精细”，味道“很规矩”，“没有惊喜”，也没有失望。“最大的卖点”是环境好——“皇城边”上新建的“标准官府式大四合院”，装修“没得说”，配有“绿地、水榭、茶室、戏楼”，还有个“三面玻璃的亭子”，“大雪天坐里面对着结冰的池塘吃饭”，别提多“有感觉”了。

👍 鲍鱼、酒烤银鳕鱼、榴莲酥。

☺ 商务宴请。

💻 www.dianping.com/chain/15384

凰庭 22 29 27 ¥343

王府井街金鱼胡同 8 号王府饭店 B2 楼 ☎85162888-6707

✍ 王府饭店内的粤式餐厅。装修极其“讲究”——“从山西运来”的木门充满了“古旧的味道”；横梁来自“真正的苏州古宅”；黄花梨木的桌椅是“参照明朝家具设计”的——随手一摸即是“几百年光阴的痕迹”。出品“精雕细琢”，兼顾了“中西方”口味。请老外来此体验“中国韵味”，是个不错的选择。

👍 芒果布丁。

☺ 商务宴请。

💻 www.dianping.com/chain/15383

黄河水陕西面馆 24 9 11 ¥15

美术馆东街甲 24 号 ☎64044526

✍ “店不大”，“很热闹”。“回回都吃”肉夹馍，“瘦而不柴”，“肥而不腺”，刚出锅的“外脆里软正正好”。面条米皮也“不错”。“最大的特色”是那儿“装面的碗”，最小的也有“脑袋大”，人多的话建议试试大碗的，绝对“有气势”！环境和服务么，看在食物的面子上，“忍了”。

👍 肉夹馍、油泼扯面、大米面凉皮、臊子面。

💻 www.dianping.com/chain/18499

黄记煌三汁焖锅 18 11 13 ¥39

东直门内大街 10-9 号 ☎84071686

亚运村安慧北里安园 5 号楼 ☎64898620

中关村东路 18 号财智中心大厦 1 楼 ☎82600800

复兴路 40 号铁印宾馆 1 层(北太平路口) ☎68153245

赵登禹路 106 号 ☎66131311

更多分店请登陆大众点评网 www.dianping.com

✍ 经常在街上看见“黄记煌”，感觉“挺火的”。进去一试，“真的没有让我们失望”，鲇鱼“太好吃了”，鱼肉“嫩嫩的”，“甜甜的”，像“蜜的味道”，汁“很浓”，黏得“像胶水一样”。“传说中”的红薯也“的确好吃”。就是等炖鱼的时间“长”，服务“跟不上”。

👍 鲇鱼锅、泡饼、红薯、鸡翅锅、宽粉、牛蛙。

☺ 朋友聚餐。

💻 www.dianping.com/chain/18754

黄寺净雅 ▽ 24 32 31 ¥512

黄寺大街乙 28 号(近鼓楼外大街) ☎58193888

✍ “商务宴请的好地方”。主营山东菜和海鲜，“绝对的山东味儿”。服务特别特别好，“体贴入微”；一个包间三个人服务，让你体验一种“高贵”的感觉。唯一的不足就是，上菜“特别慢”。

👍 海参汤、鲅鱼水饺、大包子。

☺ 商务宴请。

💻 www.dianping.com/chain/1909474

回到丽江 19 16 15 ¥47

北三环西路43号满庭芳园小区口内 ☎62131899

✍ 走进门，墙上林林杂杂的照片、小小的方木桌、穿着民族风服装的服务员，一下子就“让人觉得亲近”，“真的好像回到了丽江”。一般的云南特色菜“基本都有”，味道“不错”。只是量“少”了点，价格“贵”了点。喜欢云南菜、留恋丽江那段柔软时光的，不妨去坐坐。

👍 菠萝饭、米酒、黑三剁、烤罗非鱼、汽锅鸡、过桥米线、土豆球、鸡豆粉。

☺ 朋友聚餐、情侣约会、休闲。

💻 www.dianping.com/chain/18547

惠丰老北京涮肉 20 11 13 ¥45

西直门外大街德宝新园20号 ☎68311365

✍ “到冬天了，老惦记着来这里涮一涮”。“清汤清水紫铜锅”，“老北京”的特色。肉和菜都“挺新鲜的”，分量“很足”；小料味道“浓郁”。店面“小”，人“多”，“特别温暖”，吃起来也“很有感觉”，吃的是一种“热闹劲”和“亲切感”。价格“很公道”。

👍 鲜羊肉、羊肉串、烧饼。

☺ 朋友聚餐。

💻 www.dianping.com/chain/21902

馄饨侯 15 10 9 ¥16

王府井东安门大街11号 ☎65251892

隆福寺小吃街84号 ☎64060632

和平里14区1号楼(爱迪大厦对面) ☎64211989

鼓楼东大街309号 ☎64042021

广渠门内大街36号幸福家园底商 ☎67145521

更多分店请登陆大众点评网 www.dianping.com

✍ “北京人喜欢”的“老字号”。招牌自然是馄饨，但味道似乎“有点衬不上它的名气”，而且“一家分店一个味儿”，也就总店的“好吃”些。饭点“人很多”，环境“嘈杂”，建议“撇开”饭点去。

👍 鲜肉馄饨、酸汤馄饨、虾肉馄饨、南翔小笼包。

💻 www.dianping.com/chain/21814

火凤凰 23 11 12 ¥61

德胜门外大街甲18号 ☎82088850

新中街50号(亚洲大酒店旁) ☎65538065

东直门内大街15-8号(近东直门桥) ☎84064930

雍和宫大街甲62号(北新桥路口) ☎84039190

工体北路工人体育场北门民生银行旁胡同内 ☎64158558

✍ “非常棒的一个地方”。有烧鸡公、牛蛙、兔肉等几种火锅，“烧鸡公和牛蛙火锅最好”。这里的辣“显得很深厚”，“能吃辣的朋友一定要去”。地方“太小”，生意又“好”，因此经常得“等位”。提醒：除东直门店、工体店外，其他三家白天不营业。

☺ 朋友聚餐。

💻 www.dianping.com/chain/21311

火源日式餐厅

24 28 22 ¥123

光华东路 8 号和桥大厦 C 座 B1 楼 ☎65836830

✍ “创意日式餐厅”。门口的机关“设计得很好”，得“琢磨一下”才能进去。店内的整体风格“特个性”，“黑色”的基调，“舞台样”的灯光效果，“非常适合”年轻人。整个餐厅“分三个区域”：“铁板烧、火锅和烤肉”，出品的味道“还可以”，分量也“足”。铁板烧有“专人服务”，看着“厨师的高超手艺”，吃着“美味的食物”，简直就是“人间一大幸事”。

👍 日式火锅、培根奶酪卷。

☺ 情侣约会、朋友聚餐、商务宴请、休闲社交。

💻 www.dianping.com/chain/15396

鸡煲之家

23 2 6 ¥43

东直门内大街 241-243 号 ☎64008067

✍ 招牌“好土”，黄底的大牌子上书“鸡煲之家”四字，还画了一只大公鸡。鸡煲的确“还行”，“辣、鲜、香”，“一段时间不去就想”。环境太差了，“拥挤、嘈杂、破旧”，也就是“随便吃吃的地儿”。生意火暴，晚去的话“要等”。小贴士：可以自带酒水。

☺ 朋友聚餐。

💻 www.dianping.com/chain/19872

基辅餐厅

21 22 21 ¥80

玉渊潭南路普惠南里 13 号 ☎68283482

✍ 地方的确“如传说中隐蔽”，“不好找”。做的是“比较正宗”的俄罗斯菜，格瓦斯“很好喝”，“很浓的面包香味”。不过最大的特色是有“前苏联功勋演员”的表演，“真的很棒”，“很适合怀旧的人”。就是有点“太闹腾”了。需要提前订位。

👍 蒜香面包、红菜汤、奶油烤蘑菇、罐焖牛肉、金枪鱼沙拉、基辅沙拉、奶油烤杂拌、格瓦斯。

☺ 朋友聚餐、情侣约会。

💻 www.dianping.com/chain/17494

吉萨意大利餐厅 Gisa 21 19 16 ¥121

农展馆南路1号(朝阳公园西门旁) ☎65940938

✍ “西西里人”经营的意大利餐厅。出品是意大利“南部风格”，用料“新鲜”，卖相“不花哨”。Pizza“种类很多”，口味“非常正宗”；提拉米苏“冰冰凉凉的”，带着“浓郁的咖啡香”，可惜“不是手指饼做底”，落了个“不正宗”的名声。环境“简洁”而“舒适”，好像欧洲的小“家庭”。烤炉就设在“用餐区”，和食客“零距离”。

👍 比萨、提拉米苏。

☺ 朋友聚餐、情侣约会。

💻 www.dianping.com/chain/15365

吉祥鸟湘菜馆 23 13 15 ¥45

朝阳门外大街吉祥里103号201楼 ☎65522856

左家庄北里5号 ☎64680808

学院路7号弘彧大厦2楼(清华东路口) ☎82306698

✍ 湘菜馆子。口味“地道纯正”，吃不了“正宗辣”的还可以选择“微辣的”。最爱剁椒鱼头王，“很大盘”，上面的荞麦面条“蘸满了浓浓的汁儿”，“那叫一个好吃”！其他菜也“不错”，价格“还成”，“喜辣”的朋友不妨过来“解解馋”。

👍 剁椒鱼头、干锅牛蛙、干锅手撕鸡、小炒黄牛肉、一罐香。

☺ 朋友聚餐、家庭聚餐。

💻 www.dianping.com/chain/21987

吉野家 17 12 13 ¥23

多家连锁店

✍ “遍地开花”的日式快餐店，东西的“营养搭配比较合理”，价格也“不贵”。肥牛饭“蛮受欢迎的”，那个汁儿“特别好”，拌米饭“很香”；鸡肉饭也“不错”。有些连锁店会和DQ连在一起，吃完便饭再要个暴风雪，感觉“挺满足”。

👍 牛肉饭、鸡肉饭、双拼饭。

💻 www.dianping.com/chain/22131

集天小吃 15 13 11 ¥19

三里河路39-1号(甘家口大厦南) ☎68355243

人民大学南区食堂 ☎62512888

地安门内大街8号 ☎84037747

更多分店请登陆大众点评网 www.dianping.com

✍ “不想做饭”的时候就会去那儿。小吃种类“丰富”，汇集了东西南北各地风味，能“管饱”，“随便吃吃还可以”。就是饭点“人太多”了，“总得排队”。

👍 龟苓膏、酸菜鱼米线、羊肉烩面、皮蛋瘦肉粥。

💻 www.dianping.com/chain/22094

季候风

21 30 28 ¥226

金融街 11 号洲际酒店 5 楼(月坛北桥东北) ☎58525916

✍ 金融街洲际酒店里的自助餐厅。店堂“宽敞安静”。出品种类“挺多的”，主要特色是“海鲜和甜品”，周日有“无限量的龙虾仔和鲍鱼”供应。如果“有特别需要”还能“请厨房现做”。服务员都穿着一身“黑色亮缎衬衫”，态度“很好”。价格“有点高”，不过总体来说还算“物有所值”。

☺ 情侣约会、商务宴请。

💻 www.dianping.com/chain/78425

季诺 GINO

18 20 16 ¥69

西单北大街 176 号中友百货 B1 楼 ☎66054487

中关村大街 40 号当代商城 B1 楼 ☎62628707

西直门外大街 112 号华堂商场 5 楼 ☎88360991

✍ 吃的东西“跟休闲餐厅的名称很符合”。商务套餐“比较值”，单点“都比较贵”。海鲜饭和面样子“很诱人”，味道也“不错”；比萨“一般”，饼太“厚”。环境“真是安静”，“可以说说悄悄话”，真的“很喜欢那种感觉”。

👍 提拉米苏、海鲜焗饭、海鲜千层面、肉酱千层面。

☺ 休闲、情侣约会。

💻 www.dianping.com/chain/22143

家乡鹅

20 11 11 ¥38

皂君庙西里 103 号 ☎62152887

✍ 贵州风味。卤鹅头“据说是全北京最好吃的”，口味“浓郁”、“咸鲜”，口感“细腻”，“只吃一个不过瘾”；酸汤鱼“酸酸的”，“很开胃”；“贵州人爱吃”的丝娃儿味道也不错。吃惯了家常菜“去换换口味”吧。环境和服务都“比较一般”。

👍 鹅头、酸汤鱼、怪噜饭、米豆腐。

☺ 朋友聚餐。

💻 www.dianping.com/chain/17519

家乡亲家乡鹅

20 16 15 ¥46

中关村北大街圆明园东门北 ☎62547541

苏州街 29 号 ☎62632609

✍ 贵州菜馆。总体感觉这家店"很有特色"。鹅头的确"美味","有肉有脑有舌有皮",适合"细拆慢品",定能"回味悠长"。其他菜肴也"令人满意"。环境"还行"。"值得一去"。

☺ 朋友聚餐、商务宴请。

💻 www.dianping.com/chain/22082

嘉丰湘菜馆 22 11 16 ¥34

方庄芳群园二区 20 号楼 ☎67650205

✍ 一个二层的小木屋,"很有南方特色",当家的老大爷"非常热情"。菜都"很入味"。最招牌的就是剁椒鱼头,鱼肉"又鲜又嫩",辣得"过瘾"。缺点是菜都"偏咸"。生意"一直很火",饭点去的话就"没有不等位的时候"。

👍 剁椒鱼头、红烧肉。

☺ 朋友聚餐。

💻 www.dianping.com/chain/15588

嘉和一品粥 17 13 11 ¥25

成府路 244 号 ☎62566787

双榆树西里 33 号(双榆树邮局对面) ☎82612606

百万庄大街 41 号 2 楼(近甘家口大厦) ☎68334936

柳芳北街燕丰商场西侧 ☎64614991

樱花东街 1 号(中日友好医院西门对面) ☎64453881

北太平庄中路 32 号 ☎62363713

成府路 29 号(东源大厦旁) ☎82373523

海淀大街海淀图书城南口(苏州街口) ☎62553676

翠微路甲 10 号建筑大厦 1 楼 ☎68251203

望京街 9 号望京国际商业中心 1 楼 ☎59203153

✍ "快餐式"的粥店,看着"比较干净"。粥的品种"很多",味道"还可以";凉菜和点心也"不错";热菜"一般"。价格"实惠",是个"打发一顿饭"的好地方。P. S. 24 小时营业。

👍 一品粥、皮蛋瘦肉粥、锅贴、冰粥。

💻 www.dianping.com/chain/18583

嘉陵楼馋嘴城 23 11 15 ¥61

东直门内大街 222 号 ☎64010889

✍ 簋街的饭馆就是"特别火",这家川菜馆也"不例外"。"爱死了"这里的馋嘴蛙,"整只"下去,肉质"鲜嫩","绝对够味"。其他菜肴也能让你吃得"满头大汗"、"嘴里冒火"还"不停筷"。也有火锅可点。营业时间

“挺长”的，能吃“宵夜”。就是座位“很拥挤”，包间“比较小”，吃着“有点费劲”。

☺ 朋友聚餐。

💻 www.dianping.com/chain/64003

嘉年华面包西饼

22 15 15 ¥14

陶然亭路 12 号 ☎83514986

白纸坊西街 44 号 ☎63552948

✍ “上学时常去”。他家的煲仔饭和粥味道都“不错”，面包“大部分买二赠一”，口味“一般”，但就着粥“随便吃吃”也算得上“物美价廉”了。

👍 皮蛋瘦肉粥。

💻 www.dianping.com/chain/16085

嘉州东坡酒楼

19 16 15 ¥42

大慧寺路 2 号(105 中学旁) ☎62181398

东三环中路乙 10 号艾维克大厦 2 楼 ☎65663547

永安西里甲 10 号 ☎65686613

志新路 41 号 ☎62397787

✍ 川菜馆。菜“很家常”，“没有什么特别的”，味道“还可以”。东坡肘子比较“棒”，“软糯爽滑”，“鲜香咸辣”。菜量“不太大”，价钱“不算贵”。服务员“不够热情”。艾维克店环境不错，“适合商务宴请”；永安里店“挨着几个写字楼”，中午“人很多”；志新店“比邻科大”，是科大学子的聚餐地之一。

👍 东坡肘子、泡椒牛蛙、四川香肠、风味木耳、口水鸡。

☺ 朋友聚餐、商务宴请。

💻 www.dianping.com/chain/21895

甲 21 号招待所

22 26 20 ¥76

北土城东路甲 21 号 ☎64895066

✍ 云南餐馆。空间“开阔”，装修“别致”，极具“现代气息”，尤其是卫生间里“珠帘和圆弧的设计”，颇为“惊艳”。出品有几分“特色”，口感“浓郁”。最好吃的自然是备受推崇的馋嘴骨，“剔完以后很大一盘肉”，“烂烂的嫩嫩的”，特别“进味儿”。

👍 馋嘴骨、干煸茶树菇、酸汤鱼、米豆腐。

☺ 情侣约会、朋友聚餐、商务宴请、休闲社交。

💻 www.dianping.com/chain/79088

甲丁坊

17 25 13 ¥127

地安门西大街 51 号荷花市场 9 号 ☎66129898

✍ 后海众多酒吧里的一个。环境“蛮不错”的，二楼有“一间间的小包房”，用“漂亮”的帷幔遮掩。靠窗的位子可以看到外头“星星点点的光”。可点的食物“极少”，酒水“真不是一般的贵”。乐队的表演似乎也不够好。

👍 芝士条。

☺ 休闲社交、朋友聚餐。

💻 www.dianping.com/chain/19829

贾三灌汤包子馆

20 | 10 | 12 | ¥21

白云观街 1 号 ☎63311455

✍ 灌汤包子“整屉”卖，皮“真的很薄”，肉馅“不小”。要想汤多，一是要“刚蒸好的”，二是“一次不能上好几屉”。跑堂的“都是陕西人”，虽然“热情”，但“显然不够专业”。环境也不好，有时候还“得跟陌生人拼桌”。

👍 灌汤包子、羊肉泡馍、八宝稀饭。

💻 www.dianping.com/chain/16603

建国西点

25 | 19 | 20 | ¥33

建国门外大街 5 号建国饭店正门西侧 ☎65002233 转

✍ “迷你西饼屋”，“虽然不大，但很温馨”。东西口感“有法国特色”，“醇香而不甜腻”。美中不足的是，“品种缺少变化，多年来就是那几种”。“晚上七点后半价”。“可以堂食”。人“不多”，“是个休息的好地方”。

👍 芝士蛋糕。

💻 www.dianping.com/chain/18841

江湖一家

21 | 24 | 18 | ¥52

万丰路 3 号楼(华堂商场对面) ☎51111899

昌平区天通苑大门对面

✍ “就丰台镇来说，是很不错的餐厅了”。装修“别致”，“水幕轻垂，纱幔袅袅”。做的主要是川菜，“比较精致”，味道“还可以”。就是量“好小”，“能吃的人比较亏”。价钱“蛮贵的”。

👍 水煮鱼、泉水蛙、狮子头。

☺ 朋友聚餐、情侣约会。

💻 www.dianping.com/chain/78033

江南春

▽ 22 | 15 | 15 | ¥67

木樨地茂林居 18 号张家港饭店 1 楼 ☎68586888-8107

✍ “很正宗”的江南菜，“精致”、“清淡”，吃得“舒服”。价格“比较合理”。

👍 红烧肉。

💻 www.dianping.com/chain/16512

江南大夫第 19 25 20 ¥166

小关斜街10号(亚运村车市对面) ☎64926017
展览馆路24号 ☎68352770
安华西里一区26号楼(华北大酒店对面) ☎64252548
原牡丹园环岛向东300米 ☎62042656

✍ 吃官府菜的地儿。装修“极尽奢华”——外有“流檐飞瓦”，内有“小桥流水”，店堂布置“古色古香”。价格“非常贵”。相比之下，菜肴的味道就“一般般”，没有环境和价格那么“让人印象深刻”。只有“商务宴请”才来这儿。

💻 www.dianping.com/chain/22120

江西瓦罐 20 7 9 ¥34

北三环西路双秀公园旁 ☎62015956

✍ “典型”的江西菜，“辣又咸”，“口味在江西菜馆里算很不错了”。汤“都用小盅炖”，“一般晚上去都没什么汤了”。米粉“没有多少江西味道”。价格“不算贵”。用餐环境“差了点”，“还经常要等座”。

☺ 朋友聚餐。

💻 www.dianping.com/chain/18840

江织田日本料理 22 18 22 ¥80

北三环西路甲60号(苏州桥友谊宾馆北门旁) ☎68470148
亚运村安慧里1区1号楼 ☎64948070

✍ “去他家吃日料自助就是过瘾”。三文鱼和烤鳗鱼“无限量”，而且三文鱼“很新鲜”。服务员“很亲切”、“很有耐心”，“从来不会因为要添菜而态度不好”，上菜的速度也“很快”。环境不错，只是晚上“人多”，“最好提前预订”。

👍 烤鳗鱼、三文鱼、日式炸虾、加州卷、黄油玉米、酱烤大虾、土豆沙拉。

☺ 朋友聚餐、情侣约会。

💻 www.dianping.com/chain/17309

讲礼驴肉馆 22 15 13 ¥57

昌平区小汤山镇讲礼村讲礼大队对面四合院 ☎61781501

✍ “吃驴肉的首选地”，“从小院门口停放的汽车就能看出来”。位置“不好找”，“大多都是回头客”。驴肉“酱得很入味”，肉质“很嫩”。喜欢的朋友可以选择“驴肉全席”，几乎“各个部位都能吃到”。还有很多农家菜，味道也“不错”。

☺ 朋友聚餐。

💻 www.dianping.com/chain/61045

饺子缘　21 12 11 ¥24

广安门登莱胡同 4 号(广安门桥东南角)

虎坊桥十字路口东南角

✍ 在宣武一带“比较有名”。饺子“面香”，“馅儿香”，“和自己家里包的差不多”，而且种类“齐全”。家常菜味道也还行。每天饭点人都特多，“太吵了”。

💻 www.dianping.com/chain/1919641

街角生活西餐厅　20 23 23 ¥57

华远街 9 号华润置地星座下沉广场 11-3 号　☎58518066

✍ 在一个“隐蔽”的角落里。地方不大，装修“简单别致”，空气中“缓缓流淌的蓝调”给人一种“宁静”的感觉。选个“又宽又软的沙发”坐下，“舒服极了”。供应的是意大利菜，品种“不是很多”，但都还不错。老板“很热情”，“常常过来和我们闲谈”。只是上菜“慢”了点。小贴士：每天中午都有 19 元的比萨和蔬菜沙拉自助供应。

👍 芝士焗扇贝、比萨、沙拉、意大利面。

☺ 情侣约会、朋友聚餐、休闲。

💻 www.dianping.com/chain/1970392

杰斯汀 Justine's　28 27 23 ¥669

建国门外大街 5 号建国饭店 1 楼　☎65002233-8039

✍ “北京最好的法餐馆”之一。几道招牌法国菜“丰腴而多汁”，味道“恰如其分”。以“煎烤”闻名的牛排更是“地道”，量也是“出奇的大”，堪称京城“牛排爱好者的首选”。环境“可圈可点”，服务“无微不至”，因此，虽然价格“惊人”，但也确实算得上“物有所值”。

👍 牛排、蜗牛。

☺ 情侣约会、商务宴请。

💻 www.dianping.com/chain/15395

今天假日海鲜城　19 17 16 ¥78

六里桥南里 17 号　☎63834801

门头沟双峪路 39 号　☎69826811

✍ “大众海鲜城”。海鲜都是“真材实料”，“适合”北方人的口味，“好吃不贵”。场地“蛮大”的，有“小孩子的娱乐设施”。服务还算“亲切”。来这儿撮一顿，

“超值”！
☺ 朋友聚餐、情侣约会。
💻 www.dianping.com/chain/19012

金百万烤鸭店

15 11 11 ¥37

方庄芳古园1区18号楼新城广场4楼 ☎67677518
文慧园北路9号今典花园 ☎62257676
马甸桥裕民路3号 ☎62380012
西三环北路甲105号科源大厦1楼 ☎88414957
望京南湖中园211号楼 ☎64746669
更多分店请登陆大众点评网 www.dianping.com
👍 烤鸭、水煮鱼、狮子头。
☺ 朋友聚餐。
💻 www.dianping.com/chain/21919

金碧重庆火锅店

22 11 15 ¥38

白云观街1号楼丙3号 ☎63483883
真武庙二条职工之家南门 ☎68017758

✍ “地道”的四川火锅，锅底不是很辣，但很香，吃着过瘾。家常炒菜也不错，有自制的四川泡菜赠送。人多要等座。

👍 豆皮。
☺ 朋友聚餐。
💻 www.dianping.com/chain/18706

金菜府

18 11 12 ¥39

建国门外南朗家园甲1号大北宾馆1楼 ☎65685511-2208
美术馆后街79号 ☎64021914
东三环北路霞光里6号(中国网通大厦旁) ☎64600826
向军南里二巷5号力行宾馆1-2楼 ☎65082820

✍ 川菜馆子。每次去人都“巨多巨多的”，生意“好得不得了”。出品“价格便宜量又足”，口味“比写字楼的食堂强好多”。水煮鱼自称“全京城第二”，“纯正可口”，还常年“吃一送一”——点一份赠送一张鱼票，一周内有效。

👍 水煮鱼、麻酱糖饼、乡巴佬茄子。
☺ 朋友聚餐。
💻 www.dianping.com/chain/22083

金鼎轩酒楼

19 14 13 ¥45

和平里西街77号(近地坛南门) ☎64296888
方庄蒲芳路16号(近方庄环岛) ☎67678811
团结湖南路15号 ☎85968881

远大路 1 号金源时代购物中心北侧 1 楼 ☎88871155

安慧北里逸园 15 号(安慧桥北大屯路口向东) ☎64978978

✍ “24 小时营业”的粤菜馆。点心最出名，种类“挺多”的，卖相“精致”，价格“实惠”，尤其是去“吃夜宵”，那是“相当超值”。相比之下炒菜就“一般般”了，分量也“少”。饭点的时候食客“超级多”，整家店子“拥挤”而“热闹”。

👍 虾饺皇、皮蛋瘦肉粥、肠粉、豉汁蒸凤爪、蛋挞。

☺ 朋友聚餐、休闲社交、情侣约会。

💻 www.dianping.com/chain/21873

金谷仓

22 30 21 ¥98

三里屯南街甲 52 号 ☎65025142

三里屯北小街 1 号 ☎84540064

三里屯北街 1 号(西五街) ☎64637240

✍ 装潢“别致”，灯光“和意境很协调”，每张桌子“都是不一样的”，每个角落都是“用心”布置的，坐在里面感觉“很悠闲”。吃的是四川家常菜，100 元 1 位，“人家做什么我们吃什么”。很适合与朋友相聚，喝茶聊天。

👍 冰淇淋、干烧鲫鱼、口水鸡。

☺ 情侣约会、朋友聚餐、休闲。

💻 www.dianping.com/chain/21830

金汉斯啤酒烤肉

16 15 14 ¥39

蒲芳路 1-11 号(方庄贵友大厦对面) ☎67643079

小营路 12 号(亚运花园小区) ☎84643699

朝外大街 19 号华普大厦 2 楼 ☎65801187

✍ 喜欢吃肉的朋友“肯定会喜欢这里”。烤肉“种类很多”，味道“对得起价格”。服务员拿长签子串着肉，“游走于客人身旁”，烤肉给得“挺大方”。自酿啤酒“中午免费”，“晚上要单花钱”。小吃和水果“一般”。人“很多”，环境“很嘈杂”，“适合聚会”。

👍 蜜汁梅肉、烤鸡翅、烤玉米、鸡心、烤牛舌、烤菠萝、烤鱿鱼、培根卷。

☺ 朋友聚餐。

💻 www.dianping.com/chain/17936

金孔雀

22 12 14 ¥36

魏公村民族大学北路 16 号(韦伯豪对面) ☎68932030

✍ “口碑很好”的一家云南菜馆。出品“正宗”，口味“偏清淡”，“好吃不腻”。尤其是他家“自酿的米酒”，真是“回味无穷”。菠萝饭、土豆球之类的也“非常喜欢”。价格“公道”。晚上“人很多”，挺“嘈杂”的，适合“心情不错的时候”来聚聚。

👍 菠萝饭、土豆球、米酒、黑三剁、过桥米线。

☺ 朋友聚餐。

💻 www.dianping.com/chain/15367

金牌烤翅

20 7 16 ¥28

西二环广安门内广义街10号 ☎81647447

✍ 鸡翅分麻香、鲜香和蒜香三种，口味分原味、微辣、中辣和极辣四种，“刷蜂蜜”烤的，“咸甜”适口，“鲜嫩多汁”，就是个头比西单的“略小”。老板人“很客气”，“一口一个大哥”。环境嘛，烧烤“还能有多高的要求”，“可以接受”就成。

💻 www.dianping.com/chain/1912732

金钱豹 GoldenJaguar

21 21 21 ¥196

东安门大街55号王府世纪大厦2楼(儿童剧场对面) ☎65598888

亚运村慧忠北里小区214号 ☎51281888

✍ 料理共分 9 个区，“日式生鲜是整个自助餐的精华”。虽然“味道没有特别出众的”，但“品种绝对丰富”——“比任何一家五星级饭店的自助都多”。“不同的时段有不同的价格”，感觉“整体性价比还可以”。有歌手驻唱，环境“不错”，但“人很多”，“有点儿乱”。

👍 哈根达斯、烤鳗鱼、鹅肝酱、提拉米苏、三文鱼、生蚝、酥皮海鲜汤、芝士蛋糕。

☺ 朋友聚餐、情侣约会、商务宴请。

💻 www.dianping.com/chain/61343

金色谷香

20 9 11 ¥14

文慧园北路24号(今典花园东门) ☎62275688

✍ 他家的锅贴，“馅大料足”，而且“有很多种口味”。各种凉菜也“很好吃”。“每周都会有几款2元特价粥”，也都不错。热菜“不多”。“中午饭点人挺多的”。

💻 www.dianping.com/chain/18676

金莎苑湘粤食府

20 18 21 ¥121

复兴路乙20号(万寿路口) ☎88212233

羊坊店路6号天洋商厦一楼 ☎63956382

✍ “蛮上档次”的一家餐厅。环境“很不错”，“落地”的大玻璃窗“很通透”，用餐时“可以欣赏外面的风景”；服务生也都“热情”、“体贴”。菜品“涵盖了湘、粤、川、鲁等多种菜系”，做得“较好”的“当属湘菜”，酱椒鱼头（招牌鱼头）、茶树菇土鸡煲、小炒黑山羊、婆婆鸭等都“值得推荐”。别忘了米粉也“挺地道”，一定要尝尝。价格“总体来说有点贵”。

👍 米粉、婆婆鸭、剁椒鱼头、鹅肝。

☺ 商务宴请、朋友聚餐、情侣约会。

💻 www.dianping.com/chain/16310

金山城　18　14　12　¥62

崇文门外大街5号新世界商场二期三楼　☎67089566

建国路99号中服大厦2楼　☎65811598

北三环西路34号　☎62168357

方庄芳城园三区16号楼105室　☎67686369

北洼路12号　☎88415538

远大路1号金源燕莎5楼　☎88871610

霄云路15号(三元东桥向东)　☎84518913

西三环南路16号(丽泽桥北)　☎63273677

昌平区回龙观镇风雅园二区西门南侧　☎81716999

工体东路18号天照饭店1楼(百富大厦北)　☎65924939

昌平区东小口镇天通东苑三区2号楼11门　☎61768009

✍ 火锅、川菜全都有。吃炒菜就在包间，吃火锅到大厅。炒菜“一般”，拿着菜单“点不出菜来”。火锅还“过得去”，土豆、午餐肉、粉丝、糖蒜“都是必点的”。总的感觉“已经远不如几年前了”，“性价比不够高”。服务也“跟不上”。

👍 毛血旺、火锅、午餐肉、水煮鱼、辣子鸡、口水鸡。

☺ 朋友聚餐。

💻 www.dianping.com/chain/21882

金狮麟酒店　19　18　25　¥57

复兴路乙63-1号　☎68222598

广渠门内大街富贵苑小区西侧底商(陪新街口)　☎67121800

✍ “首先感受的就是这里的服务”。服务生穿得跟“空姐”似的，个个“能说会道”，介绍起菜来“都是一套一套的”，听着就“过瘾”。菜据说是河南“迷踪菜系”，菜品“和别处的不一样”，每一道上来都“有些新鲜”，价格“不便宜”。

👍 招牌鲈鱼、三色豆泥。

☺ 朋友聚餐、商务宴请。

💻 www.dianping.com/chain/20562

金手勺　20　15　15　¥36

海淀区西北旺镇六里屯村东2号　☎62441855

✍ 东北馆子。炉鱼“相当有特色”，大盆一放，“超有气势”，底料比较“浓”，味道“很好”，吃完了还可以继续涮菜吃。其他菜也“不错”。每张桌上还放着一个“保温桶”，里头是店家“送的粥”。有机会的话“可以去尝尝”。就是车位有点儿“紧张”。

👍 富贵豆腐、烀鱼。

☺ 朋友聚餐。

💻 www.dianping.com/chain/83769

金蜀轩

20 12 16 ¥29

樱花西街15号(化工大学西门旁) ☎64447624

✍ 化工大学一带“吃川菜的好地儿”，典型的以“学生”为主要“顾客群”的饭店。出品都是“家常”口味，“没什么特色”，就是“量大”、“实惠”，性价比“极高”。服务态度也挺“好”的。生意火得不行，“经常”要“排队”。推荐“喜欢热闹的人”去。

👍 酸菜鱼、水煮鱼、乡村大茄子、鱼香肉丝。

☺ 朋友聚餐。

💻 www.dianping.com/chain/18853

金源福城肥牛

22 18 16 ¥46

远大路1号金源时代购物中心5楼 ☎88875288

✍ “人气很足”的火锅店。“一人一个小火锅”，“干净卫生”。“特价”肥牛、羊肉“1斤才15元”，“满满一大盘子”，味道不能说好，但都“还不错”；有“免费”的酸梅汤、啤酒、尖庄白酒喝；“餐后还送冰棍”，真是“超级实惠”，“包你吃到肚歪”。

👍 特价肥牛、特价羊肉、萝卜苗。

☺ 朋友聚餐。

💻 www.dianping.com/chain/18814

金源自助餐厅

20 26 17 ¥127

板井路69号世纪金源大饭店1楼 ☎88598888转

✍ “开会时吃的”。东西“蛮多”的，日本料理、中餐西餐。虽然“没什么特突出的”，但“味道还不错”。菜肴“好像每天都更换”。价格“不便宜”。

☺ 商务宴请、朋友聚餐。

💻 www.dianping.com/chain/19553

金悦

22 27 29 ¥504

阜成路46号 ☎88130733

鼓楼外大街23号 ☎62379999

西便门内大街85号 ☎63168999

西直门北大街52号(首钢大厦旁) ☎82293366

✍ 地方确实“有气派”，“金碧辉煌的”。吃的是粤菜，东西“都是真材实料”，海鲜“很新鲜”，鱼翅也不是水发的“粉丝”级。服务员“热情”、“周到”，“很显大酒店的风范”。“请重要客户、谈重要的事情，这里绝对值得考虑”。可想而知，当然“很费银子”。

👍 牛排、大闸蟹、燕窝、鱼翅。

☺ 商务宴请。

💻 www.dianping.com/chain/17182

锦都久缘餐厅 20 29 24 ¥182

工人体育场东门 ☎65085850

✍ 号称“小白宫”。内部环境很好，“富丽堂皇”，“欧式宫廷般的感觉”；外面“是碧绿的湖水”，“赏心悦目”。菜品以粤菜为主，“还算精致”，别的流行菜也有。镇店四宝中的砂锅鱼头“非常地道”，“几乎是每桌都点的菜”。茶位“还算便宜”。

👍 烧鹅、砂锅鱼头、乌鱼蛋汤、萝卜丝虾仁饼。

☺ 商务宴请、朋友聚餐。

💻 www.dianping.com/chain/16168

锦芳回民饮食店 22 10 10 ¥14

崇文门大街临 34 号(红桥市场北) ☎67169788

府右街(近庆丰包子铺)

崇文门路口哈德门饭店南(近便宜坊烤鸭店)

✍ 北京清真老字号。北京“常见”的小吃“这里都有”，每一样都“好像是原来的味道”。奶油炸糕“经典”，元宵“每年必买”……环境“不怎么好”，地方也“很小”，人“很多很多”——在这里吃早餐“就是感受一种气氛”，“热热闹闹的”。

👍 奶油炸糕、元宵、面茶、驴打滚、糖耳朵、杂碎汤。

💻 www.dianping.com/chain/22089

锦府盐帮酒楼 19 26 17 ¥69

中关村南大街 31 号(湖北大厦对面) ☎68196222

✍ 环境不错，犹如“江南庭院”，“古朴典雅”。据说供应的是自贡菜，“口味偏淡”，“有别于其他川菜”。特色菜品“很多”，味道“有好有坏”，菜量“不大”。“适合请客”。

👍 退秋鱼、凉粉。

☺ 商务宴请、朋友聚餐、情侣约会。

💻 www.dianping.com/chain/80846

锦鳞舫 21 16 17 ¥57

天泽路莱太美食街 B1 号 ☎84540782

✍ 川味火锅店，星巴路“少数”几个“推荐”的馆子之一。最爱那儿的冷锅鱼，“鲜嫩”而“入味”，竹笋、魔芋之类的配菜也“很可口”，“值得一吃”；香辣鸡翅中“略带点甜味儿”，“麻辣超爽”，建议点一点。环境“一般”，进门就是涮味儿，好在衣服能放在店里的“大塑料箱”里，不会“吸”太多火锅味儿。

👍 冷锅鱼、香锅虾、香辣鸡翅。

☺ 朋友聚餐。

💻 www.dianping.com/chain/17481

锦馨豆汁儿

见老磁器口豆汁儿（164页）

晋风庄园

16 22 14 ¥53

通州区梨园新村（梨园城铁站东） ☎81516696

✍ 山西菜馆。门口是“山西特色的过街楼”；进门是“诺大的宅院”，南面有个“大戏台”，天气好的时候可以“边吃边看节目”；二进院子才是“吃饭”的地儿，石磨、大灶、窗花、大红灯笼把气氛烘托得“刚刚好”，每个桌子中间都有个“大柴锅”，能炖“猪肉、兔肉、羊蝎子”等等。也有炒菜和面食可点，分量“特足”，口味“偏咸”。人还“真不少”，门口的车子总是“满满当当”的。

👍 羊肉串、老醋焖活鱼。

☺ 朋友聚餐。

💻 www.dianping.com/chain/18622

晋阳饭庄

20 19 15 ¥68

珠市口西大街241号 ☎63031669

白广路10号（近菜百） ☎63541107

马家堡西路公益西桥城南嘉园益家园5号楼 ☎87581918

月坛西街甲2号 ☎68035839

✍ 山西菜馆里的“老字号”。特色是“传统”的“山西风味菜肴”，香酥鸭“外焦里嫩”，“每去必点”；面食“吃一口想两口”，“吃两口想三口”，“吃饱了还得补一口”。其他菜肴就“别指望”有多好了。价格还“挺贵”的。珠市口店挨着“纪晓岚故居”，吃完了还能顺道去逛逛。

👍 香酥鸭、刀削面、过油肉、猫耳朵。

☺ 朋友聚餐、家庭聚餐、商务宴请。

💻 www.dianping.com/chain/21937

京滨宾馆餐厅 20 17 14 ¥42

阜成门外大街 24 号京滨宾馆 2 楼 ☎68582233-2200

✍ “正宗”的东北风味。菜做得“相当不错”，东北人也“特喜欢”。菜量“实惠”，价格“不高”，环境、服务都“很棒”。吃着东北菜，听听“东北话”，感觉“挺好”。

👍 锅包肉、红肠、乱炖、排骨炖豆角、小鸡炖蘑菇。

☺ 朋友聚餐。

💻 www.dianping.com/chain/17897

京城乳鸽皇 22 19 18 ¥115

崇文门东大街宝轩大厦 1 楼(东便门桥西南) ☎67174888

✍ 每次都是冲着乳鸽去的。乳鸽“皮脆肉嫩”，“汁水多”；有两种选择， 一种老一点一种嫩一点的。别的粤菜“没什么特别”的。

☺ 商务宴请、朋友聚餐。

💻 www.dianping.com/chain/1882339

京尊烤鸭店 18 13 13 ¥58

光华路东口 6 号楼 1 楼(红庙路口)

✍ 烤鸭虽然没有大董一类的名店有水准，但也比“一般”的饭馆“好吃”多了，尤其是鸭皮，“油亮油亮的”，“看着就酥”，“绝对物有所值”。其他菜肴也“还行”，分量“大”，就是价格一直在“上涨”，“有点贵”。大堂的桌椅摆放特别“挤”。

☺ 朋友聚餐。

💻 www.dianping.com/chain/16172

景林餐厅 ▽ 20 7 7 ¥10

东四北大街 141 号

✍ 曾经的“北新桥小吃店”，拆迁后搬到了这。卤煮七块五一大碗，里头有“一块大大的火烧”、“三块豆腐”，还有肠啊肺啊什么的，口味在北京城里排得上前几名。每次去，“喝着”小二儿，“溜一口”卤煮，“嚼着”凉菜，“听着”喧哗的“北京胡同话”，绝对是“欲飘欲仙”。

👍 卤煮。

💻 www.dianping.com/chain/15642

净心莲 22 27 23 ¥147

农展馆南路 10 号中国文联院内 ☎65923627

将台路 6 号丽都假日饭店 3 楼 ☎87036668

✍ 素菜馆，“据说是五台山的师父开的”。满屋子都是

“轻纱垂幔”；“袅袅檀香烟雾”飘散着佛家的味道；碟碗之下都是“大大的荷叶铺满桌面”；“一段老藤”用作筷子架，木筷木勺“古朴素雅”。所幸，出品也没有辜负“精致”的“外装修”，从装盘到口味都“超级讲究”。服务生特别的“和善体贴”，临走时可别忘了对他们“合十感谢”。

👍 一指禅、水煮鱼、素手卷、面包焗时蔬。

☺ 情侣约会、商务宴请、朋友聚餐、休闲社交。

💻 www.dianping.com/chain/15462

静思素食坊

20 17 20 ¥42

大佛寺东街甲18号(育群胡同口) ☎64008941

高粱桥斜街甲30号梅苑饭店1-2楼 ☎62255792

✍ “想吃素菜时，喜欢来这里”。装修“朴素”而“淡雅”，气氛“安静”，整个心都能跟着“沉静下来”。菜的名字“很有味道”，口感也不错，有些菜做得“和肉菜口味差不多”，缺点是“比较油腻”，量“不多”。价钱“在素菜馆里算低的了”。

👍 二指禅、糖醋鱼、火山乌云、紫气东来、南瓜羹。

☺ 休闲、朋友聚餐、情侣约会。

💻 www.dianping.com/chain/15974

九花山烤鸭

24 15 12 ¥95

增光路55号紫玉饭店1-2楼 ☎68414518

✍ 这里的鸭子“的确不错”——除了“一层脆皮”就“全是瘦肉”了，一点“不腻”，口感“超级棒”，鸭皮“蘸着糖吃”，真的是“入口即化”，“满嘴流香”，号称“每天限量200只”呢！非鸭的菜品就“几乎没有什么可以夸奖的了”，价格也“偏贵”。环境和服务都“差了些”。

👍 烤鸭、盐水鸭肝、芥末鸭掌、火燎鸭心。

☺ 朋友聚餐、家庭聚餐、商务宴请。

💻 www.dianping.com/chain/22065

九门大胡同

20 11 14 ¥77

西坝河中里6号楼(展览中心后门) ☎64645130

✍ 楼下吃“烧烤”，楼上吃“炒菜”。烧烤能“让人家烤”也能“自己烤”，肉还算“新鲜”，味儿也“还可以”；炒菜大都是“家常菜”，挺“实惠”的。也有老北京的“传统吃食”可点，炸灌肠、豌豆黄……样样都有。服务也“很北京”，伙计的吆喝“有意思”。“外地的朋友”可以来“试试”。

👍 羊肉串、炸灌肠、疙瘩汤、烤鸡翅、肉筋、豌豆黄。
☺ 朋友聚餐。
💻 www.dianping.com/chain/15426

九门胡同 17 13 10 ¥37

什刹海后海孝友胡同1号(宋庆龄故居西) ☎64026868

✍ 把很多老北京小吃"搬到了一起"。虽说味道"远没有老店的好吃",但到底"还可以",更重要的是"想吃的东西可以一次尝到","不用到处跑"。人"真是多",一个个"慢慢"地"排"队,"排队交钱,排队取餐","不痛快"。

👍 褡裢火烧、炒肝、爆肚、酱牛肉、奶酪、卤煮。
💻 www.dianping.com/chain/1924552

九头鸟酒家 18 12 13 ¥42

北太平庄有研大厦东楼1楼 ☎82021390
西三环中路航天桥西南角航天西招院内1楼 ☎68489278
安苑北里小区(奥体东门东) ☎64810471
地安门西大街141号北海宾馆1楼 ☎66519001
翠微路乙2号(近物美商城西门) ☎68189050
上地桥西红绿灯南 ☎62977950
阜成门外大街36号 ☎68518099
海淀路19号(近北大南门) ☎62571795
劲松东口华泰饭店院内 ☎67715211
吴家村路10号院 ☎63486050
远大路1号金源时代购物中心5楼东 ☎88866606
西三旗建材城西路68号(中邮科技大厦前) ☎82913150
南菜园街丁35号(大观园西门) ☎63536113
大兴区黄村镇兴华中路9号(富强路口) ☎69258888
北三环西路(联想桥东北角) ☎82123495
学院路5号(近林业大学) ☎62929141

✍ 湖北菜"比较知名"的一家。莲藕排骨、黄豆猪手之类的"经典菜"比起武汉的还是"差了一截",但在京城里也算"很不错"的了。价格"实惠","好吃不贵",适合"一大群人"去吃。就是大厅环境"不大好","嘈杂"而"拥挤"。

👍 莲藕排骨、剁椒鱼头、竹筒排骨、黄豆猪手、竹夹鱼。
☺ 朋友聚餐。
💻 www.dianping.com/chain/22034

九头鹰酒家 19 12 14 ¥38

双榆树南里甲1号(双安商场东) ☎62127788
安定门外大街71号(地坛公园西门斜对面) ☎84114888

花园东路 8 号(志新桥南) ☎82030098
万泉河路 68 号紫金大厦旁(城乡仓储超市对面) ☎82650808
知春路 108 号理想大厦对面 ☎62546367
西直门外大街 141 号(近家乐福) ☎68353919
中关村南大街友谊宾馆东门对面路口内 ☎62151941
丰管路 58 号(近公安分局) ☎63861679
田村路 43 号 ☎88215386
西北旺六里屯西口(东方大学北) ☎62478736

✍ “大众化的湖北菜馆”。菜“比较家常”，鱼“是特色”，各种做法“都可以”。价格“不贵”，而且“常年有特价菜”，很多菜还“可以点半份”，“很贴心”。是“朋友同学聚餐的好地方”。就是人有点多，去晚了“没位子”，上菜也“比较慢”。

👍 热干面、豌豆辣牛肉、藕炖排骨、竹筒排骨、剁椒鱼头。
☺ 朋友聚餐。
💻 www.dianping.com/chain/21881

久锅食苑 23 25 21 ¥47

光彩路 1 号网球运动管理中心院内 ☎67282911

✍ 就在“光彩体育馆”里，要不是有人推荐的话估计“不好发现”。环境“很特别”，进门之后映入眼帘的便是一片“绿的海洋”，四面都是“藤类植物”，好似置身于“热带雨林”。“高高的透明屋顶”让人“时刻感受到阳光的温暖”。吃的是干锅和火锅，食材“很鲜”，牛蛙干锅值得“强烈推荐”。

☺ 朋友聚餐、情侣约会。
💻 www.dianping.com/chain/15964

久久丫鸭颈王 21 11 15 ¥15

多家连锁店 ☎64454522

✍ “非常爱吃”他家的鸭脖子，尤其是“重辣”的，连着吃一会儿眼泪就能“哗哗地流”，真不是“一般人承受得起”的。卤藕也得“隆重推荐”，又“脆”又“香”。吃的时候再“来点小酒”，“真叫一个爽”！

👍 鸭脖子、卤藕、鸭肠、鸭肝。
💻 www.dianping.com/chain/22153

酒窝 18 25 21 ¥69

朝阳门外大街昆泰国际中心 15 号商铺 ☎58790490

✍ “很有情调”的布置，“柔和”的背景音乐，“楼梯旁有一大面玻璃酒柜”，“放着老板收藏的各式红酒”。台湾菜的味道“都还说得过去”，只是“价格较贵”，“性价比不高”。

👍 三杯鸡、柳橙排骨、酒窝甜蜜卷。

☺ 情侣约会。

💻 www.dianping.com/chain/70314

橘子洲头酒家 19 15 14 ¥43

志新东路6号(天丽雅商贸中心) ☎62318126

农光里武圣西里1号楼北侧 ☎67318413

✍ “典型”的“湖南家常”风味，没什么大菜，多是“小炒”系列的，就“吃个热乎劲”。分量“太少”，价格“还能接受”。环境“一般”，包间“一般”。

👍 剁椒鱼头、毛氏红烧肉、干锅脆豆腐。

☺ 朋友聚餐。

💻 www.dianping.com/chain/22059

聚宝源 23 13 13 ¥42

牛街西里商业1号楼5-2号 ☎83545602

✍ 牛街一带的“清真老字号”。“正经”吃的是涮肉，“按人头送糖蒜”,“鲜切”的羊肉“非常好吃”,“很嫩”,“久涮不老”，小料也“不错”。门口外卖各种熟食、小吃，羊蹄、酱牛肉、包子都“很棒”；另一边卖冻牛肉、羊肉片的窗口也“老排长队”。

☺ 朋友聚餐。

💻 www.dianping.com/chain/19082

爵士屋 JAZZ YA 23 23 17 ¥100

三里屯北路18号 ☎64151227

✍ “日本人开”的小馆子，藏在“三里屯北街的一条小胡同里”。“最喜欢”那里的环境，进门“长长的走道”让人有“时空交错”的感觉。“日式洋食”，选择“非常多”，适合“口味繁复或者喜欢尝鲜”的朋友。金枪鱼吐司最“好吃”,“幸福温暖”。间或还能欣赏“乐队演奏”,“有风格”,“不媚俗”。

☺ 情侣约会。

💻 www.dianping.com/chain/16175

君琴花餐厅 23 10 16 ¥46

美术馆后街88号 ☎64047600

✍ 贵州菜馆。去了就“一定得吃”酸汤鱼——汤“不是穷放番茄酱的那种酸”，带着“一点淡淡的西南香草味”，从鱼肚到鱼头都吃得出鱼“非常新鲜”，蘸着他家的“秘制调料”，绝对“过瘾”。其他菜品也“不错”。

就是价格“不便宜”，还是“多凑几个人”吃划算。

👍 酸汤鱼、魔芋辣子鸡、怪噜饭、糟辣土豆片、米豆腐。

☺ 朋友聚餐。

💻 www.dianping.com/chain/18691

咖啡茶 Cafe Cha 26 28 23 ¥321

紫竹院路 29 号香格里拉饭店 1 楼 ☎68412211-2715

✍ “传说中北京最好的自助餐厅”。菜的品种“不算多”，但都“比较精致”。生蚝“非常新鲜”，印度咖喱“很正宗”，龙虾“随便吃”，甜品“很出色”、“很吸引人”——虽然价格“贵”了些，但是“物有所值”，真希望自己“能做个大胃王”！提醒：饮料酒水“要单点”。

👍 龙虾、甜品、生蚝、咖喱、三文鱼、螃蟹。

☺ 情侣约会、商务宴请。

💻 www.dianping.com/chain/15282

卡本妮红酒吧 ▽ 20 21 16 ¥196

王府井金鱼胡同 3 号诺富特和平宾馆 ☎65128833-6621

✍ 法餐馆。内部装修和氛围都与巴黎当地的餐馆“很类似”。菜肴也相当“正宗”，“印象最好”的是冬天出品的“奶酪火锅”，有“瑞士火锅、萨瓦火锅和奥瓦涅火锅”三种，所有奶酪都是从法国或瑞士直接“空运”过来的，“醇香无比”。老板是法国人，服务生都会说“漂亮”的法语。唯一的缺憾是露天位的“空间不大”，“比较受限”。

💻 www.dianping.com/chain/15406

卡瓦小镇咖啡馆 16 23 18 ¥38

五道口华清嘉园一号楼 1 楼 ☎82867297

✍ 走进去就有种“暖暖的感觉”。“木头”的小隔间，“长长”的高靠背儿木椅子，踩上去“嘎吱嘎吱”的木板，显得“很有格调”。桌上“可爱”的小台灯，散发着“柔和”的光线。客人三两一群地“躲”在角落聊着天，“随意”、“放松”。老板还提供随笔涂鸦的本子和笔，你“可以随当时的心情写点什么”。

👍 咖啡。

☺ 情侣约会、朋友聚餐。

💻 www.dianping.com/chain/16397

凯宾面包房 Kempi Deli 28 19 16 ¥45

亮马桥路 50 号凯宾斯基饭店 1 楼 ☎64653388-5741

✍ 凯宾斯基饭店的面包房。黑森林蛋糕“滑滑的很细腻”；烤乳酪蛋糕“余香飘缈”，“丝丝入扣”；“手工制作”的巧克力口味“纯正”而“厚重”，感觉“棒极了”！价格么，身处“五星”的蛋糕们终于“脱离了十打头的身价”，增至每款二十几元。哪天钱包瘪瘪又嘴馋的话还是趁“晚上8点以后”的5折优惠将它们带回家吧！小贴士：能堂吃。

👍 黑森林、烤乳酪蛋糕、提拉米苏、朗姆酒巧克力。

☺ 情侣约会、朋友聚餐。

💻 www.dianping.com/chain/15400

凯莱船餐厅　25　21　23　¥116

建国门南大街2号凯莱大酒店1楼　☎65158855-3155

✍ 粤菜馆，有北京“较出色”的港式茶点，“一到周末就人满为患”。鱼片粥“鲜美极了”；虾饺“很棒”，里面的虾仁“个大又弹牙”；其他点心也“挺正宗”。环境是“改良的中式氛围”，“可圈可点”。就是“价格不便宜”，“点菜时要控制着点”。

☺ 朋友聚餐、商务宴请。

💻 www.dianping.com/chain/15337

凯丝恩贝 KISS 'n BAKE　21　16　18　¥33

建国门外大街1号国贸商城EB103　☎65059519

朝阳门外大街18号丰联广场大堂

西单北大街133号君太百货B1楼

中关村大街40号当代商城B1楼超市(人大对面)

安定门地铁出口

宣武门外大街8号崇光百货B1楼

四惠东地铁站

翠微大厦1楼

阜成门地铁站华联商场出口

建国门内大街8号中粮广场购物中心1楼

✍ 小巧的西饼屋。出品“精致可爱”，送人“很得体”。“强推”招牌奶酪蛋糕，“软软的”，“香香的”，“甜而不腻”，连外国同事都“赞不绝口”。总的来说，他家的东西“和便宜的比胜在口味”，“和贵的比胜在价格”。

👍 奶酪蛋糕、抹茶蛋糕。

💻 www.dianping.com/chain/22126

凯悦酒家　23　24　20　¥147

工体北路4号凯富大厦3楼　☎85236999

✍ 据说是“北京最好的粤菜餐厅”，装修“不错”，一看就知道“价格不菲”。菜和点心也“很好”，“制作精细"，口味"属上等"。"经常有很多香港人来这儿喝茶"。

👍 榴莲酥、煎鹅肝。

☺ 商务宴请。

💻 www.dianping.com/chain/15315

亢龙太子酒轩

21 29 26 ¥123

北四环西路56号辉煌时代大厦2楼 ☎62695777

✍ "算是北京上档次的湖北菜馆"。环境真的是"超一流"，场面"绝对够大"、"够体面"。菜做得"比较讲究"，"随便点一个没吃过的，端上来也不会太让你失望"。服务"周到"，门口还"有代客泊车"。价格贵，"适合商务宴请"，"自己吃比较心疼"。

👍 米粑、清蒸武昌鱼、珍珠圆子、滋补小甲鱼。

☺ 商务宴请。

💻 www.dianping.com/chain/19046

烤肉季

16 14 10 ¥61

什刹海前海东沿14号 ☎64042554

✍ "银锭桥畔"的清真菜馆。出品那是"相当地道"，"喷儿香"。吃烤肉"最爽"——据说选的是"张家口外的西口羊"，用卤汁"浸渍"后"加葱丝炙烤"，肉质"鲜嫩"，"值得一尝"。价位也对得起它的"名气"。一到饭点便"人满为患"，"老字号"嘛，"作为北京人总得吃过是不"？

👍 烤羊肉、麻豆腐、扒肉条、它似蜜。

☺ 朋友聚餐。

💻 www.dianping.com/chain/15397

烤肉宛饭庄

23 17 14 ¥62

南礼士路58号(儿童医院西门) ☎68028180

万泉河路9号 ☎62576888

✍ 虽然"说不上非常好"，但是老店"始终有老店的风采"。东西品质"一直没变"，"货真价实"。烤出的肉"肉质润滑"，"肥而不腻"，"瘦而不柴"，"鲜香四溢"。烧饼夹牛肉"是特色"，清真的小吃也很好。服务"一般"，是老字号的通病。

👍 烤牛肉、烤羊肉、麻豆腐、宫保虾肉、糖卷果、芫爆散丹、烧饼、红烧牛尾。

☺ 朋友聚餐。

💻 www.dianping.com/chain/18178

科力淮扬村

18 20 18 ¥93

羊坊店路11号中车大厦2楼 ☎51933573

东三环南路15号华威桥西世纪远洋宾馆2楼 ☎87663991
枣林前街68号国家税务总局写字楼 ☎63543388-6170
西经路11号新北纬饭店2楼 ☎63012266-10208
云岗商业街建2座 ☎83391356
房山区良乡镇苏庄东街9号福良苑假日酒店2楼 ☎69384779

✍ 淮扬菜，可能“为了适应北方人的口味”，做了些“本土化”的改良。不过特点“基本都保持着”——“刀工细腻”、“菜品精致”、“原汁原味”、“清淡顺口”，清炖蟹粉狮子头和大煮干丝是其中的“代表”。环境和服务都“很好”，价格“稍贵”。

👍 狮子头、大煮干丝。
☺ 商务宴请、朋友聚餐。
💻 www.dianping.com/chain/22080

客家小镇 18 16 12 ¥46

和平里东街15号(小街桥北) ☎84214136
南河沿大街103号(贵宾楼向北80米路西) ☎65228993

✍ 客家菜馆。东西比起正宗的客家菜来还是有些差距的，但总的来说味道还“不错”，招牌菜纸包鲈鱼值得“强烈推荐”。价格“适中”。环境“一般”，氛围“清静”。

☺ 朋友聚餐。
💻 www.dianping.com/chain/18269

客家园 22 15 16 ¥50

团结湖北路2号(长虹桥东南角) ☎65825010

✍ 朋友推荐的客家菜馆，“小小的门脸”很容易让人“忽略”。菜肴大都挺“入味”的，适合“北方人”也适合“南方人”。“最爱”锡纸包鲈鱼。店子“不大”，但整体感觉还“不错”。价格也“合理”。“可以常去”。

👍 锡纸包鲈鱼、三杯鸭。
☺ 朋友聚餐。
💻 www.dianping.com/chain/17650

客来德欢乐餐厅 18 33 26 ¥52

中关村南大街17号韦伯时代中心C座2楼 ☎88579565

✍ 是个“劈情操的好地方”。“暗红”的主色调，“昏黄”的灯光，笔筒内“可带走”的寓言卡片，桌角“可随意涂鸦”的童话本，还有驻唱歌手“安静”的音乐，氛围“浪漫”、“温馨”。出品是韩餐与西餐的结合，套餐是主打，东西“很多”，“适合女孩子”。服务也挺“好”的，需要服务员的时候可以摁“桌上的呼叫器”。

👍 牛奶粥。

☺ 情侣约会、朋友聚餐。
💻 www.dianping.com/chain/78213

孔乙己酒楼

20 | 19 | 16 | ¥66

德胜门内大街东明胡同甲2号 ☎66184915
安立路甲54号 ☎84803966
东四北大街322号 ☎64013855
航天桥东南角航天科技大厦1楼(试验小学旁) ☎68768776
南礼士路中化大厦2楼 ☎68568801
珠市口东大街6号(两广大街与祈年大街口) ☎67075151

✍ "身居闹市中的一处优雅所在","吃绍兴菜喝老酒"的地方。装修有点"江南"的"小特色"。菜单是"毛笔小楷","韵味十足"。出品"细致"而"清淡",口味"纯正"。最喜来一壶小酒"助兴",那酒壶就"坐在一个小坛子里",用热水"裹着","温温的","好喝","惬意"!

👍 茴香豆、黄酒、油焖笋、醉虾、臭豆腐、东坡肉。
☺ 朋友聚餐、情侣约会、休闲社交、商务宴请。
💻 www.dianping.com/chain/21837

口福居火锅

21 | 19 | 16 | ¥63

知春路29号大运村学生公寓 ☎82355888
白塔寺太平桥大街93号 ☎66083288
密云县鼓楼北大街11号(城关派出所对面) ☎69087777
延庆县城妫水北街29号 ☎69188888

✍ "典型"的北京涮锅,生意只能用"火"字来形容。有"独立的小锅",看着就挺"干净"的。羊肉"最好",涮菜"还成";麻酱小料"特香",令人"难忘"。装修透着几分"京韵",请客吃饭的话绝对"拿得出手"。价格"不高也不低","恰到好处"地让你感觉"有那么一点点心疼"。

👍 羊肉、麻酱小料、肥牛、烧饼、糖蒜。
☺ 朋友聚餐、商务宴请、情侣约会。
💻 www.dianping.com/chain/22028

酷堡餐吧

19 | 24 | 18 | ¥119

建国门外大街24号华侨村内

✍ 北京"仅有"的几家墨西哥餐厅中"不错"的一家。从外头看上去真像一座"沙堆的城堡"——"圆木的屋顶","土泥巴的墙面"。室内各种"原木"制品和从墨西哥带来的装饰品"笨拙可爱",充满了"异域"风情。菜肴味道"很特别",有种德国原装啤酒非常"好喝"。

☺ 情侣约会。

💻 www.dianping.com/chain/15281

酷烤餐厅

18 14 12 ¥46

鼓楼东大街 136 号 ☎64070330

✍ 店“很好看”，“有点像酒吧”，杯子什么的都“很别致”——“对于一个烧烤店来说，算有新意”。烤串有些很不错，“最经典”的就是月牙骨和烤鸡翅。缺点是所有的串都“有点甜”，“吃多了腻”。价格有点“贵”。

👍 烤鸡翅、月牙骨、烤香菇、烤鱼、手撕板筋。

☺ 休闲、朋友聚餐。

💻 www.dianping.com/chain/18502

酷虾逸族

19 18 16 ¥72

东四北大街四条胡同内 ☎64008499

✍ “私房菜馆”。“到处都是美女老板的照片”，布置“别有风情”。做的是湘菜，“大多和虾有关”，名字起得也“都挺诗意”。缺点是“辣不足，咸死人”。服务“太慢”——可唱“总有一天等到你”了。价格“不便宜”，地方也“不好找”。

👍 小炒牛肉、梦里生花、青蛇传、剁椒鱼头。

☺ 情侣约会、朋友聚餐。

💻 www.dianping.com/chain/18026

宽店

20 13 12 ¥40

旧鼓楼大街 135 号 ☎84040523

✍ 环境非常有特色，是“50 年代的感觉”，坐在店里“好像时光都倒流了”。2 层有露天位，夏天可以仰头看星星。食物以烤鸡翅为主，上菜“慢”得“很”，不过吃完也“不会觉得等这几个小时是在浪费时间”。服务“算不上热情”，也“不专业”。最好订位，不然“就没有好位子”了。

👍 烤鸡翅、拌菜、豆腐干、冰霜情果、土豆泥。

☺ 朋友聚餐。

💻 www.dianping.com/chain/1889209

宽巷子私房菜

24 22 22 ¥55

东四北大街 306 号(东四六条与七条间) ☎64003096

✍ “私房模样”的川菜馆子。“草筐”、“木凳”、“摆设”、“字画”……着意于“旧”，颇具“文化气息”。出品做工“精细”，拔丝双金、五彩茄子和酸汤鱼吃起来都“很惬意”。就是菜量“小”了点，和价格不成正比。老板是一位“成都 MM”，与她相陪的是一只名叫“果果”的拉普拉多，非常有趣。

☺ 朋友聚餐、情侣约会。
💻 www.dianping.com/chain/80260

拉米熊

见 ALFA 餐吧（50 页）

辣婆婆

22 18 15 ¥61

亚运村安苑北里 2 号楼(安慧桥东路南) ☎64932206
恩济里 18 号 ☎88115144
东三环北路 16 号(长虹桥北 200 米路东) ☎65006262
北辰东路 304 号楼 1 楼 ☎64976455
上地信息路 19 号海淀邮局 2 楼 ☎82780785
西坝河中里 6 号楼 1 楼 ☎64687480
北土城西路蓟门桥北学知桥向东 500 米 ☎62370808

✍ “地道”的川菜馆子，“麻辣主义者一饱口福之处”。好几道菜都“不错”，水煮鱼、香辣蟹、香辣虾……吃着特“过瘾”。“点菜的时候”还可以向服务员提出“口味上的要求”。环境布置蛮“温馨”的，包房的名字都是“重庆的地名”，重庆人去了估计会有“回家的感觉”。可惜价格“有点贵”，“只能偶尔来一次”。

👍 水煮鱼、香辣蟹、香辣虾、福寿螺、馋嘴蛙。
☺ 朋友聚餐、情侣约会、商务宴请。
💻 www.dianping.com/chain/21930

辣有缘麻辣烫

23 5 7 ¥12

朝外大街 8 号蓝岛大厦 6 楼美食街

✍ 就在蓝鸟 6 楼的美食街里。他家的麻辣烫品种“全”，小料“独一无二”，还是“免费”的，味道么，对“老食客”来讲绝对是“不可替代”的，对其他人来说没准儿就觉得“非常一般”了。除了麻辣烫也有酸辣粉、凉皮之类的可点。“不想做饭”的去那里“随便吃吃”还“不错”，专程前往就没必要了。

👍 麻辣烫、酸辣粉、凉皮、凉面。
💻 www.dianping.com/chain/18847

来今雨轩饭庄

19 22 15 ¥73

西长安街中山公园西门内 ☎66056676

✍ “有近百年历史的老店”。环境“真好”，“亭台楼阁”，“小桥流水”，满眼的“大红灯笼”，“古色古香”，感觉就像“进了大观园”。吃的是传说中的“红楼菜”，每道菜都有个名头，味道“尚可”，就是“比较油腻”。价格“不便宜”。在这儿“办婚宴的人挺多”，大概是因为这是个“有古有今”的地儿吧。

冬菜包子、鱼香茄鲞。

www.dianping.com/chain/21969

来来轩 ▽ 21 14 22 ¥61

新源西里中街8号 ☎64678719

“北京最好的日式拉面馆”之一。要着重说一下的是“拉面的骨汤”，基本上是“骨汤、骨胶、骨髓的三原色”，口感“很厚”，质感“浓稠”。也有“日本特色”的中餐提供，整体感觉“很地道”。装修“简单”，颇有点“日式传统居酒屋”的风格。食客也大都是“日本人”。

油淋鸡。

www.dianping.com/chain/18971

莱双扬鸭脖子 23 11 14 ¥16

多家连锁店

“好吃”的鸭脖子。能让你吃到“嘴辣”，“手辣”，“眼泪流下来了”还“接着吃”，“非常过瘾”。价格也“不贵”，平时“看电视”、“聊天”、“当下酒菜”都“蛮不错的”。就是“网点太少了”，每次“犯馋”的时候去买还得“绕个大老远”。

鸭脖子、鸭肠、鸭头、鸭翅、鸭肝、鸭肫。

www.dianping.com/chain/17709

兰花花美食村 20 14 14 ¥33

木樨园桥东北角 ☎67231475

安慧里四区15号楼五矿大厦1楼北侧 ☎64968181

房山区迎风南路甲6号(近燕山石化) ☎69348488

一听这名字就知道是“西北风味儿”的。喜欢凉皮，虽是全北京“最贵”的，但确实“物有所值”，“厚而筋道”，又“辣”又“香”。喜欢肉夹馍、酸汤饺子，“非常地道”。其他小吃也各具“特色”。环境挺“有意思”的，包房装修成了“窑洞”的模样，坐在炕上吃，听着陕北民歌，感觉真“不一样”。

凉皮、肉夹馍、羊肉泡馍、臊子面、酸汤饺子、油泼面。

☺ 朋友聚餐。

www.dianping.com/chain/22038

兰花台咖啡厅 21 24 19 ¥195

建国门外大街26号长富宫饭店1楼大厅 ☎65125555-61

对于“喜好自助餐”的朋友来说，这里是“一个不错的选择”。品种“丰富”，厨艺值得“认可”，澳洲龙虾、鱼子、生鱼刺身都很好。就是价钱"一年比一年贵"了。

👍 龙虾。

💻 www.dianping.com/chain/16028

兰莲花

15 24 16 ¥77

什刹海荷花市场天荷坊 51-6 ☎66172599

✍ "喜欢许巍，喜欢'兰莲花'"。酒的品种"蛮多"的，也供应"一些比较有特色的饮料"，味道都"不错"，但价格"有些偏高"。让人"印象深刻"的是环境，每个桌面上都有"莲花形的小烛台"，"椅背高过头顶"；二楼包厢"装潢得神秘典雅"，较为"清静"；三楼的露天吧"很棒"，适合"在夏天的夜里摇曳心情"。

☺ 情侣约会。

💻 www.dianping.com/chain/17400

兰马拉面

20 7 12 ¥9

广安门内大街 223 号(牛街路口东)

煤市街 32 号

✍ 传说中"北京最牛的牛肉拉面"，还真是"名副其实"——面汤"着实不错"，汤头"清澈"，还"稍微透了那么一点点红"，面条"非常筋道儿"，口感"很好"，浇上一勺也"很有水准"的辣子，吃着绝对"香"！烤串儿和凉菜就比较"一般"了。价格特"便宜"。环境么，"比一般的成都小吃强不了"。

💻 www.dianping.com/chain/18785

兰特伯爵西餐厅

19 24 22 ¥141

方庄蒲方路甲 2 号(家乐福对面) ☎67682664

✍ 德国风味餐吧。他家的酒都是"从德国运来的"，可以"论杯卖"，也可以"论长度按米卖"，"很新鲜"的感觉，口感确实"不错"。菜肴说不上好坏，但是"够特别"，蘑菇汤和香肠都能"尝一尝"。氛围还挺"清静"的，适合"约会"，适合"聊天"。

☺ 情侣约会、朋友聚餐、休闲社交。

💻 www.dianping.com/chain/15316

兰州宾馆餐厅

23 13 12 ¥32

西直门北大街 58 号院金晖嘉园小区 5 号楼 ☎82291133-108

✍ 兰州驻京办餐厅。手抓羊肉、拉面、面片都巨正宗。服务员从口音上听，全是出自甘肃的。因为是宾馆的餐厅，环境比一般的西北风味饭馆好多了。

👍 手抓羊肉、酿皮。
☺ 朋友聚餐。
💻 www.dianping.com/chain/81422

老爆肚满　23 9 13 ¥19

牛街输入胡同甲 54 号
南横西街 95 号(近牛街)　☎83543133

✍ "牛街很有历史的老字号"。门脸"奇小","天天排着大队,只为了能吃上一口他家的烧饼夹肉"。烧饼"是现烙的","热乎乎"的、"外皮焦脆";肉最特别,是"加工好的五香烧羊肉和五香烧牛肉下油锅炸到酥松干香,再混合到一起剁碎"。抓一把肉塞进烧饼里,"热腾腾、香喷喷的",是"充饥的不错选择"。记住:"每天 10 点、16 点两锅肉,卖 2 个小时差不多就没有了",而且烧饼也是"限量的"。

👍 烧饼夹肉、牛肚仁。
💻 www.dianping.com/chain/19370

老北京炸酱面大王　16 13 14 ¥32

崇文门外大街 29 号　☎67056705
劲松七区 705 楼　☎67705901
北三环中路 22 号双秀公园旁　☎62064488

✍ 一进门,"十足的北京味扑面而来"——"嘈杂"的人声夹杂着"佐料小碟撞击的声音",小二的吆喝声"此起彼伏",统统融汇在一起。招牌炸酱面确实"很好吃",料"多"面"筋道"。其他老北京小吃也"应有尽有",三不粘、糖卷果、豌豆黄等等等等。

👍 炸酱面、芥末墩、炸灌肠、麻豆腐、驴打滚。
💻 www.dianping.com/chain/21807

老诚一锅　22 12 12 ¥38

骡马市大街 264 号　☎83514975
广安门外大街 363 号　☎63432733
红庙路口万惠商场 3 楼　☎85990228
东四北大街 249 号　☎64069909
左家庄十字路口(中复电讯旁)　☎64656227
更多分店请登陆大众点评网 www.dianping.com

✍ 吃羊蝎子就是从这儿"上瘾"的——"汤浓肉烂",味道"正得没话说",每次都能吃得"脑满肠肥"的,每次还都"吃不腻"!尤其是"天寒地冻的时节",邀上"三五知己"来此,"大口嚼着肉",再"咂上两口小酒",那个"美"啊!要不怎么说人家生意总那么"火"呢,赶不上点儿的话您就得“等着”喽。

👍 羊蝎子、宽粉、面片。

☺ 朋友聚餐、家庭聚餐。

💻 www.dianping.com/chain/18826

老磁器口豆汁儿

24 | 6 | 9 | ¥8

天坛北门对面 ☎67035725

龙潭路北京游乐园斜对面 ☎67121159

✍ “很好喝”的豆汁，“不像别的地方那么酸，那么难以入口”，“基本上每星期就得去一次”，“上瘾了”，“不去就想”。遗憾的是只怪自己“眼大肚子小”，喝两碗就“饱”了。作为一家“几十年如一日”的老店，环境和服务就“不能有太高要求”了。

👍 豆汁、焦圈、肉饼、麻豆腐。

💻 www.dianping.com/chain/18612

老广酒楼

18 | 16 | 15 | ¥39

樱花东街 12 号 ☎64226367

✍ 粤菜馆，装修后环境“好了很多”，而且菜的质量也“没有改变”。喜欢广式烤鸭，“比北京烤鸭要瘦很多，没那么多油，也没那么腻”，“很香”。平时都会有“特价”菜，“好吃不贵”。

👍 广式烤鸭、脆皮扣肉、蛋挞、卤水豆腐蛋。

☺ 朋友聚餐。

💻 www.dianping.com/chain/17669

老汉字客家菜馆

22 | 18 | 14 | ¥59

什刹海东岸(荷花市场湖对面) ☎64042259

幸福村中路 57 号杰座大厦 1 楼 ☎64177720

安德里北街甲 8 号六铺炕二区实验楼(近中轴路) ☎62375376

✍ 北京“最好的客家菜馆”之一。生意“火暴”，一到饭点就“满座”。菜肴大都经过了“改良”，汤汁“浓且多”，口味有些“偏油偏咸”，锡纸包鲈鱼和三杯鸭“每去必点”。人多的话还可以叫“套餐”，量“够大”。价格属于“中档”。环境“古朴”而“简洁”。附近公司“聚餐”的话去那儿“不错”。

👍 锡纸包鲈鱼、三杯鸭、盐焗虾、盐焗鸡、老醋菠菜花生米。

☺ 朋友聚餐、情侣约会、休闲社交。

💻 www.dianping.com/chain/21970

老浒记民俗酒楼

18 | 14 | 11 | ¥35

琉璃厂南新华街 58 号(近师大一附中) ☎63043078

✍ 装潢“古色古香”，一看就是“老北京的饭店”。吃的就是“家常小菜”，口味“大众化”，炸酱面是特色。量“很大”，价钱“不贵”。有时候有民族器乐演奏。缺点是餐桌摆得“太密”，人“多了点”，“拥挤、嘈杂”。

👍 炸酱面、红烧狮子头、瓦片鲈鱼。

☺ 朋友聚餐。

💻 www.dianping.com/chain/18599

老井俄式餐厅 21 19 16 ¥61

东直门内大街北中街西羊管胡同甲1号 ☎64031896

✍ “离街面稍远”，地方“不好找”。环境“不错”，“没有一般西餐馆那么拘束，也没有中餐馆那么吵”，“适合聊天和约会”。客人“以外国人居多”，“每次去都基本满座”。服务“难免有点跟不上”。供应“很典型的俄餐”，用料“实在”，味道“挺好”，分量“很大，价格“不算贵”。“饭量小的朋友一定要多攒几个人再去”。

👍 培根牛排、红菜汤、酸黄瓜、奶油蘑菇汤、奶油烤鱼。

☺ 情侣约会、朋友聚餐、休闲。

💻 www.dianping.com/chain/15773

老上海城隍庙小吃 17 11 10 ¥15

灯市口大街25号 ☎65278261

知春路17号(天客隆超市旁) ☎82319814

安定门外西河沿14号楼 ☎81904022

万泉河路68号(城乡超市对面) ☎82650270

和平里东街甲20号 ☎64281256

更多分店请登陆大众点评网 www.dianping.com

✍ 好吃的“很多”，“难以一一形容”。那种“温和”的口味，“就像是在家里一样”，性价比“非常的高”。晚上“不”关门，“几点去都能吃上”，但午餐的时候“人很多”，“一位难求”。环境服务“还行”，毕竟是小吃店，“不能有太多要求”。

👍 叉烧包、三丝春卷、荠菜馄饨、鸡腿饭、大排面、肉粽、椰奶紫米球、蟹壳黄。

💻 www.dianping.com/chain/21818

老舍茶馆 21 24 19 ¥83

前门西大街正阳市场3号楼 ☎63036506

✍ 京味儿特别“浓”。能喝茶，能吃老北京特色菜，还能听戏看表演，“京韵大鼓、杂技、双簧”之类的都有，“好不热闹”，“非常适合外地人来体会”，哄哄老外也“很好”。平常人挺“多”的，最好“提前买票”。P.S. 看表演是“按位收费”的，含“茶水和小食”。

👍 龙井虾仁、炸酱面、佛手、烤鸭。
☺ 商务宴请、休闲社交、朋友聚餐。
💻 www.dianping.com/chain/15405

老熟人烤肉城

20 | 9 | 13 | ¥42

西罗园南里68号京华饭店旁（近洋桥） ☎67216383

✍ 烤肉“腌制得比较入味儿”，极品肥牛“最值得吃”，小料也“很不错”。价格“绝对实在”，还“长期”有“满100元返20元午餐券”的优惠活动。难怪即使交通“不太方便”，环境通风“差一点”，生意也还是“极好”，晚饭时间“排号一等就是一个多小时”。

👍 特极肥牛、烤牛肉、冷面、培根。
☺ 朋友聚餐、随便吃吃。
💻 www.dianping.com/chain/18173

老坛贵州菜

20 | 21 | 16 | ¥60

东八里庄西里97号住邦2000四号楼101室 ☎85869755

✍ 贵州菜，做得“很有特点”。酸汤鱼的汤“很好喝”，比较“酸”，“很地道”；乌江鱼“肥厚鲜美”，“越煮越入味”；苗家小炒肉“很香”、“很好吃”。美中不足的是，“有些贵州菜馆必有的小吃这里却没有”。环境还不错，餐椅“古色古香”，提梁茶水壶“有贵州风情”，到了以后“基本上都有座位”。价格“不便宜”。

👍 酸汤鱼、怪噜饭、米豆腐、乌江鱼。
☺ 朋友聚餐。
💻 www.dianping.com/chain/67141

老万记麻辣烫

23 | 2 | 10 | ¥15

对外经济贸易大学东门对面
东三环国展东（麦当劳旁小路内200米）

✍ 他家的麻辣烫“菜品丰富”，味道“还不错”。主食里酸辣粉是“经典中的经典”，就是分量“少”了些。也有烧烤可点，胃口好的话可以要几串来尝尝。环境不是一般的“差”，也就只能“凑合吃”吧。

💻 www.dianping.com/chain/1890922

老五四季涮肉

22 | 12 | 14 | ¥44

白纸坊东街17号（近经济日报社） ☎63516164
菜市口南大街儒福里15号（近陶然亭路） ☎63533698

✍ 为啥老去它家吃涮肉？炭火铜锅，羊肉“很嫩”；麻酱调料“很正点”，“难得”的好吃；啤酒“便宜”。再有是那“热火朝天的气氛”，吃起来“就是香”，“就是来劲”。老板也“很会做生意”，会“主动把零头抹掉”。

👍 羊肉、小料、糖蒜、炸窝头、臭豆腐、毛肚。
☺ 朋友聚餐。
💻 www.dianping.com/chain/17316

老西安饭庄　21　8　9　¥26

新街口南大街20号　☎66181476

✍ "毛主席曾经去过"。羊肉泡馍是特色,"很地道","香"就一个字;羊肉串也"很正",只是"要自己亲自到外面排队去买"。服务是"国营馆子的架势","一副爱搭不理的样子",环境也不好。

👍 羊肉泡馍、羊肉串、酸辣瓜条、扒肉条。
💻 www.dianping.com/chain/15607

老鱼锅　21　13　17　¥48

莲宝路9号(八一厂西)　☎63967129
云岗商业街(731医院对面)　☎83319159

✍ 鱼锅"很有特色",一半辣的,一半酸菜的,吃完鱼可以涮牛肉、羊肉和其他菜,"味道很足"。菜都"可以要半份",而且"半份的量也不少"。美中不足的是饭点"人很多","要等一会儿才有座"。

👍 宽粉、羊肉。
☺ 朋友聚餐。
💻 www.dianping.com/chain/72030

老院子　18　12　14　¥52

百万庄大街41号华德商都B1楼　☎68332811

✍ 江西菜馆。菜肴颇具"地方特色",有点"辣"。"喜欢"老鸭汤,"鲜就一个字"。环境"不错",包间都是"以名胜古迹命名"的。就是店子在"地下室",空气流通不大好,位子稍嫌"拥挤"。

👍 老鸭汤、爆炒河虾。
☺ 朋友聚餐。
💻 www.dianping.com/chain/16181

雷亚餐厅　24　15　14　¥37

劲松南路劲松五区501楼(劲松医院旁)　☎67757859

✍ 北京"最牛的餐厅"之一。营业时间"不长",一般只招待"熟客",但假如你"生脸而面善"也会"让你进的"。老板是个"六十岁左右的大妈",眼光"犀利",看着就"厉害"。吃的其实就是家常口味,每道菜都"很香很到位",主食有"花卷、米饭",简直可以"做自家食堂"。餐馆"不大",一到饭点就"爆满",还有人是"特意"开车过来的。

👍 焦熘丸子、熘肝尖儿。
☺ 朋友聚餐。
💻 www.dianping.com/chain/21193

类似渔鲜餐会所

20 21 16 ¥67

团结湖北三条7号(长虹桥东) ☎85963599

✍ "很有意思"的地方。经营湘菜，菜单"是手写的"，菜名都是什么"闭月羞花"、"双龙戏珠"，"必须问服务员"才能点菜。鱼是"主打"，和鱼相关的菜真的"很多"也"很好吃"。环境挺好，地下"养着鱼"，屋里贴着"老板去外地旅游拍的风景照"。不过最喜欢的还是那种榻榻米式的座位，"吃着吃着就可以躺下了"。"唯一不能忍"的是酒水的价格。

👍 八喜富贵鱼、渔家傲、双龙戏珠、各种姑娘、小炒牛肉。
☺ 朋友聚餐、情侣约会。
💻 www.dianping.com/chain/19980

黎昌海鲜大酒楼

20 21 22 ¥253

阜成路81号 ☎88130198
太平桥街111号 ☎66186888
左安门外关厢东里1号 ☎67665281
学清路8号科技财富中心A座 ☎88850288
新建宫门路2号(海淀展览馆西侧) ☎88851388

✍ 老牌的粤式海鲜馆。老店"年久失修"，环境"差"了一些；新店环境都不错，包房布置"雅致、整洁"。服务"周到"，服务员"有问必答"，"忙前忙后，眼里有活儿"，领班还会过来"敬酒"。价格"太贵"。总的来说，"早年间在这请客确实有面子"，但现在"江湖地位不比从前了"。

👍 龙虾三吃、三文鱼刺身、鱼翅、鱼头豆腐汤、鲍鱼。
☺ 商务宴请。
💻 www.dianping.com/chain/22044

李老爹

20 13 12 ¥66

广安门内大街临45号 ☎63167536
亚运村安慧里四区15号五矿大厦 ☎64896611
广渠门外大街9号 ☎67709604
远大路1号金源时代购物中心5楼
大兴区旧宫镇长乐街4号

✍ 吃的是川菜。他家的香辣蟹"不错"，"咸辣麻"，"味儿比较重"，肉也"很多"。火锅质量"比较平稳"，鱼头锅最"够味"，"值得试试"。炒菜"一般"，但量"挺大"的。环境"差强人意"，地板"超级油腻"，走路可得小心了。

👍 香辣蟹、香辣虾、鱼头火锅、福寿螺、黄辣丁。

☺ 朋友聚餐。

💻 www.dianping.com/chain/22102

利康烤鸭店 20 10 12 ¥48

工体南路1号 ☎65523745

槐柏树街北里4号楼 ☎63032172

✍ "国营老店"。烤鸭质量"还可以"，家常菜也"不错"，关键是菜量"大"价格"实惠"，完全符合"平民阶层的需求"。捧场的也"多是周围居民"，节假日里"摆个家宴啊什么的"，是个好选择。

☺ 朋友聚餐、家庭聚餐。

💻 www.dianping.com/chain/21839

利群烤鸭店 17 5 7 ¥64

前门东大街北翔凤胡同11号(正义路南口) ☎67025681

✍ 从前门过去，"拐了不知道多少个弯"才找到。院子是北京"旧时简陋"的四合院，进门就是"鸭炉"，边上"垛着果木"。老外"很多很多"，估计都是看了旅游杂志的介绍"慕名而去"的。烤鸭味道还"可以"，但也"没有想象中的好"，感觉不应该卖"那么高的价钱"。服务员"拽"，老板也"拽"——估计都是被老外给"宠坏的"。

👍 烤鸭、干烧四宝、芥末鸭掌、软炸鸭肝、火燎鸭心、椒盐香酥鸭架、盐水鸭肝。

☺ 朋友聚餐。

💻 www.dianping.com/chain/17315

栗满秋 21 9 10 ¥13

柳芳北街燕丰商场(近七圣南路)

✍ 在左家庄地区算是"巨火暴"的一个地儿，老看见有人"排大队"。买栗子排一队，买瓜子榛子花生什么的另排一个队。栗子"没得说"，"皮薄易剥"，"个个饱满个个香"，"买一斤送一两"，"非常值"。其他东西也"好吃"。"喜欢磨牙"的朋友"不妨尝尝"。

👍 栗子、瓜子。

💻 www.dianping.com/chain/77108

莲花海 lotus sea ▽ 22 15 15 ¥39

安定门内大街车辇店胡同(河北饭店对面) ☎64036169

✍ 素菜馆。出品在"型"和"味"两方面都"不错"，量"刚好"，吃起来挺"舒服"的，性价比比较"理想"。

装修"简单","人少","非常安静"。
👍 南瓜羹。
☺ 朋友聚餐。
💻 www.dianping.com/chain/68466

联联

21 25 22 ¥131

新中街乙12号紫铭大厦1楼 ☎64156415

✍ 日本料理"做得不错",生鱼片处理得"很干净",肉质也"比较新鲜";寿司"用足了料",上面的鱼片"很厚",鱼子也"很大、很饱满";肉类"一般"。环境"相当有日式风格",只是门面"太隐蔽了点",一不小心就会"找不到"。服务"殷勤真诚"。中午"老外很多"。
💻 www.dianping.com/chain/15412

良木缘咖啡馆

19 26 20 ¥49

朝外南街26号朝外MEN大厦1楼 ☎85653700

✍ 食物"一般",消费也"不低"。"喜欢的是那里的环境"——灯光"明暗刚刚合适",大沙发"超级舒服",环椅"有私密性"。"拿laptop去上网或者平时去看书"都是很好的消遣。
☺ 情侣约会、休闲。
💻 www.dianping.com/chain/61987

良田府

21 11 13 ¥44

体育馆西路甲2号 ☎67125077
鲁谷大街29号 ☎68685587

✍ "来这里就是冲着这汤来的"。汤"白似乳","鲜香浓郁","不油不腻",两碗下肚"真是舒服"!喝了汤再放入半只鸡,鸡肉"煮很久不会老"。那个炸豆皮也"真是没得说","好吃好吃太好吃了"。价格"实惠",值得一去。
👍 炸豆皮、鸡汤。
☺ 朋友聚餐。
💻 www.dianping.com/chain/18383

两人世界西餐厅

15 27 22 ¥242

西四东大街49号(胜利电影院东) ☎66174200

✍ "非常独特的餐馆"。地方"小小的","就一张桌子、两把椅子和一名服务员",你可以"按自己的要求布置房间和安排节目","要多浪漫就多浪漫,尽情享受两个人的世界"。供应的是"西式套餐","按惯例一道道上",味道"不错"。"特殊的日子和特别的人来这里,绝对没错”。记得“提前预订”。

👍 西冷牛排。

☺ 情侣约会。

💻 www.dianping.com/chain/16314

廖记棒棒鸡 20 11 15 ¥18

学院南路52号(近四道口华联超市)

✍ 四川开过来的一家外卖熟食连锁店。东西是“比较适合北京人口味的改良版”，鸡肉、兔丁什么的都有“白味”和“红味”之分。白味是“一点辣椒都没有”，但“麻的程度”还在那儿；红味是“很含蓄的香辣”，吃过一阵子辣味才“渐渐入口”，似乎还带着“一丝甜意”。喜欢川味儿的朋友“不妨尝尝”！

👍 棒棒鸡、红油兔丁、鸡翅、夫妻肺片。

💻 www.dianping.com/chain/20134

林静小吃 24 6 7 ¥10

五棵松路口与永定路路口之间偏西路北

✍ 一个“小”门脸，“在五棵松人人都知道”。他家的麻辣烫，种类“很多”，也“挺大串”；食材“很新鲜”，吃着“比较放心”。正宗不正宗暂且不论，只见人人吃得“满头大汗”、“畅快淋漓”，等位的人就候在你身边。伙计就六七个，“像流水线似的”，个个“忙不停”。

👍 麻辣烫、酸辣粉、麻辣凉面。

💻 www.dianping.com/chain/20375

刘家香 19 22 14 ¥59

中关村南大街18号(魏公村十字路口东南角) ☎62185688

✍ 环境“比较有特点”，“简洁雅致”，还有一条“长长的走廊”，一侧是“用帘子分隔开”的小单间，“很有情调”。菜式“比较杂”，以川菜和江浙菜为主，整体水准“还行”，就是“没什么特色”。小点心倒是“很地道”，榴莲酥“真好吃”，“没有很冲的味道”，“不吃榴莲的人都爱”。有机会的话，不妨一试。

👍 榴莲酥、鱼饺、鸡汤百叶结、酱鸭糯米饭、担担面。

☺ 朋友聚餐、商务宴请。

💻 www.dianping.com/chain/21684

柳泉居豆沙包 25 11 12 ¥11

西四北六条东口(平安大街南) ☎66163137

新文化街西口

西长安街(近西单邮局)

✍ 京城里的老字号。“能把豆沙包做得这么好，恐怕只有柳泉居可以做到”——豆包的皮子“非常嗲”，“白嫩而极富弹性”，“非常有嚼劲”；里头的馅有“多种口味”可以选择，纯豆沙的、山楂豆沙的、枣泥豆沙的……“甜甜细细的”，还带着“豆香”，“趁热吃”最好。

💻 www.dianping.com/chain/82745

六部口涮肉

▽ 23 11 14 ¥43

北新华街 7 号 ☎66019757

✍ 老式的铜锅，“老北京的口味”，麻酱料“地道”。羊肉、宽粉、鱼丸、蔬菜等等“量给得都很大”。包间都是“三字”地名，如：什刹海、龙潭湖。大厅“比较嘈杂”，“不太宽敞”。

☺ 朋友聚餐。

💻 www.dianping.com/chain/18501

龙城堂

20 18 19 ¥38

东黄城根北街 28 号 ☎64021459

✍ 地方“不大好找”，在一个小院子里，深色的原木地板桌椅，“古朴厚实”，上下阁楼的台阶“有些陡且窄”，服务生竟然“可以自如地上菜”。做的是“很正宗”的桂林菜，“酸酸的”，“有些辣”，“不太适合北方人的口味”。量“少”，比较起来价格可“不便宜”。

👍 卤味粉、芋头扣肉、脆皮鱼、腐乳空心菜。

☺ 朋友聚餐、情侣约会。

💻 www.dianping.com/chain/63298

龙港餐厅

19 14 13 ¥43

复兴门北大街 5 号黑龙江宾馆 1 楼 ☎68025511-1018

✍ 黑龙江驻京办事处餐厅。装修“很简单”，“有点国营饭馆的风格”。服务员“全是东北那疙瘩来的”，“蛮亲切的”。吃的是东北菜，“没什么特别的”，就是“量大、味厚”。

👍 大拉皮、锅包肉、得莫利炖鱼、龙港猪蹄。

☺ 朋友聚餐。

💻 www.dianping.com/chain/17564

龙记茶餐厅

21 10 12 ¥45

建国门外大街甲 1 号金之桥大厦内 ☎65958546

✍ 店面“简陋破旧”，却是“真正地道”的茶餐厅，“从满屋子听不懂的广东话就能看出来”。不论烧味、小炒、煲仔饭、碱水面，还是粥、河粉，都“实在”而且“好吃”；奶茶也“特别香浓”；到了冬天还供应广式火锅，“内容丰富”，“营养健康”。价格“小贵”。

🖳 www.dianping.com/chain/15273

龙江居 19 9 14 ¥32

阜成门北礼士路149号 ☎68325081

✍ 以前是很小的一个门脸，现在店面扩大了。虽说东北菜“上不了大雅之堂”，但“饿了去那儿，绝对值”。大部分的东北菜“都有”，“量足实惠”。缺点是座位“比较拥挤”，饭点儿“人满为患”，氛围“嘈杂”。

👍 东北拉皮。

☺ 朋友聚餐。

🖳 www.dianping.com/chain/18321

龙人居 23 9 10 ¥41

二七剧场路19号 ☎68023476

✍ 川菜“经过重庆朋友验证是非常地道的”，用料“很足”，辣得“过瘾”，麻得“痛快”，口味“非常棒”。火锅“麻辣的部分有点刺激”，没有一定吃辣水平的朋友不要轻易尝试。价格“不贵”，分量“很足”，“每次都是冒尖的一大盘”。虽然“环境差一些”，生意却“不错”，去晚了还“要等位”。

👍 水煮鱼、霸王腰片、川北凉粉、毛血旺、呛炒圆白菜。

☺ 朋友聚餐。

🖳 www.dianping.com/chain/19068

龙顺园麻辣香锅 25 12 14 ¥49

亚运村安慧里东(北辰购物中心东) ☎64810510

中关村南大街甲8号天厦宾馆1层 ☎62130489

望京花园河荫中路东1号(近广顺北大街) ☎64733452

首都机场南路2号 ☎64573581

✍ 北京最“火暴”的餐厅之一。吃的是“干锅”，各种想象得出来的都能“放进去炒”，“严重推荐”青笋、午餐肉、宽粉、腐竹，味道“超香”，一吃就像“抽大烟上瘾了”似的“停不了口”。有不同的辣度可以选择，点个中辣的就能让你吃得“满嘴冒火”，“鼻涕眼泪乱流”。完了还能“续汤涮菜”。嗜辣的朋友们一定要“到此一游”！

👍 青笋、午餐肉、宽粉、腐竹、豆皮、土豆、平菇、黄喉、牛骨髓。

☺ 朋友聚餐、情侣约会、休闲社交。

🖳 www.dianping.com/chain/18688

隆门阵 25 10 13 ¥41

皂君庙西里甲8号(联想桥南) ☎62153493

✍ 川菜馆子。"第一次吃烤鱼就是在这"，印象"非常好"。烤鱼"有麻辣、泡椒和豆豉味的"，"不是特别辣"，又有"孜然的味道"，咸甜"适口"。底下还能垫上"各种菜品"，"青笋、藕、豆皮、蘑菇"什么的都行。最好能叫上几个人一块儿去吃，一大盘子放在面前"慢慢拾掇"，"爽"!

👍 麻辣烤鱼。

☺ 朋友聚餐。

💻 www.dianping.com/chain/83957

芦月轩

21 16 14 ¥36

西客站南路1号楼 ☎63272162

新中街13号(东直门长途汽车站对面) ☎64168895

安乐林路10号(蒲黄榆路口) ☎67632828

✍ "门脸临街"，"店在地下"，环境"还不错"，就是"空气有些不流通"。"最出彩"的是"红汤羊蝎子"，"汤浓"，肉"很烂乎"，且"炖得入味"，分量"相当足"，小锅都"够三四个人吃"。价格又"实惠"，是"聚餐的好地方"。

☺ 朋友聚餐。

💻 www.dianping.com/chain/17169

鹿港小镇

19 20 16 ¥69

霄云路35号 ☎84519988

工体西路6号 ☎65513533

安慧北里2区4号楼(炎黄艺术馆斜对面) ☎64894300

✍ 喜欢它的名字，"真的是很小资的感觉"。装潢"很时尚"。吃的是台湾菜，做工"精致"，味道和其他地方的"就是不一样"。最有名的是冰沙，"细腻"，而且冰的分量"很大"。女服务员都是板寸头，"比较可爱"。生意也很好，"人多"，"乱"，"说话都听不清"。

👍 综合冰、三杯鸡、鲁肉饭、菠萝油条虾、芒果冰沙、红豆冰沙。

☺ 情侣约会、休闲、朋友聚餐。

💻 www.dianping.com/chain/17810

鹭鹭酒家

22 24 21 ¥136

慈云寺甲1号 ☎65080101

复兴路9号(军事博物馆正门西侧) ☎68583661

✍ "要吃上海菜，就认这一家"。他家的上海菜"精致"而"细腻"，味道"没得挑剔"，以毛蟹炒年糕和水晶虾仁最为有名；环境挺"顺眼"的，颇有几分"上海"的感觉。就是价格"有点贵"，还是适合别人宴请的时候去“痛快一下”，自费的话就有些“不舍得”了。

👍 毛蟹炒年糕、水晶虾仁、烤麸、糖醋小排、响油鳝糊。

☺ 商务宴请、朋友聚餐、情侣约会。

💻 www.dianping.com/chain/21841

驴肉火烧 23 10 15 ¥7

航天桥西南

✍ 虽然就一个外卖窗口，但他家的火烧“真的很好吃”，热乎乎的，夹上“细腻”的驴肉，捧在手上，狠狠地咬一大口，“那叫一个香”，会“一直暖到心里去”。老板人很好，“总是笑眯眯的”，感觉“很亲切”。

💻 www.dianping.com/chain/78888

绿波廊 20 21 19 ¥157

东三环北路 8 号亮马河大厦 2 楼 ☎65906688-2388

东三环南路 17 号京瑞大厦 2 楼 ☎67654845

✍ 上海菜馆，菜“还算精致”，一些凉菜味道“和上海的不相上下”。也引进了其他菜系的一些菜。菜量“比较少”。价格“可真是不便宜”，点的都是最普通的也觉得“非常贵”，估计也就“适合宴请”。

☺ 商务宴请。

💻 www.dianping.com/chain/21988

罗马娜 ROMANA 20 13 17 ¥21

王府井大街 138 号新东安市场 B1 楼 B146 号铺 ☎65221161

王府井东方新天地 B1 楼 ☎85180201

✍ 路边的小小店铺，“橙色的”，“很干净”。店主是一对意大利夫妇，“和蔼又热情”。各色冰淇淋“琳琅满目”，每种看起来都“好有食欲的样子”。酸奶系列“一如意料中的清新”，“甜酸适度”；黑巧克力口味“要大赞”，“纯正、浓郁、香滑”，口感“卓越”；还有其他很多选择，就看个人喜好了。美中不足的是“开店太晚”，给的冰淇淋球也“小了些”。

👍 酸奶系列、提拉米苏、薄荷、黑巧克力。

💻 www.dianping.com/chain/21412

麻辣 788 19 15 15 ¥35

金台路甲 2 号 ☎85990686

✍ 川菜馆子。“很赞”他家的水煮鱼，“每次必要”，鱼肉“很嫩”，“麻辣正好”，“迎合”了北方人的口味。其他菜肴也“喜欢”。价钱“合适”。环境“一般”，不过有能容纳 12 人以上的“大包间”，适合“聚餐”。

☺ 朋友聚餐。
💻 www.dianping.com/chain/18366

麻辣风情

18 16 14 ¥42

北土城西路甲169号 ☎82082609

✍ 川菜馆子。出品和沸腾渔乡有点“类似”，麻辣味“很足”，几大“经典”菜都“好吃”。价格还算“公道”。环境挺“宽敞”的，一到饭点人就“多”起来了，说话“比较费劲”。

👍 水煮鱼、福寿螺、麻辣美容蹄、毛血旺。
☺ 朋友聚餐、家庭聚餐。
💻 www.dianping.com/chain/18439

麻辣诱惑

22 22 18 ¥60

西单北大街133号君太百货7楼 ☎82656688
广安门内大街临81号(菜百新世纪商场对面) ☎63040426
大钟寺太阳园小区西门旁 ☎82119966
东直门外大街天恒大厦3楼(东方银座东) ☎84608558
西单北大街176号中友百货8楼 ☎66037068

✍ “每次馋辣就会想到它”。这里的川菜真“不错”，确实“辣得过瘾”，“几道招牌菜”都“很好吃”，尤其推荐水煮鱼。就是分量“太少”，价格“不菲”。环境属君太店最好，“纱幕”，“珠帘”，“赏心悦目”。生意特“火”，饭点儿那人都能“排两里地”去了。

👍 水煮鱼、酸梅汤、福寿螺、毛血旺、蟹黄豆腐、盆盆虾、土豆泥。
☺ 朋友聚餐、情侣约会、商务宴请、休闲社交。
💻 www.dianping.com/chain/21932

马大胡子羊羔肉

18 12 13 ¥39

北苑路228号 ☎64938133

✍ “兰州老字号”在北京的分号。东西“真的挺地道”，黄焖羊羔肉“很嫩”，味道“浓郁”，连里面的粉条都“好香”；酿皮“每次必点”；面食也做得“蛮有特色”。价格“实惠”，是个“解馋的好地方”。

👍 酿皮、黄焖羊羔肉。
☺ 朋友聚餐。
💻 www.dianping.com/chain/17962

马华拉面

17 13 11 ¥20

双榆树科学院南路44号(华星电影院旁) ☎82111272
复兴门外大街5号楼丁门1楼 ☎68017971
关东店北街8号楼东侧(近京广中心) ☎65301168
蒲芳路物美大卖场旁(近方庄购物中心) ☎67622054

中纺街80中学旁 ☎65305735

拉面、羊肉串、大盘鸡、炒面片。

www.dianping.com/chain/17521

马家老铺

见月盛斋马家老铺（286页）

马克西姆

23 26 21 ¥248

崇文门西大街2号崇文门饭店2楼 ☎65121992

马克西姆是什么？是“临摹自卢浮宫的古典壁画”，是“大片树叶状的浪漫华灯”，是“绚丽斑斓的天花板”——“安静”中透着“浪漫”的法国气息。出品是“相当考究”的法式菜肴，“烤到五分或七分的牛排”，一刀切下还有“少许血渗出”，“鲜嫩软滑”。服务生穿着“浆得很白的围裙”“热情地周旋左右”。而你，只需慢慢地“享受美食”就可以了。

鹅肝、蜗牛、牛排、奶油蘑菇汤、法式面包。

情侣约会、商务宴请。

www.dianping.com/chain/15319

马克西姆蛋糕房

26 16 19 ¥35

崇文门西大街2号崇文门饭店1楼 ☎65122711

自从吃过他家的蛋糕后，生日就“都上这儿订了”。不论是黄油的还是鲜奶的，“用料都很扎实”，“入口浓郁”，而且“一点都不甜腻”，“味道真好”。千层酥也“很棒”，一层层的酥皮间夹着水果和奶油，“每天都卖得精光”。“原以为”西餐厅下属的蛋糕房“价格会很贵”，谁知竟和普通的西饼屋“相差无几”，“大力推荐”给爱甜品的朋友们。

黑森林蛋糕、奶酪蛋糕、巧克力蛋糕、千层酥、榛子蛋糕。

www.dianping.com/chain/17735

玛吉阿米西藏餐吧

19 24 21 ¥99

秀水南街甲11号2楼(近国际大厦) ☎65069616

白家庄东里23号锦湖园公寓会所2楼 ☎65088986

踏进玛吉阿米的一瞬间，“浓墨重彩”的藏族风情便“扑面而来”——“挂在墙上的巨大法号”，“祈祷祝福的转经筒”，“梁檐、猎枪、铜盆、香炉”……每个细节无不闪烁着“独特的韵味”。而“最吸引人”的还是那里的表演，姑娘们载歌载舞，最后还会请食客一道跳起“热烈”的锅庄。出品是“改良”的藏餐，有点“西化”的味道，似乎很讨“外国朋友”喜欢。

👍 烤羊排、酸萝卜炒牛肉、烤蘑菇、自制酸奶。
☺ 朋友聚餐、情侣约会、休闲社交。
💻 www.dianping.com/chain/15417

满得蚨

见得蚨香（88 页）

满福楼涮羊肉

25 22 24 ¥71

地安门内大街 38 号 ☎64030992

✍ 装修是“典型的中式风格”,“红红的”,“很是喜庆”，餐具也“比较有中国味儿”。每人一个小铜锅，“干净又方便”。东西“可以每样点半份”，多试上几个品种。最好的当然是羊肉，“很嫩”，口感和数量“跟东来顺有一拼”。服务“热情周到”，让人有“宾至如归”的感觉。在这儿吃饭“真舒心”!

👍 鲜羊肉、墨鱼丸、羊肉串、小料、百叶。
☺ 朋友聚餐。
💻 www.dianping.com/chain/21804

满朋轩

24 12 14 ¥31

永定门外东滨河路 11 号 ☎87251798
桃园东里 15 号(天坛南门) ☎87287342

✍ “每次路过此地，必进去解馋，有时还会特意开车过去吃”。他家的羊蝎子“肉很多”,“味儿香不贵”，冬天吃最“来劲”。北京小吃也“地道”，麻豆腐什么的都能“尝尝”。“服务员抻面片”是这里“特有的表演”，面片“上下抖动”，竟然“不会沾到地面”。就是生意特“红火”，一到饭点就得“等半天”。

👍 羊蝎子、面片、麻豆腐、棒骨、宽粉、它似蜜、抻面。
☺ 朋友聚餐。
💻 www.dianping.com/chain/18440

猫眼餐厅

20 17 15 ¥34

魏公村西口厂洼路外研社旁胡同内 ☎68417219
二里庄南口物美超市路北(志新路口) ☎82376150
广安门内大街京粮大厦南 ☎63585165
北洼路(香格里拉对面) ☎68482123
大兴区亦庄开发区上海沙龙 2 楼 ☎67820958
京沈高速路万科青青家园底商 ☎85301529

✍ “很有意思”的一家店。墙上“满是涂鸦”，“一层摞一层”，“连空调都不能幸免”。Pizza 的味道“和必胜客的差不多”，价格“便宜”，可以“放开了点”。就是店面“太小”了，而且每次去“人都很多”。

👍 金枪鱼沙拉、比萨、鸡蛋沙拉、炸鸡块。
☺ 情侣约会、朋友聚餐。
💻 www.dianping.com/chain/18729

眉州东坡酒楼 20 16 16 ¥45

慧忠北里111号楼 ☎64800776
劲松中街208号 ☎67706866
石景山路22号 ☎88680606
中关村大街27号中关村大厦2楼 ☎82856946
团结湖东里1号楼 ☎85980158
樱花东街甲4号(中日友好医院南) ☎64208188
春秀路7号 ☎64171566
草桥欣园一区5号楼底商 ☎87583620
六里屯西里3号体育馆西侧口内 ☎85980549
安外大屯里小区A区2号楼(近北苑路) ☎84805668
将台洼甲4号 ☎84316992
怀柔区迎宾北路15号 ☎69680867
密云县鼓楼东大街山水大厦 ☎69085699
怀柔区雁栖工业开发区栖美国际院内(近怀丰路) ☎61667818

✍ 川菜馆子。正菜和小吃“都有”，口味“非常好”，“量大实惠”，性价比“很高”。每次吃完还要“打包一大堆”回去。店面“不大”，装饰倒是挺“用心”的。生意特“红火”，“饭点来”店堂里总是那么“热闹”。
👍 东坡肘子、眉州香肠、川北凉粉、担担面、夫妻肺片、麻婆豆腐。
☺ 朋友聚餐、商务宴请、情侣约会。
💻 www.dianping.com/chain/21916

梅府家宴 27 32 25 ¥365

大祥凤胡同24号 ☎66126845

✍ 后海“大祥凤胡同”里的“幽静所在”。进门便有“穿黑衣的管家迎接”。三进院，是“梅、兰、竹、菊”四厅，暮色也“掩映不住其雅致”。还有“老式”的留声机里流淌出“梅先生的清音”。出品“以淮扬菜为主”，“清淡不油腻”。用餐要“提前预订”，菜肴按不同的价位替你配好。价格么，配上“大嫂家仆般的倾情服务”，“贴切地说”，那才叫“温柔的一刀”。
👍 鸳鸯鸡粥。
☺ 商务宴请。
💻 www.dianping.com/chain/18032

梅园乳品店 22 13 14 ¥13

西四南大街51号 ☎66176381
崇文门西大街7号 ☎65243015

团结湖路 36 号(团结湖公园东门) ☎85989502
地安门西大街 6 号 ☎84035173
花园北路北医三院东 ☎62043424
更多分店请登陆大众点评网 www.dianping.com

✍ 如今的梅园在北京城里“遍地都是”，其实感觉都“差不多”——“清清爽爽”的小店里摆放着“各式装在小碗内的乳品”，看起来“眼花缭乱”的。喜欢杏仁豆腐“甜滋滋苦丝丝的味道”，一勺下去吃着“舒服”；喜欢双皮奶的“嫩滑无比”，“香味十足”。倒是奶酪质量“不大稳定”，有时候“很浓很好吃”，有时候就“稀稀的”。

👍 奶酪、双皮奶、杏仁豆腐、奶卷。
☺ 情侣约会、休闲社交、朋友聚餐。
💻 www.dianping.com/chain/22139

美京锦苑

▽ 23 24 23 ¥456

安定门外大街丁 88 号江苏大厦 3 楼 ☎64266355
朝阳门外大街 18 号丰联广场 405 号(近新东路) ☎65888877

✍ 粤菜馆。鸡汤翅“鲜浓醇香”，“名不虚传”，量虽“不多”，但已“足够”；烧鹅具有“相当的水准”，曾经让一个不相信北京的烧鹅能有“深井”水平的同事“心服口服”。其他菜肴也很“精致”，一如“想象”的“鲜美”。环境“非常好”；服务“温和周到”；价格“贵”得很，适合“宴请”。

💻 www.dianping.com/chain/84111

美栗乡

27 9 12 ¥11

西安门大街 93 号 ☎66170874
西城区阜城门内

✍ “爱死这家的糖炒栗子了”——“没有过多的水分，好剥皮”，又“香”又“甜”又“面”，“热的时候”味道尤其好，“吃完了手也不会很脏”。尽管“每次都要排至少半个小时的队”，还是“心甘情愿”。P. S. 也有“瓜子、花生、榛子”等炒货供应。

👍 糖炒栗子、糖葫芦。
💻 www.dianping.com/chain/65170

美林阁

19 22 18 ¥109

月坛北街 2 号月坛大厦 2 楼(南礼士路口) ☎68081666
建国门北大街 8 号华润大厦 2 楼 ☎85191666
中关村东路 106 号驿居酒店 1 楼(联想桥北) ☎82121777

✍ “上海菜在北京的代表”。菜“很精致”，味道也不错。量“小”，感觉“有点不实惠”。每天中午都有“特价”菜，但“只有大厅”可以点。装修“豪华典雅”，“很舒服”，“适合商务会餐或者请客”。

水晶虾仁、烤麸、蟹黄豆腐、生煎包、大闸蟹。

商务宴请、朋友聚餐、情侣约会。

www.dianping.com/chain/21948

美炉村

17 22 16 ¥54

苏州街 11 号 ☎62538883

江西菜馆。看着“门脸儿不大”，进去之后却是“别有洞天”——店堂“古朴得恰到好处”，“风雅”的“小庭院”在北京“难得”一见。几道赣菜经典“不过不失”，瓦罐儿菜都是“一直煲着的”，分量“非常大”，价格“不贵”。

铁板蒜香鱼、煨南瓜、香锅鱼、土鸡汤、老鸭汤。

朋友聚餐、情侣约会、商务宴请、休闲社交。

www.dianping.com/chain/15932

美味珍御膳

18 23 20 ¥326

建国门外大街 1 号国贸西楼 1 楼 ☎65052288 转

王府井金鱼胡同 3 号法国诺富特和平宾馆 1 楼 ☎65597671

“小巧别致的酒店”。环境很好，“宫廷的感觉让人不敢进去”。身穿满族服饰的服务小姐呈盘侍餐，“让人诚惶诚恐”。出品里最有名的是佛跳墙，有几种不同价格的可选。其他菜式也“很有特点”，“做工细致”，“口味清淡”。“点心也不错”。在这里请客“上档次，不会丢脸”。

商务宴请、朋友聚餐。

www.dianping.com/chain/22097

美香林西点

21 11 19 ¥11

东单北大街 126 号

“很小”的店子，“只有外卖”。生意可“好”了，每天都有“那么多人排队”。东西大都是“现烤”的，号称“分分出炉，秒秒新鲜”。奶油泡芙，皮“薄”，奶油“多”，一咬就使劲地往外“冒”；椰蓉条和蝴蝶酥，家里人“都说好”。服务员态度“不错”，还会送些东西给你“品尝”。路过的可以“买点试试”。

奶油泡芙、椰蓉条、蝴蝶酥。

www.dianping.com/chain/83961

美珍香 BEE CHENG HIANG

27 12 15 ¥32

东长安街 1 号东方广场 B1 楼

西单北大街 153 号君太百货 B1 楼
西单北大街 130 号华威大厦 1 楼

✍ “很不错的零食”。各种味道的猪肉脯、牛肉脯、肉松，看上去“油亮亮的”，“很是诱人”，味道也“真是没得说”。猪肉脯“一定要吃现烤的”，“特别特别的香”。服务也不错，会为你剪下一小块试吃一下。虽然 60 元 1 斤的价格“不便宜”，但是“物有所值”。

💻 www.dianping.com/chain/1936114

门丁李

22 8 11 ¥21

团结湖北二条 3 号楼东侧(近长虹桥)
首都体育馆南路增光路口西北角
西便门北滨河路 5 号 ☎63040265

✍ “东西好吃不是用门面装出来的”。“小墩子似的”肉饼，“焦黄”的面皮里是“滚热滚热”的馅，吃得是“满嘴流油”，“好不过瘾”。不过，吃的时候还真要“格外小心”，否则“容易”把油滋身上。肉饼、豆汁儿、小米粥就咸菜，一顿饭对付下来，“肚子里算有了根”。

👍 门丁肉饼、爆肚、豆汁。

💻 www.dianping.com/chain/19243

门框胡同褡裢火烧

见瑞宾楼（203 页）

蒙古人

21 17 20 ¥68

建国门内大街 15 号妇联大楼东侧 ☎65229500

✍ 蒙古风味餐厅。出品大都“口重油大量足”。莜面“必然要点”，所蘸的羊汤带着“浓香”，就着“随面赠送”的腊八蒜吃“非常过瘾”；烤全羊可“真大”，推出来的时候“披红挂菜”、“通体枣红”，一下子便“勾起”了馋虫。羊肉串、拔丝奶皮、酸奶等等都值得“试试”。吃饭的时候还有歌舞表演，挺热闹的。

👍 莜面、羊肉串、烤羊背、拔丝奶皮、大拌菜、烤全羊。

☺ 朋友聚餐。

💻 www.dianping.com/chain/22098

梦幻肉筋

22 3 9 ¥19

安外青年湖南里(安外清真寺旁)

✍ 就在“安外清真寺旁”。院子里摆着“几张小桌子小凳子”，“能喝酒的和不能喝酒的”被分成了两个区。食客得“自己拿个盘子”到冰柜里挑选烤串，然后再“直接送给”师傅。肉筋“不愧是梦幻的”，色泽“好”，口感“好”，还带着“浓浓的香葱味”。生意特“火”，晚上“超过七点”的话就“别想有地儿坐了”。

烤肉筋、烤馕。

朋友聚餐。

www.dianping.com/chain/1881808

米斯特比萨 Mr Pizza 21 20 22 ￥61

东长安街东方新天地 B1 楼 CC08-CC10B ☎85181812

成府路 23 号五道口宾馆 1 楼 ☎82388805

方庄蒲芳路 26 号 ☎87683242

工体北路甲 2 号盈科中心太平洋百货 5 楼 ☎65393973

中关村广场 17 号家乐福 1 楼 ☎51721630

望京新城四区 410 综合楼 1 楼 ☎84718486

来自韩国的比萨，做工“精致”，口味“清淡”，尤其喜欢“金牌土豆比萨”，让人“欲罢不能”。环境“不错”，通过透明的玻璃可以看到“厨师的表演”。服务特“热情”，连“跪式服务”都有，不过就怕有些人“不大能接受”。小贴士：比萨可以两种口味“拼起来要”。

金牌土豆比萨、鸡翅、热吉士面、沙拉。

朋友聚餐、情侣约会、休闲社交。

www.dianping.com/chain/21848

秘传餐厅 22 13 15 ￥65

成府路 35 号(华清嘉园对面) ☎62563749

在五道口韩国人聚集地边儿上。在锅盖上烤肉，“和韩剧里看到的一模一样”。每个人发了个“小熊围裙”，穿上“特可爱”。吃完烤肉还可以要两碗米饭放在锅盖上炒着吃，“真的是非常非常的美味”。地方“较小”，价格“较贵”，“不适合人多的聚会”。来吃的“基本都是韩国人”。

烤五花肉、炒米糕、大酱汤、烤牛排。

朋友聚餐。

www.dianping.com/chain/17942

蜜汁烤翅 23 10 9 ￥29

北三环大钟寺爱家国际收藏城后门 ☎82126365

位置“有点偏”，“误打误撞的话很难发现”。地方小，“就 6～7 桌”，“根本坐不下”。但东西确实不错，蜜汁烤翅和骨肉相连都“很有口感”，尤其是蜜汁鸡翅，“甜滋滋的”，“很入味”，总是“吃到不想吃为止”。服务不太好，点菜“只需两分钟”，但接下来却是“漫长的等待”。P. S. 院子里可以停车。

骨肉相连、蜜汁烤翅。

☺ 朋友聚餐。

💻 www.dianping.com/chain/1930576

面爱面

18 14 13 ¥30

王府井大街东方广场地铁层BB30号 ☎85186074

复兴门街5号 ☎68012587

西直门外大街137号(动物园东) ☎68349484

北四环东路108号华堂商场B1楼 ☎64810068

宣武门长椿街甲7号 ☎63021743

更多分店请登陆大众点评网 www.dianping.com

✍ "来这里都是吃面的"。骨汤面面条"有些像方便面","不怎么样"。关键是骨汤,"不知道放了些什么调料","很浓"、"很香"。其他小吃也"喜欢",就是菜量"少了点儿",价钱"不便宜"。店面"整齐干净",服务态度"很好"。

👍 骨汤拉面、红豆汤、日式冰面、人形烧、鸡肉卷、彩豆刨冰。

☺ 情侣约会、朋友聚餐。

💻 www.dianping.com/chain/21905

面包新语 BreadTalk

23 17 17 ¥20

东长安街1号东方新天地BB08B号 ☎85186253

西单君太百货B1楼 ☎66125977

王府井大街138号新东安市场B1楼 ☎65596691

广渠路31号双井家乐福1楼 ☎51909406

复兴门内大街百盛北楼超市B1楼 ☎66010287

中关村大街15号B2楼C293号 ☎51721462

中关村广场家乐福内 ☎51722774

广顺北大街33号嘉茂购物中心1楼 ☎64709178

东长安街1号东方新天地AA73B铺 ☎85152068

✍ 每次经过都会被那里"烤面包的浓香"勾走"走路的力气"。他家"刚出炉的面包"总是带着一种"不可抗拒的力量",吃起来"松软可口","非常不错"。蛋糕也"好吃"。价格虽然"比其他牌子贵些",但就这份口味,"值"。

👍 辣松、印度咖喱饼、芝士蛋糕、抹茶蛋糕、豆豆小平头、松松、香菇六婆。

💻 www.dianping.com/chain/18420

面酷

17 24 17 ¥52

西大望路20号 ☎67749950

和平西街计算机三厂院3号 ☎51309655

✍ "很有特色"的地方。装修走的是"黑色调"的路子,餐具也是"黑色"的,"整体感觉"就是个"酷"

字。开放式的厨房能看见师傅的“面艺表演”，挺“有意思”的。出品是“山西风味的面食和菜肴”，“不是特别可口”，价格也“不便宜”。去那儿大概就是“赶个时髦”。

👍 一根面、刀削面、过油肉。

☺ 朋友聚餐、情侣约会。

💻 www.dianping.com/chain/15450

苗岭酸汤鱼　18　9　13　¥52

东直门内大街 232 号　☎64049765

✍ 吃过不少贵州菜，还是“这家的好吃点”。招牌酸汤鱼“够酸够浓”，小料“齐全”，汤也“好喝”，“非常喜欢”。其他菜肴也“不错”，“不腻”。价格“适中”。就是环境和服务都“差”了点，不过考虑到口味的“地道”，也就“没有那么多要求了”。

👍 酸汤鱼（鲇鱼）、米酒、辣子鸡。

☺ 朋友聚餐。

💻 www.dianping.com/chain/17373

民福居　19　11　13　¥37

惠新东街甲 5 号　☎64928222

灯市口西街 32 号　☎65135141

✍ 又一家“物美价廉”的餐馆。做的是家常菜，口味“纯正”，“量大”、“实惠”。也有很多“老北京小吃”，驴打滚、芥末白菜……样样“经典”。环境“嘈杂”，服务“一般”。总的来说，在附近“溜达”，“顺便去吃吃”还是“不错”的，专程去的话大概就会“失望”了。

👍 烤鸭、水煮鱼、孜然寸骨、木桶猪手。

☺ 朋友聚餐。

💻 www.dianping.com/chain/17278

民间瓦罐煨汤馆　19　18　16　¥51

万寿路甲 15 号　☎68277188

✍ “每次都是冲着汤去的”。汤“真是好喝”，“每次都得喝个大半锅”；菜是“地道”的江西菜，“都有点咸”，“味重”。菜量“不大”，价钱“算公道”。去晚的话，东西就“不全了”，“点什么没什么”，“让人生气”。环境“嘈杂了点”。

👍 排骨莲藕汤、铁板锡纸鲈鱼、粉丝娃娃菜。

☺ 朋友聚餐。

💻 www.dianping.com/chain/22115

民族好世界　21　21　21　¥202

复兴门内大街 49 号(民族宫西) ☎66017948

✍ 粤菜馆。烧鹅一级棒,“油滴滴的”,皮“酥酥”“脆脆”,“一点不肥腻”;芒果布丁“很喜欢”,“每次吃两三份”。服务态度好,“刚”停好车,服务员“就过来接”你进去,“很受重视”的感觉。就是价格“真的不便宜”,“比较适合”宴请。

☺ 商务宴请。

💻 www.dianping.com/chain/17290

名都和源

19 18 15 ¥87

广洼路 19 号皇苑大酒店 1 楼(近北京电视台) ☎68458862

✍ 在皇苑大酒店里,环境“还可以”,“有很多小包间”。食物都“比较新鲜”,处理得“比较干净”。80 元的自助“很实惠”,北极贝、大虾天妇罗、牛肉卷、清酒都有,而且都“不限量”。很多食物的单位是一片或一只,“点餐麻烦”。中午单点 5.8 折优惠。

👍 千岛酱烤牡蛎、三文鱼、北极贝、烤鳗鱼。

☺ 朋友聚餐、情侣约会。

💻 www.dianping.com/chain/63712

名轩

24 27 24 ¥273

首体南路 6 号新世纪饭店 32 楼 ☎68491357

✍ 在五星级饭店的顶层。环境“庄重”、“典雅”、“气派”,“能感觉到一种品位”。全是小包间,“私密性好”,“适合公费请客谈重要事情”。当家的上海菜“精致”、“细腻”,贵得“很有道理”。服务质量当然也“很好”。

👍 水晶虾仁、蟹粉鱼翅、清蒸鲥鱼。

☺ 商务宴请。

💻 www.dianping.com/chain/16400

明阁日本料理

20 17 16 ¥103

东三环白家庄东里甲 3 号(长虹桥南) ☎65063640

✍ 在“松子”旁边。自助“是自取式”,自助区比较“小”,但是“有自己的特色”。生鱼片“挺新鲜”,不过“是限量配送的”;烤鳗鱼“还可以”,但是“不到入口即化的水准”。总的来说,自助的种类“比较少”,价格“真的不便宜”。“要是在松子等不到位子,这里是首选”。

👍 生鱼片、烤鳗鱼、寿司、烤海螺。

☺ 商务宴请、朋友聚餐。

💻 www.dianping.com/chain/15775

明慧茶院

18 26 15 ¥87

温泉镇北安河大觉寺内 ☎62461567

✍ 大觉寺“早已没有僧尼驻扎”，宝殿之内的佛像也“多有衰败”，倒是这茶院“一天比一天做出了名气”。那茶屋与千年古刹“结合”得恰到好处，那“古树”、“古琴”、“宫灯”和穿着“对襟上衣”的倒茶姑娘透着份“和谐”。待到春天的时候，约上“三五知己”，来一壶“香茗”，点上几道江浙菜肴，聊聊“人生快事”，着实“惬意”。

👍 西湖醋鱼。

☺ 休闲社交。

💻 www.dianping.com/chain/15423

缪记蜜汁烤翅

见蜜汁烤翅（183 页）

莫劳龙玺西餐 Morel's 21 18 16 ¥197

工体北路春秀路口（工人体育馆北门对面） ☎64168802

亮马桥路 27 号东座 1 楼 ☎64373939

✍ “欧洲风格”的菜。海虹是“正宗的比利时做法”，“放在白葡萄酒里，加上调味料和洋葱”，煮熟就成了“地道的美味”。鱼汤“很法式”，甜品“可以选择华夫饼”，还有“很多高级的欧洲啤酒”供应。值得一试。

👍 鱼汤。

☺ 朋友聚餐、情侣约会。

💻 www.dianping.com/chain/15425

莫斯科餐厅 20 27 18 ¥118

西直门外大街 135 号展览馆院内 ☎68354454

✍ 老字号的俄式西餐厅。建筑“像宫殿一样”，那四根包铜的大柱子还是那么“霸气”，不由让人“想起苏联来”。菜单一看就“像十几年前的”，菜式“很老”，最好吃的就是“红菜汤”了。价格“还是那么贵”。总之，“非常有怀旧的感觉”，父母一辈的人会喜欢。

👍 红菜汤、奶油烤鱼、奶油烤杂拌、罐焖牛肉、奶油蘑菇汤、首都沙拉、酸黄瓜。

☺ 朋友聚餐、情侣约会。

💻 www.dianping.com/chain/15267

墨西哥风味餐厅 18 20 13 ¥96

东大桥路（近光华路） ☎65063961

✍ 与其说这里是间餐厅，不如用“小酒馆”来形容更适合，木质的地板、壁画中形态各异的仙人掌、宽大的草帽、还有弥漫在空气里的拉丁音乐，“真的很有墨西哥味道”。菜式“出乎意料的好”，海鲜沙拉“新鲜”，“配料丰富”。也有各式各样的玉米片。菜量“挺大”。

👍 海鲜沙拉、比萨。

☺ 情侣约会、休闲、朋友聚餐。

💻 www.dianping.com/chain/21843

牡丹峰

23 | 9 | 13 | ¥60

华龙街中北楼106号 ☎65125133

✍ “算是很老的一家烤肉店”。带油牛肉“是招牌”，片得“大且厚”；小料“是自己调的”，“咸甜适中”，让人“满意”。店面不大，“平常来晚了都要等位”。包房“很小”，“只能坐六个人”，“要是人多最好坐外面”。

👍 带油牛肉、牛舌、五花肉。

☺ 朋友聚餐。

💻 www.dianping.com/chain/17717

木槿苑韩式烤肉

18 | 20 | 17 | ¥48

广渠门内大街16号环境新闻出版大楼1-4楼 ☎67110707

✍ 韩国料理店。营业面积“相当大”，餐桌“相当多”，有“卡座”也有“多人台”，上座率挺“高”的。出品种类“很多”，“烤肉、火锅、比萨”都有。推荐烤肉，蘸上“花椒油”，“不错”。价格也蛮“实惠”的。就是服务员略显“木讷”，换个篦子还得“叫半天”。

👍 烤牛肉、芋头沙拉、石锅拌饭、五花肉、牛舌、冷面、调味牛肉。

☺ 朋友聚餐、情侣约会、休闲社交。

💻 www.dianping.com/chain/18481

木棉庭私家菜

▽ 23 | 32 | 24 | ¥77

三里屯北街北28号楼旁 ☎64168855

✍ 川菜是主打，好吃好看；环境让人赞不绝口；服务周到；掏腰包的时候也不会太心疼。算是个私人聚会的好地方。

☺ 朋友聚餐、情侣约会。

💻 www.dianping.com/chain/17514

木生火烤研院

22 | 12 | 10 | ¥28

北京航天航空大学西门北侧 ☎86771448

✍ 烧烤店子，生意“相当火暴”。座位都是“小学生的抽屉桌”，空气里净是“烟熏火燎”的味道。烤小排果然“好吃”，入口“鲜辣”，“不嫩也不老”；鸡翅分“原味、孜然辣、沙拉、甜辣”四种口味，“很不错”，想着就“馋”了。老板个性挺“随和”的。“推荐大家去试试”。

👍 烤小排、烤鸡翅。

☺ 朋友聚餐、休闲社交。

💻 www.dianping.com/chain/1895740

穆斯林餐厅 23 10 10 ¥24

北京语言大学校园内

✍ 听名字便知道是新疆餐厅，羊肉串“多数时候都不错”，腌得“正好入味”；馕包肉也“很好”，馕“吸满了汤汁”，吃起来“很过瘾”；其他菜“分量都超大”，价格也“很便宜”。仅仅这些还真“和大街上的伊斯兰餐厅没啥区别”，但这家店位于“北语校园内”，“好多外国留学生”去吃，常常是“各色人种”齐全，颇有特色。

👍 羊肉串、手抓饭、馕包肉、大盘鸡。

☺ 朋友聚餐。

💻 www.dianping.com/chain/18686

那家小馆 19 25 17 ¥87

建国门外永安里新华保险大厦南侧(119中学西侧) ☎65673663

香山植物园十字路口南 ☎82598588

✍ “很喜欢”这家馆子，“小小”的门脸“不张扬”，进去后却“别有洞天”——石板地、“竹木结构”的二层小楼、“生机勃勃”的绿色植物、“会说北京话”的鸟儿和“柔和得恰到好处”的灯光，营造出“古月清幽”的贵族感觉。各种“不多见”的满族小菜和“大补”的皇坛子做得“很精致”，价格也“还行”。是个“享受时光的好去处”。

👍 秘制酥皮虾、皇坛子、桂花山药、酱瓜炒银杏。

☺ 朋友聚餐、商务宴请、情侣约会。

💻 www.dianping.com/chain/18684

那里 20 23 13 ¥77

怀柔区红鳟鱼一条沟(近雁栖湖) ☎61627777转

✍ 店子在怀柔，好多北京人都去过。“喜欢”它的“建筑风格”，“依山而建”，“大气”而不失“优雅”。露天就餐区是从游廊“分割”出来的，游廊底下是“小桥流水”，“鹅鸭嬉戏”，“挺有情调”。菜肴大都是“家常”风味，保持着“山野特色”，尤其推荐烤鱼，“非常可口”。虽然价格“贵”了点，还是“值得一去”的。

☺ 休闲社交、朋友聚餐。

💻 www.dianping.com/chain/19255

那么那么越南菜 Nam Nam

17 24 17 ¥115

三里屯北路7号(比利时大使馆对面) ☎64686053

✍ 门脸“很小”，进去后却“别有洞天”。旋转而上的木楼梯，鹅卵石砌成的小池子，昏黄的壁灯，墙上红色的胡志明像，以及转角处的五角星装饰，细微处“尽显越南风情”。菜“很精致”，但“有点越不越泰不泰的”，味道“没有传说中那么好”，也就是“吃个新鲜”。量“小”，“适合两到三个人就餐”。

👍 香茅牛肉、河内生春卷。

☺ 情侣约会、朋友聚餐。

💻 www.dianping.com/chain/15445

奶酪魏

24 7 13 ¥11

牛街清真超市2楼

✍ 老北京小吃。奶酪“确实很赞”——奶香“醇厚”，入口“细腻冰凉”，“口感爽滑”，不愧是“消夏的圣品”。就是碗“小了点”，勺子“好大”，吃着吃着就“赶上猪八戒吃人参果的劲儿了”。价格稍微“贵”了点，环境也真是“差强人意”，但“顺路”的话还是推荐去“尝尝”。

👍 宫廷奶酪、杏仁豆腐、酸梅汤、奶油炸糕。

💻 www.dianping.com/chain/19190

奶酪魏总店

25 13 18 ¥12

广安门内大街202号(牛街北口) ☎63522402

✍ “小小”的店子，“美味”的老字号。“超级无敌”宫廷奶酪“细腻爽滑”，“甜香而不腻人”，还“带着淡淡的米酒味道”，放入口中犹如“初吻一般”，值得“回味再回味”。就是分量“少”了点，一碗“不过瘾”。

👍 宫廷奶酪、杏仁豆腐。

💻 www.dianping.com/chain/1958782

南国水乡

14 25 15 ¥78

玉泉营世界花卉大观园旁(南四环马家楼桥东侧) ☎87500199

✍ 整家饭店“俨然一座植物园”，“满眼绿色”，空气“清新”、“温暖而湿润”，“连呼吸都不自觉变得顺畅起来”。菜系“庞杂”，川菜、粤菜是主打，京菜、火锅、海鲜什么的也有，食材“新鲜”，味道“尚可”。是周末家庭、朋友聚会的好选择。

👍 南国一品南瓜飘、椒香鱼片、烤乳鸽、飘香韭菜饺。

☺ 朋友聚餐、商务宴请。

💻 www.dianping.com/chain/18491

南来顺传统菜 23 12 9 ¥31

陶然亭公园北门对面 ☎83523011

✍ 回民馆子。羊蝎子“很不错”，尤其是“红汤”，吃着“暖洋洋的”，里头的骨髓“轻轻一嘬”，真赞！炒菜也“不错”，挺“香”的。就是服务员好像“没经过培训”，“永远手忙脚乱的”。

☺ 家庭聚餐、朋友聚餐。

💻 www.dianping.com/chain/83028

南来顺饭庄 17 12 10 ¥30

南菜园街 12 号(大观园西门南侧) ☎63534720

✍ 回民馆子，“正宗的清真老字号”。小吃种类“比较全”，豆腐脑、奶油炸糕、豌豆黄……味道都“很好”。炒菜也“不错”，就是得趁热吃，凉了有点“腻”。价格“不贵”。重新装修过后店堂“干净了不少”。没事的时候“常去”。

👍 豆腐脑、奶油炸糕、豌豆黄、羊肉串、门丁肉饼。

☺ 朋友聚餐。

💻 www.dianping.com/chain/15705

倪氏海鲜 21 26 24 ¥277

北四环中路 229 号海泰大厦 1-5 楼 ☎82885077

莲花池东路 2 号(公安大学南门) ☎63345677

✍ 这里的“胶东海鲜”做得“精细”、“醇厚”，“口味很好”又“新派”；服务“周到”，环境“高档”，餐厅“几层楼”，包间“数不清”。当然，价格也“贵点儿”，自己去肯定“心疼钱”。P.S. 四楼的自助便宜得多，菜也“很不错”，可以“吃到爽”。

👍 包子、海参、蒜蓉蒸扇贝、老醋蜇头。

☺ 商务宴请。

💻 www.dianping.com/chain/18856

廿一客 21cake 23 15 21 ¥105

大黄庄花园闸北里 12 号 ☎65712266

✍ “很有特色”的“网络蛋糕店”，出售的蛋糕都是顾客“预订”后直接“送”上门的。盒子和刀叉长着副“可爱”的模样，看得出店家的“用心”。和“传统”的蛋糕不同，每一小块蛋糕都是用塑料纸“独立”包装的，不用担心会在路上“化掉”。品质更是“没话说”——“入嘴的那一刻”就知道它“值那个价钱了”。小贴士：五环外要加收 10 元交通费。

💻 www.dianping.com/chain/63329

娘惹厨房

20 21 18 ¥51

丽都饭店对面高家园小区内高家园中学旁 ☎64337377

✍ “闹中取静”的马来餐厅。“温馨”、“优雅”、“简洁”，富有“热带风情”。东西都“很精致”，口味“适中”，分量稍嫌“小”了点，价格“比较贵”。路过的话可以去试试。

☺ 情侣约会、休闲社交、朋友聚餐。

💻 www.dianping.com/chain/18689

鸟哥鸡翅

见韩馋翅吧（116 页）

柠檬叶泰印餐厅

17 17 16 ¥61

建国门外大街 17 号(友谊商店旁) ☎65913100

建国门外大街甲 1 号金之桥大厦 1 层东侧 ☎65003855

✍ 吃印度菜、泰国菜的地方。周一至周五中午 11 点半有自助餐，虽然“可选择的东西比较少”，但味道“还可以”，有“免费酸奶”，“当工作餐吃挺不错的”。环境感觉“还算舒服”，来吃的外国人很多。

👍 冬荫功汤、咖喱、鱼饼。

☺ 朋友聚餐、情侣约会。

💻 www.dianping.com/chain/21838

柠檬叶子 Lemon Leaf

19 21 17 ¥77

霄云路 15 号 ☎64625505

✍ 吴奇隆的店，“泰式风格”的小馆子。有炒菜也有火锅。传说中的奔驰锅是从“六种口味的锅底”中选出“三种口味”组合，“超推荐”咖喱味和泰式酸辣味，每次都能和朋友“胡吃海塞一通”。饭后还有店家“赠送”的红豆冰山“作完美的收场”，让人感觉“很贴心”。店堂装修小有“特色”。总的来说，值得“专门”去尝尝。

👍 奔驰火锅、红豆冰山、蔬菜桶、泰式奶茶。

☺ 朋友聚餐、情侣约会、休闲社交。

💻 www.dianping.com/chain/15411

牛大碗面馆

23 10 14 ¥14

多家连锁店

✍ 店如其名，还“真放着一只很大的碗”。招牌牛肉面味道“很浓”，也“挺实在”，“大碗”，分量“足”。牛肉炒面也非常好吃，还有烤串、盖饭、炒菜、啤酒……总之，都是“很便宜的美味”。而且 24 小时营业，“很方便”，是“解决温饱的好地方”。

拉面、烤串、牛大盖浇饭、烤馒头片、羊肉串。

www.dianping.com/chain/18257

帕米尔食府 18 15 12 ¥39

莲花池东路丙3号(白云桥西) ☎63263635

文慧园北路45号(近今典花园) ☎62225858

“值得推荐”的新疆馆子。“菜量大口味正”，羊肉串可以“用巨大来形容”，吃个“一两串”就“饱”了；大盘鸡也“不错”，里面的土豆很“好吃”；拉条子特“地道”，就是吃多了“有点腻”。价格“不贵”，性价比“突出”。装修以后环境“好多”了，就是服务还“跟不上”，“人多的时候需要不停地催”。

羊肉串、大盘鸡、拉条子、炒片、手抓饭。

朋友聚餐。

www.dianping.com/chain/17304

彭氏西门鸡翅 18 3 8 ¥26

中关村北大街清华西门外

从北大西门搬到了清华西门，依然“那么火”。老远就看见“烟雾缭绕”，“一片灯火通明”。鸡翅“先腌后烤”，表面“刷盐水”，“焦中带脆”，“越啃越香”，味道还“真不错”。除去鸡翅，其他东西就“很一般”了。

朋友聚餐。

www.dianping.com/chain/19003

品诺意大利餐厅 BRAVO 18 17 15 ¥34

广渠门外大街8号优士阁C座1楼(近双井桥西) ☎58614687

中关村东路(易初莲花超市旁) ☎51779058

北四环西路52号中芯数码大厦1楼 ☎51722902

望京街9号望京国际商业中心1楼 ☎59203507

一家“超级合算”的意大利餐厅，在北京是“绝无仅有的实惠”。食物“品种丰富”，头盘、汤、主菜、主食、比萨、甜点、酒水饮料“非常齐全”，口味虽“不能说正宗”，但却“没有因为价格的低廉而变得粗劣”。如果您不是个“过于挑剔”的人，一定会对这里很满意的。小贴士：能外送。

肉酱多利亚饭、鸡翅、烤鸡腿、金枪鱼多利亚饭、比萨、金枪鱼沙拉、牛肉汤。

朋友聚餐、情侣约会、休闲。

www.dianping.com/chain/19511

品奇比萨 17 18 16 ¥56

北礼士路102号华联商厦西侧2楼 ☎88377638
崇外大街40号 ☎51671192
西直门外大街137号(白石桥家乐福旁) ☎88371668
玉蜓桥物美大卖场旁 ☎58070392
建国路88号SOHO现代城A区S0801 ☎85804419
西长安街88号西单时代广场B1楼 ☎83914583
五道口华清嘉园7号楼(易初莲花十字路口南) ☎82864385
广顺北大街33号嘉茂购物中心 ☎64713800

✍ 整个店给人的感觉“很休闲”、“很年轻”。最喜欢吃他家的卷边比萨，厚边里面是芝士和香肠，“芝士加得多”，一端上来总是“伴随着一股浓浓的香味”。鸡翅也不错。“经常有优惠活动”，“比必胜客实惠”。服务“很热情”。外送电话：4008113113。

👍 卷边比萨、鸡翅、鸡香荟萃、墨鱼卷、沙拉。

☺ 朋友聚餐、情侣约会、休闲。

💻 www.dianping.com/chain/18802

品源阁

23 | 22 | 19 | ¥46

小营路5号中天大厦1-3楼(惠新东桥北) ☎51313019

✍ 川菜馆子。菜肴味道“还可以”，分量“十足”，推陈出新“挺快”的。尤其喜欢水煮鱼，每每都能“惦记着”。环境“蛮好”的，价位也“合理”，性价比“不错”。

👍 水煮鱼、糯米排骨。

☺ 朋友聚餐、家庭聚餐、商务宴请、情侣约会。

💻 www.dianping.com/chain/20218

品质伊犁

23 | 4 | 8 | ¥20

万泉庄路城乡仓储超市北侧胡同内19中学对面

✍ 人民大学周边两大实惠地之一。烤羊腿“外焦里嫩”，还有一点“淡淡的甜味”；羊肉串好吃，一个字“香”，两个字“痛快”；其他新疆风味的食品也不错。适合几个哥们去随便吃吃，“热闹一下”。环境“很简陋”。

👍 羊腿、羊肉串、肉筋、炒面片、大盘鸡。

☺ 朋友聚餐。

💻 www.dianping.com/chain/79742

平壤海棠花

19 | 18 | 21 | ¥104

新源西里中街8号 ☎64616295
望京科技园利泽中二路1号 ☎64390916

✍ “正宗的朝鲜菜馆”。服务员全是“从朝鲜过来”的小姑娘，“特水灵”，说起话来“轻声细语”的，态度“非常非常好”，还“能歌善舞”，可以在包房里为食客们表演。就是中国话“不太利落”，沟通起来有点麻烦。

出品是“地道”的朝鲜菜，可能有些人会“不大适应”，价格“非常贵”。去的多是朝鲜人、韩国人。

冷面、泡菜。

商务宴请、朋友聚餐、情侣约会。

www.dianping.com/chain/15375

坪亭日本料理 22 25 22 ¥96

海淀南路26号 ☎62538919

日本料理店中“比较喜欢”的一家。能单点也能吃自助，“没有时间限制”。菜品似乎经过了“改良”，“适合中国人”。“最爱”烤鳗鱼，“小小的一串”，“香得没话说”；三文鱼“很好”，就是切片“有些厚”。店子“不大”，气氛“不错”，有“吃日餐的情调”。

烤鳗鱼、三文鱼、北极贝、什锦天妇罗。

情侣约会、朋友聚餐、休闲社交。

www.dianping.com/chain/19109

坪亭铁板烧 25 23 24 ¥136

亚运村慧忠北路雅园5号楼3楼(飘亮广场东北角) ☎64969392

“像日剧中的场景”——几个人围坐在一块大铁板周围，你点菜，大师傅“热情地”给你烤。东西都“很新鲜”，师傅手艺也“很到家”。服务员态度很好，“多点几次，也不会不耐烦”。环境“优雅”，高高的靠背沙发“挺舒服的”。就是价格“有点贵”。

黑虎虾、扇贝、凤尾虾、火焰菲力牛排、三文鱼、火焰冰淇淋、银鳕鱼、北极贝。

情侣约会、朋友聚餐。

www.dianping.com/chain/70662

普拉那啤酒坊 24 24 19 ¥164

亮马桥路50号凯宾斯基饭店1楼 ☎64653388-5732

有名的德国啤酒坊。菜量“大”，香肠、猪膝“诱人”，但最棒的还是自酿的啤酒，“新鲜”、“香甜”，“真的很好喝”。环境布置也很特别，“大大”的啤酒筒，“木制的粗粗的”桌椅，“让人联想到那个耿直而认真的国家”。夏天的晚上，还可以“在露天花园里用餐”，凉风轻袭，“很舒服”。

自酿啤酒、香肠、烤猪膝、酸菜、面包。

朋友聚餐、休闲。

www.dianping.com/chain/15322

七宝帆酒楼大船 19 11 11 ¥28

方庄芳古园小区1区9号 ☎67613833

✍ 久住方庄的人，一提起“大船”就会“哈哈一笑”。确实，大船的造型“挺吸引人的”。要说吃的，“就是家常菜”，虽然味道“不咋地”，但是“有优点”，量“大”，价格“很便宜”。“经典之作”就是蟹黄狮子头，大得“有点恐怖”，“犹如一个小皮球一样”，“在大海碗里一飘一冒的”。有机会去一次吧。

👍 蟹黄狮子头、油泼白菜、张飞牛肉、水煮鱼。

☺ 朋友聚餐。

💻 www.dianping.com/chain/17425

七彩云南大酒楼

20 29 24 ¥174

月坛北街26号恒华国际商务中心 ☎58566099

✍ 装修“好豪华”，到处是“玉石”陪衬，“连筷子都带假玉”。所有包间都以“云南地名”命名，“很有特色”。吃的可算是“云南的贵族菜”了。据说“所有的原材料都是从云南空运来的”，特别是各种蘑菇，“很新鲜”，而且好多“在别的地方吃不到”。美中不足的是菜肴味道“普普通通”，“吃不出什么滇味”。价格真“够贵”的，“100元也不见得吃得到什么”，“只适合商务宴请”。

👍 汽锅鸡、竹筒饭、虎掌菌。

💻 www.dianping.com/chain/18515

起士林西餐厅

19 14 15 ¥64

南河沿华龙街中段206号 ☎65597735

✍ 天津的老字号，“久经考验”的俄式西餐厅。一进去，就“很有旧时代的感觉”，布置“很怀旧”，家具“都是木制的”，灯光昏暗。吃饭的人不少，很多是“老爷爷、老奶奶带领全家人”一起来的，“很热闹”。消费“很超值”。

👍 罐焖牛肉、奶油烤杂拌、奶油蘑菇汤、起士林沙拉、拿破仑、奶油烤鱼、炸猪排。

☺ 朋友聚餐、情侣约会。

💻 www.dianping.com/chain/21871

桥场饭屋

25 25 19 ¥325

建国门外大街国贸桥南燕园宾馆旁 ☎67710218

✍ “非常正宗”的日本料理店。各种菜品都“很棒”！有一道牛肉是“厨师长自创”的，结合了一点“西餐技法”，入味“十足”，口感“绝美”。店内布置得“小巧”而“雅致”，外头的“小院子”在阳光的照射下“鲜艳动人”。价格么，自然也是“相当的贵”。不过，就冲着那份“东瀛厨师的专业和创新”，“一定会再去”。

☺ 情侣约会。
💻 www.dianping.com/chain/15421

桥香园过桥米线 22 13 13 ¥22

王府井大街 201 号利生体育百货 1 楼 ☎65273216
海淀大街 34 号华海大厦 1 楼 ☎85641224
双榆树东里 40 号(华星影院旁) ☎82118081
东单北大街 76 号(协和医院对面) ☎65260973
建国路 88 号 SOHO 现代城 ☎85804409

✍ 云南过桥米线的“知名品牌”。米线分“秀才、举人、进士、状元几种”，价格“从 12 元到 60 元不等”。汤是鸡汤，“鲜香润口”；米线“爽滑”；配菜倒入“滚烫的汤汁里”，吃起来“回味无穷”。冬天一碗下肚，“舒坦”。就是味精“浓”了点，吃完以后“满口”都是它的味道。一两一两卖的小菜也“不错”。用餐高峰期“人很多”，环境相对“嘈杂些”。

👍 过桥米线、木瓜水、汽锅鸡、糖醋排骨、红油血旺。
☺ 朋友聚餐。
💻 www.dianping.com/chain/18898

俏江南 South Beauty 19 26 21 ¥115

东长安街 1 号东方广场 B1 楼 BB88 号 ☎85186971
工体北路甲 2 号盈科中心太平洋百货 3 楼 ☎65393502
科学院南路 2 号融科资讯中心 A 座 1 楼 ☎82861698
建国门外大街 1 号国贸西楼 2 楼 L220 号 ☎65050809
安立路 68 号阳光广场 1 楼 ☎64951201
金融大街甲 16 号顺成饭店 1 楼 ☎66228989
东直门外大街 48 号东方银座 4 楼 ☎84476171
朝阳门北大街 6 号首创大厦 2 楼 ☎85282330
建国门内大街 18 号恒基中心 1 楼 ☎65187603
中关村北大街 151 号 ☎58876015
光华路 1 号嘉里中心商场 B1 楼 ☎85299458
华远路 7 号 7-1(中国银行总部西) ☎58518498

✍ “精品”川菜馆。出品是“改良”过的川菜，“形式大于内容”，味道也就“那么回事儿”。相比之下“更值得推荐”的是环境和服务——“小桥流水”，“舒适幽雅”，整体给人的“第一印象很好”；服务生大都“彬彬有礼”，“热情”而“周到”。价格走的是“高端路线”，适合“宴请”。

👍 江石滚肥牛、水煮鱼、麻酱油麦菜、石烹豆花、摇滚沙拉、晾衣白肉。
☺ 商务宴请、朋友聚餐、情侣约会。
💻 www.dianping.com/chain/21863

秦鸿食府

22 | 12 | 12 | ¥22

科学院南路知春里甲 23 号(近知春路口) ☎62562988

✍ 室内装修"很陕西风格",红辣椒串、苞谷棒串,"梦回秦川"。来这里"多半就是吃面",臊子面、油泼面都"很地道"、"很美味"。量"大","便宜",附近学校的学生经常光顾。

👍 肉夹馍、凉皮、岐山臊子面、油泼面。

☺ 朋友聚餐。

💻 www.dianping.com/chain/16552

秦记香辣蟹

22 | 13 | 13 | ¥82

亚运村慧忠路安慧里 2 区 1 号楼 ☎64962119

方庄芳星园 2 区 9 号楼 ☎67619110

西直门外高粱桥斜街 40 号上园饭店西配楼 ☎62270039

松榆东里 17 号楼(华威桥东) ☎67311622

✍ 蟹啊虾啊鱼啊都"还可以",配菜也"很入味"。最近价格"涨了不少",量却"小了不少",有些让人"失望"。环境和服务么,都"不敢恭维"。

👍 香辣蟹、笋丁、乌江鱼、香辣虾。

☺ 朋友聚餐。

💻 www.dianping.com/chain/22064

秦唐府

24 | 21 | 18 | ¥30

朝阳门内南小街 69 号 ☎65598135

✍ "陕西风味"的小店。吃的都是"实在的东西",几样下肚就饱了。油泼扯面、岐山臊子面、 米皮"没有不爱吃的",就着"辣椒油",绝对"地道"。光吃面不够,一般再来个肉夹馍,"刚烤出来的",那叫一个"香"!环境"蛮有地方特色的",桌子底下还有个筐让你"放东西"。唯一不好的就是椅子"特别矮",腿脚"伸不开",坐着吃饭"窝得慌"。

👍 肉夹馍、米皮、稠酒、酸汤水饺、油泼扯面、臊子面。

☺ 朋友聚餐。

💻 www.dianping.com/chain/18723

沁园餐厅

18 | 19 | 20 | ¥137

将台路 6 号丽都假日酒店内 ☎64376688-1971

✍ 可以选择单点和自助两种形式,自助是主打,会举办各种美食节。环境好,大而安静。老外很多。

💻 www.dianping.com/chain/17870

青稞缘

21 | 11 | 14 | ¥33

广安门外广华轩 2 号楼 ☎63413693

✍ 青海电力局驻京办事处的餐厅，做的“自然是地道的青海菜”。“自制”酸奶“真好喝”，“洁白、浓稠、细腻”，用小勺舀着吃，“酸甜适度”，“特别爽口”。洋芋盖被，这里的“镇店压桌菜”，“一口大黑锅”端上来，一层薄饼，一层带皮羊小排，一层土豆片，还有“掺杂其间”的洋葱丝，“太香了”。酿皮和炒片也都“值得一试”。爱西北口味的、爱吃羊肉的朋友一定别错过这里。

👍 洋芋盖被、酸奶、酿皮。

☺ 朋友聚餐。

💻 www.dianping.com/chain/17997

清太郎日本料理 21 19 21 ¥73

万寿路西街2号文博大厦B1楼 ☎68226199

✍ 在酒店的地下一层，布局“很宽敞”，人“不是很多”，“很清静”。料理自助分几个档次，68元的自助“还算实惠”，三文鱼“很新鲜”，烤鳗鱼味道也不错。服务特别好，“有求必应”，而且上菜“速度很快”。

👍 烤鳗鱼、生鱼片。

☺ 情侣约会、休闲、朋友聚餐。

💻 www.dianping.com/chain/20395

清香阁 20 19 16 ¥60

中纺街5号 ☎65079001

阜城门外大街甲28号 ☎68092006

✍ 北京“少有”的“清真海鲜馆”，“聚餐的好地儿”。海鲜做的是大连口味，凉菜热菜种类“多”，菜量“不小”，价格“不贵”，绝对称得上“物美价廉”。环境“不错”，就是店里有条“不成文的规定”：“打烊之前不清扫地面”，选桌的时候可得注意了，别坐定了才发现脚底下“狼藉一片”。

☺ 朋友聚餐。

💻 www.dianping.com/chain/21669

清真美食苑 24 15 12 ¥50

皂君庙2号新疆巴州驻京办事处 ☎62115556转

✍ 巴州驻京办事处的清真馆子，“绝对正宗的新疆口味”。羊肉据说是“从巴州空运来北京的”，果然“一点儿都不膻”。酸奶真是“特别的稠”也“非常的酸”，放了糖吃巨“香”。菜量“不小”，价格“不便宜”，大概是“三大驻京办中最贵的”。

👍 羊肉串、酸奶、大盘鸡、馕包肉、烤包子、手抓饭。

☺ 朋友聚餐。

💻 www.dianping.com/chain/17887

庆丰包子铺

18 12 11 ¥12

新街口南大街 16 号 ☎66182636
西安门大街 85 号 ☎66175487
木樨地 22 号楼后(近复兴医院住院处正门) ☎63481988
西四南大街 107 号 ☎66179743
北新华街 63 号 ☎66056150
更多分店请登陆大众点评网 www.dianping.com

✍ "老字号","老包子",馅料"实在",调料"老到",就着"一碗炒肝"下肚,那种"老北京"的风味还是挺"享受"的。当然,比起"从前"的庆丰,味道还是"差了不少"。

💻 www.dianping.com/chain/21922

庆云楼 Nuage

15 26 16 ¥131

什刹海前海东沿 22 号 ☎64019581

✍ 北京最有"姿态"的饭馆之一。从"仄仄"的楼梯走上去,边上是一行"东南亚风格的木雕"。屋顶垂下"长长的纱幕","淡淡"的灯光从竹编的缝隙里"透出来"。水墙、佛像、黄包车式的座椅……处处弥漫着"东方"气息。越南菜做得"马马虎虎",分量也"少"了点——在这里,吃的也就是"情调"而已。

👍 越南春卷、木瓜沙拉。
☺ 情侣约会、朋友聚餐、商务宴请。
💻 www.dianping.com/chain/15451

秋栗香

26 9 11 ¥14

地安门西大街 2 号(地安门十字路口) ☎64016838
劲松中街 319 号(劲松电影院斜对面) ☎67736331

✍ "说实话,还是他家栗子最好"——个头"大","很容易"剥,而且不管热的凉的都好吃,"又香又糯"。就是人太多,每次都"得排个半小时以上的队",想买的话"要做好思想准备"。P. S. 还有很多其它的炒货可买。

💻 www.dianping.com/chain/62413

全聚德烤鸭店

22 19 16 ¥114

前门大街 32 号 ☎65112418
前门西大街 14 号楼 ☎63023062
王府井大街帅府园胡同 9 号 ☎65253310
慧忠北里 309 号天创世缘 A 座 1-3 楼 ☎64801686
复兴路 44 号 ☎68276551
东三环北路甲 2 号京信大厦 1 楼 ☎84492760

蒲方路 18 号(方庄环岛东南角家乐福对面) ☎67602008
东交民巷 44 号 ☎65122265
光明桥劲松八区 826 楼 ☎67712197
西坝河西里 16 号 ☎64207763
昌平区城关镇阳光大厦 ☎69704274
中关村东路 1 号院(清华科技园科技大厦 A 座 1 楼) ☎82150018
西翠路 9 号 ☎68239011
东大桥路 8 号秀水大厦 6 楼 ☎51699058

✍"来就是为了吃个名气"。刚出炉的烤鸭,"油亮亮"、"香喷喷"的,"一点也不腻",酱也"香甜可口"。不过记得一定要叫"整只的",可以感受一下"传说中厨师的 108 刀"。其他菜基本上都是和鸭子有关的,味道也可以。价格"较高",而且要收 10%的服务费。

👍 烤鸭、火燎鸭心、盐水鸭肝、芥末鸭掌。

☺ 商务宴请、朋友聚餐。

💻 www.dianping.com/chain/21904

全素斋 23 11 9 ¥20

王府井大街 213 号 ☎65250741

✍ "每次去王府井必买"。他家外卖的素菜"基本都是各种豆制品做成的",味道和外观"实在逼真","素什锦、香菇面筋、烧四宝和孜然羊肉"都是"一等一的好吃"。就是"油太大了",价格也"贵了点儿",而且"一次不能买太多","容易坏"。服务算是"老字号的通病"——"态度平平","说要一点就给一大堆"。提醒:不能堂吃。

💻 www.dianping.com/chain/17339

全鑫园烤鸭店 18 12 12 ¥43

东三环农光南里 12 楼 ☎67320915
体育馆路 10 号体育宾馆 2 楼 ☎67151058
岱头西里田中园饭店 1 楼 ☎67365703

✍ 他家的烤鸭可真"大",瘦肉"多"肥肉"少",适合不喜欢油腻的人。其他菜肴都是"大众"面孔,"不出彩",可也"挑不出什么大缺点"。价格"不贵"。饭点的时候"人总是那么多"。

👍 烤鸭、乌江鱼、糖醋排骨、老醋蛰头。

☺ 朋友聚餐。

💻 www.dianping.com/chain/16222

全州馆韩国料理 19 17 18 ¥71

广顺北大街 423 号 2 楼 ☎64751500

✍ "很专业"的韩国馆。老板"是韩国人",电视放的“是韩国电视台的节目”，周围的吃客“80%都是韩国人”；餐具是“精心挑选”过的，都是“传统的银质筷子和瓷制碗碟”；送的菜“吓死人”，“桌子宽度一样的长盘里全部是各种蔬菜”；烤肉的排风系统也设计得很“讲究”，“完全没有别家店里呛人的油烟”。

👍 南瓜粥、烤五花肉。

☺ 朋友聚餐。

💻 www.dianping.com/chain/18777

权金城

21 | 17 | 17 | ¥51

北太平庄花园东路 8 号 ☎82015678

海淀南路 4 号(黄庄路口) ☎82618261

西直门内大街南草场街甲 11 号 ☎66185151

增光路甘家口大厦北楼 2 楼 ☎88386868

皂君庙路甲 24 号 ☎62111822

颐和园路 37 号 ☎62880977

清河小区永泰东里 36 号 ☎62994466

昌平区西关南路三角地 3 号 ☎80118840

顺义区府前西街路南 ☎69447875

永定路 4 号院(定慧桥西北) ☎68286688

大成南里一区东楼 ☎51762623

房山区燕山东风街 9 号东风饭店 1 楼 ☎69336689

✍ 韩国烤肉店，“吃烤肉的好地方”。点普通的牛羊肉就行，都“很嫩”，“隔三差五就想来吃”。记得一定要喝那个茶，“芬芳馥郁”，“齿颊留香”。服务生帮着“从头烤到尾”，还“经常添”茶水，“很殷勤”。就是环境实在“嘈杂”，而且“每次都要排队”。

👍 石锅拌饭、五花肉、牛舌、冷面、牛排、烤牛肉、辣白菜炒饭。

☺ 朋友聚餐。

💻 www.dianping.com/chain/22075

日本桥

24 | 23 | 21 | ¥119

光华路 1 号嘉里中心商场 1 楼 106 室 ☎85299418

✍ 嘉里中心一楼的日式餐厅。工作日有“商务套餐”，也能单点；节假日提供自助。出品“非常正宗”，烤鳗鱼“相当经典”，海鲜刺身总汇“百吃不厌”。量“不多”也“不算少”，服务“到位”。就是价格“贵”了些，“吃饭贵”，“停车也贵”。

☺ 商务宴请、情侣约会、朋友聚餐。

💻 www.dianping.com/chain/22018

日昌餐厅

22 | 11 | 13 | ¥45

地安门西大街 14 号(近北海北门) ☎64058205

东单北大街 72 号外交部街胡同口 ☎65251783
花园东路 8 号 ☎82038155
大兴区亦庄开发区上海沙龙 2 楼 ☎67804330

✍ 港式茶餐厅。口味稍稍有些“本土化”，虽“不正宗”，却极其适合北京人。煲仔饭系列真的是“爱到不行”，米饭粒粒“饱满有韧劲”，拌上酱汁和叉烧，“那叫一个香”！分量还特别“大”，胃口小的“两个都吃不完”。其他菜肴也“不错”。价格“不贵”。环境嘛就一般般了。小贴士：有“当日的香港报纸”可看。

👍 煲仔饭、纸包系列、水果捞、红豆冰、例汤、奶茶、避风塘墨鱼仔。

☺ 朋友聚餐、休闲社交、情侣约会。

💻 www.dianping.com/chain/21854

日坛会馆 18 31 22 ¥286

日坛公园西南角 ☎65919519

✍ “最喜欢”这里的环境：“庭院式”的建筑，“静谧祥和”，“气度不凡”，很有些“皇家风范”，后院一角通往日坛公园，“曲折有致”。室内格局、房间里的家什摆设也“非常不错”。做的是“官府菜”，色、香、味“皆可”，只是价格“太过昂贵”了，“一般人实在消费不起”。

☺ 商务宴请。

💻 www.dianping.com/chain/19053

蓉园餐厅 21 25 22 ¥358

东长安街 35 号贵宾楼饭店 2 楼 ☎65137788 转

✍ 中菜西吃，实行分餐制。菜是川菜，都做得“很精致”。最后一道枣泥核桃酪，带着“枣香、核桃香”，“够烫”、“够滑”。

👍 枣泥核桃酪、白菜、海鲜。

☺ 商务宴请、朋友聚餐。

💻 www.dianping.com/chain/16077

瑞宾楼 22 9 8 ¥14

赵公口 7 号 ☎87263302
什刹海后海孝友胡同九门小吃内

✍ “想吃褡裢火烧，还得来这里”。褡裢火烧“色泽金黄”，“外脆里嫩”，“馅料十足”。三鲜馅的、猪肉大葱的和牛肉的都“特香”，不过“一定要刚出锅的时候趁热吃”。记住，店里人比较“多”，进去后“要自己找座”，“有空座就赶紧坐”。

👍 三鲜馅褡裢火烧、 酸辣汤、小米粥、猪肉大葱褡裢火烧。

💻 www.dianping.com/chain/17263

润丰园风情小馆 21 8 11 ¥21

中关村北一街4号(近中科院化学所) ☎82611647

✍ 地方“小”，环境也“不怎么样”，“破破旧旧的”，桌椅“很简单”。可是，菜“真是好吃啊”，量“大”，而且“便宜”，是个“好地方”。“每次来都要排队”，“有点郁闷”。建议老板“多买几张桌子摆外面”。

👍 平锅鲶鱼、地三鲜、木须肉。

☺ 朋友聚餐。

💻 www.dianping.com/chain/67166

萨拉伯尔 Sorabol 22 20 21 ¥157

亮马桥路50号燕莎友谊商城B1楼 ☎64653388-5720

复兴门内大街45号 ☎66094135

西三环北路100号金玉大厦B1楼 ☎68727218

东三环北路8号亮马河大厦2楼 ☎65906688-5118

王府井大街金鱼胡同3号和平宾馆1楼 ☎65128833-5711

望京南湖东园中福百货5楼 ☎84712082

方庄芳星园2区6号贵友大厦5楼 ☎87679066

北三环东路2号中旅大厦2楼 ☎64622288-5317

慈云寺43号楼(慈云寺桥南100米) ☎65917005

✍ 韩国料理店。火锅面“好吃得不得了”，那叫一个“鲜”啊，“一定要试试”；烤肉是“服务员帮忙烤的”，“不用自己动手”，每次都要“吃到撑”。环境和服务都“挺好”的。就是价格忒“贵”了点，尤其是“酒水”，自己掏银子的话可得“心疼”了。

👍 火锅面、烤牛排、烤牛舌、石锅拌饭、烤牛肉、烤五花肉、烤鳗鱼、生拌牛肉。

☺ 商务宴请、朋友聚餐、情侣约会。

💻 www.dianping.com/chain/21815

塞外香驴大酒家 23 12 14 ¥41

西黄村西口八大处路 ☎88701365

✍ 驴肉火锅是“一绝”。用冬瓜“垫底”，上面“满满地”堆着“大块”驴肉，炖得那是“又香又烂”，量也“特足”，“小锅都能够三四个人吃”。大冬天里，热气腾腾地来上一锅，再要几个时令蔬菜一起涮，真是“够过瘾的”。P. S. 记得要点带皮驴肉，美容又滋补。

👍 驴肉火锅、驴肉火烧。

☺ 朋友聚餐。

💻 www.dianping.com/chain/18842

赛百味 SUBWAY 20 14 16 ¥27

科学院南路44号(华星影院旁) ☎82110489

崇文门外大街5号新世界商场二期B1楼 ☎67089419
工体北门对面 ☎64169480
建国门外大街1号国贸B2楼 ☎65059797
日坛路6号新族大厦1楼 ☎65955379
更多分店请登陆大众点评网 www.dianping.com

✍ "健康"的快餐食品。三明治"口味清淡",里面放了蔬菜,感觉"比其他快餐营养价值高一点"。最经典的是金枪鱼三明治,"绝对不能错过"。每周二有"买一送一"活动——花一份钱"享受"两种口味,"实惠得紧"。美中不足的是中午人很多,"常要排队"。

👍 金枪鱼三明治。

💻 www.dianping.com/chain/21876

三个贵州人 19 17 14 ¥73

建国门外光华西里6号 ☎65021733
东三环中路39号建外SOHO0717号商铺 ☎58690598
北四环西路58号理想国际大厦2楼(近海淀图书城) ☎82607678
龙禧二街回龙观风雅园二区 ☎81738550
工体西路8号2楼 ☎65518517

✍ 贵州菜馆。出品"很有些地方特色","酸香可口"。最好吃的要数酸汤鱼,"蘸"上小料特"香"。不过有的人可能"不大能适应"。装修"简单",环境"挺舒服的"。价格可"真够贵的",性价比"不高"。

👍 酸汤鱼、米豆腐、蕨粑炒腊肉、黔味凉粉。

☺ 朋友聚餐、情侣约会、商务宴请、休闲社交。

💻 www.dianping.com/chain/15720

三个亭重庆火锅 22 8 10 ¥41

白云路甲5号(近白云观) ☎63441735
西便门外大街10号 ☎68021374

✍ "很过瘾"的一家火锅店。白汤"鲜美",红汤"地道"——"火红火红的辣","只觉得辣嘴","不觉得辣心",吃起来"够爽"、"够劲"。饭后还有"银耳汤"送,正好能"解辣"。"价格便宜量又足",随便吃吃"特别实惠"。就是环境"不怎么样",卫生条件也"次了点",不过,就这也破坏不了吃饭的"好心情"。

👍 鸳鸯火锅、豆皮、羊肉。

☺ 朋友聚餐。

💻 www.dianping.com/chain/22138

三和烤肉 19 16 16 ¥44

惠新东街16号楼(外经贸大学西门对面) ☎64936286

✍ 韩式烤肉馆。烤物选料"精致",品种"丰富",味道在韩餐馆里“属于中上等”；冷面、石锅拌饭都“非常地道”；送的小菜也“不错”，“不是糊弄事的”。价格“合理”，性价比超“高”。环境“一般”，挺“舒心”的。周末“人多比较吵”，可以坐“小包”。

👍 冷面、石锅拌饭、三和拌菜、肥牛、辣白菜炒饭、辣白菜炒五花肉、铁板鳗鱼。

☺ 朋友聚餐、情侣约会。

💻 www.dianping.com/chain/18134

三姐家乡菜

22 10 16 ¥31

紫竹院路车道沟1号富龙之家宾馆1楼 ☎68479138

✍ “简直都快成了咱家的食堂了”。是“很正宗”的云南风味，“和在昆明吃的一样棒”。过桥米线18元1大锅，“超值”。只是环境“简陋”了些，地方“僻静”了点。

👍 过桥米线、三姐烧鱼、酸菜鱼。

☺ 朋友聚餐。

💻 www.dianping.com/chain/18346

三苏酒楼

20 19 16 ¥53

华严北里40号 ☎82842116

望花路10号院6号楼 ☎64732080

✍ 开了“好几年”了。店面看着“很气派”，也“很干净”。菜品“跟其他川菜馆没什么太大区别”，但“都还不错”，“没点过什么特别失败的菜”。分量“不少”，“性价比很高”。服务“还算周到”。人气“一直都特别旺”，门口车位“基本都是满的”，包间“一定要提前订”。

👍 东坡肘子、东坡肉、泡菜、干煸竹笋。

☺ 朋友聚餐、商务宴请。

💻 www.dianping.com/chain/17692

三阳居

21 11 12 ¥43

甜水园街1号（朝阳公园南门） ☎65003647

朝阳北路205号 ☎85969221

✍ “典型的京味火锅小馆子”。黄铜火锅里“水滚开”，涮入鲜羊肉，口感“极其鲜嫩”，吃着就是“香”！相比较而言芝麻烧饼就是个“败笔”了，没有“面自身的甜味儿”也没有“麻酱的香味儿”，“不吃也罢”。价格挺“实惠”的。常跟好友来这儿“聚餐”。

💻 www.dianping.com/chain/18607

三元梅园

见梅园乳品店（179页）

沙沙 Sasa cafe　18　25　19　¥44

中关村广场步行街 R25 号(近家乐福)　☎51721621

✍ 推开“透明”的大玻璃门，“暖暖”的颜色直入眼帘，红色、粉色、橙色……不多的客人“懒洋洋”地“窝”在“宽大柔软”的沙发里，感觉“很舒适”、“很温馨”。供应的是台湾风味，可以点菜也可以吃小点饮品。菜肴“卖相好”，味道也“不错”。“还会再去”。

👍 沙沙核桃冰糕、阿里山。

☺ 情侣约会、朋友聚餐。

💻 www.dianping.com/chain/1893319

砂锅居饭庄　19　15　16　¥55

西四南大街 60 号　☎66061874

双榆树东里 40 号　☎82136710

✍ “京城老字号”。据父辈说，这里的菜能吃出他们“小时候”的味道。砂锅白肉最出名，那肉片可“真大”，能“盖住一张脸”，口感“相当顺滑”，竟然吃不出“肥腻”的感觉。其他菜肴和小点心也“很传统”、“很好吃”。价格“实惠”，“丰俭由人”。服务员“年龄偏大”，感觉还“挺亲切”的。

👍 砂锅白肉、九转肥肠、杏仁豆腐、糟熘鱼片、干炸小丸子、水晶肘子、砂锅豆腐。

☺ 朋友聚餐。

💻 www.dianping.com/chain/22008

山吧　18　22　13　¥56

怀柔区虹鳟鱼一条沟　☎61627027

✍ 店子就在怀柔，“从山脚到山顶”，“吃饭游乐爬山喝茶住宿都可以”。上山的小路是“用石头垒出来的”，两边是一栋栋“吊脚小木屋”，每个小木屋都有个“宽宽”的阳台，能看周围的“青山绿树”，还有很多“可爱”的小狗。周末的时候去，总是“人山人海”的。吃的是农家菜，烤虹鳟鱼是“最爱”。

👍 烤虹鳟鱼、生鱼片、菜团子、贴饼子、烤玉米、炸花椒芽、拌山野菜。

☺ 朋友聚餐、休闲社交、情侣约会。

💻 www.dianping.com/chain/17831

山城辣妹子　20　16　13　¥43

朝阳北路 172 号(近东四环金台路)　☎65004888

甘露园南里一区 11 号楼(国美电器对面)　☎85779091

方庄芳群园 2 区 28 号(近三环)　☎67638234

呼家楼北街甲 2 号楼(近朝阳剧院)　☎65868386

玉林西里 8 号楼旁 ☎63050399
松榆西里 16 号(近东三环潘家园) ☎67327829
✍ 这家店都来过“N 趟”了。吃的是“非常地道的重庆火锅”，食材“新鲜”，菜量“适中”，味道“不错”，“鹅肠、毛肚和山城啤酒”三样“必点”，无限畅饮的“绿豆汤银耳羹”和“免费点心”也挺赞的。价格“不是很高”。环境“舒适随意”。就是服务不大好，上菜老得催。小贴士：24 小时营业。
👍 麻团、绿豆汤、鸳鸯锅、午餐肉、烧饼、银耳羹、紫米粥、宽粉。
☺ 朋友聚餐、情侣约会。
💻 www.dianping.com/chain/21918

山东海霸酒楼

20 25 20 ¥123

和平里兴化路 6 号 ☎84288188
✍ 鲁菜馆，地方“宽敞明亮”，看着就“舒服”。海鲜比较“新鲜”，味道也不错。服务员“都是山东的”，“比较朴实”。价钱嘛，“肯定不便宜”。总的感觉，还是“蛮高档的”。
👍 咸鱼贴饼子。
☺ 商务宴请。
💻 www.dianping.com/chain/17148

山釜餐厅

24 27 28 ¥170

德胜门西大街甲 58 号 ☎66180362
✍ 韩式料理店。能吃“涮锅”也能吃“烧烤”。他家的海鲜和肉类都“非常新鲜”，调料也是“别的地方比不上的”，蘸起来“挺有特点”。环境“特别好”，感觉像是“在公园里”用餐。服务也算“周到”，一直有“笑容可掬”的女孩子在你身边“转来转去”。价格么，既然是“著名的三刀一斧”之一，自然“贵得没商量”。提醒：如需单间，最好预订。
☺ 商务宴请、朋友聚餐、情侣约会。
💻 www.dianping.com/chain/21945

山水甲山

20 20 21 ¥101

复兴路 33 号翠微大厦 B1 楼 ☎68217750
右安门外玉林里 1 号楼北京商务会馆 1 楼 ☎63051613
石景山路 33 号太阳岛宾馆 1 楼 ☎68876835
✍ 韩餐馆。第一感觉就是“贵”。不过东西的质量算是“很稳定”的，各种烤物都“不错”，火锅面也“好吃”。服务“周到”而“热情”。平常食客不多，挺“安静”的，适合几个人边吃边谈事情。

👍 烤牛排、烤牛舌、火锅面、烤鳗鱼、石锅拌饭。
☺ 朋友聚餐、情侣约会、商务宴请、休闲。
💻 www.dianping.com/chain/16091

山水间羊蝎子 19 17 14 ¥42

马家铺东路55号洋桥政洋大厦1-2楼 ☎67538962
龙潭路8号(龙潭湖公园西门北侧) ☎67149700
永定路105号 ☎88272141
小屯路11号(玉泉路地铁口南侧) ☎88684921

✍ 吃羊蝎子的好地儿。羊蝎子口味“比较特别”,“一进门就会有扑鼻的香味”。“锅分大小”,量都“很大”,味道也“很好”,就是“价格比别的地方贵了点”。
☺ 朋友聚餐。
💻 www.dianping.com/chain/17587

陕西面馆 22 9 14 ¥12

航空航天大学西门

✍ 陕西人对这里的一切都很熟悉。老板“是陕西人”,擀面皮和辣椒、醋一类“都是从家里带来的”,所以东西“基本上都是家乡的味道”。价格“便宜”,“适合周围的学生”。店不大,“饭点经常爆满”。
👍 臊子面、肉夹馍、菠菜面、擀面皮。
💻 www.dianping.com/chain/20772

上海老饭店 23 23 21 ¥118

三里河东路5号中商大厦18楼 ☎68587777

✍ “北京最地道”的上海餐厅之一。“石库门房子、老式留声机”都能给人留下深刻的印象。出品是“典型”的上海菜,“基本都是甜滋滋的”,吃口“非常老上海”。水晶虾仁、油爆河虾、烤麸之类的都“很地道”。小点心也“还可以”。菜量“较少”,价格“偏贵”。通常是“办正经事才来这里”。
👍 水晶虾仁、大闸蟹、油爆河虾、烤麸。
☺ 商务宴请。
💻 www.dianping.com/chain/15948

上青天口味堂 21 16 14 ¥39

阜成门北大街17号(近西二环路口) ☎88390688

✍ 川菜馆子。出品经过了“改良”,特色菜“超赞”,“想起来就流口水”,冷锅鱼是“重点推荐”。环境“有点嘈杂”,包厢“纯属一般”。价格“不贵”。
☺ 朋友聚餐、休闲社交。
💻 www.dianping.com/chain/20216

上元居

19 14 9 ¥29

花园北路 52 号(北医三院斜对面) ☎62301193

海淀大街甲 36 号(海淀图书城对面) ☎62548159

✍ “平时想下馆子，这里是首选”。走的是“大众”路线，菜品“很杂”，“什么都有”，口味偏辣的稍多。“经常有特价菜”，比如说 18 元 1 份的水煮鱼。中午一般都“人满为患”，上菜速度“非常慢”。

👍 水煮鱼、羊蝎子、干煸豆角、烤鸭。

☺ 朋友聚餐。

💻 www.dianping.com/chain/19121

舍廊纺

21 12 14 ¥47

清华中路甲 1 号京裕宾馆内(近林业大学) ☎82384044

✍ 地方“隐蔽了点，不好找”，却是一个“很温馨”的韩国小馆子”，“墙上的涂鸦留言”挺有特色。烤五花肉“几乎每桌都点”，每份烤肉“都是结结实实的一大盘”，小菜可以“免费无限续”。价格“很便宜”。晚上人超级多，而且大都是韩国人，恍然间“会以为自己在汉城饭馆里吃饭”。

👍 烤五花肉、奶酪玉米、炒年糕、酱汤、烤牛肉。

☺ 朋友聚餐。

💻 www.dianping.com/chain/18402

神路居

19 9 9 ¥41

工体南路 7 号(神路园大酒店旁) ☎65530353

✍ 韩式料理店。开了“许多年”了，去的人一直“不少”。东西都“不错”，“特调过”的牛肉“真的很香”，吃口“非常非常好”，冷面也“相当棒”，量还挺“足”的，价格与味道相比特“值”，真能算得上是“价廉物美”。就是环境“一般”，因为在地下室里，所以通风“不大好”。

👍 烤牛肉、冷面、五花肉、牛舌、辣白菜炒饭。

☺ 朋友聚餐、休闲社交。

💻 www.dianping.com/chain/17487

神农庄园酒店餐厅

13 28 19 ¥75

实兴北大街神农庄园酒店 1 楼(近西五环杏石口) ☎88960988

✍ 石景山“最好”的饭馆之一，基本上就是个“吃环境”的地儿。一路进去，“小桥流水”，“亭台楼阁”，“满眼”的绿色植物，一派“热闹景象”，带着家人朋友来这儿走走还是“挺开心”的，办婚宴也是个好选择。至于菜品嘛，主要就是农家菜了，没什么特色。提醒：船上和亭子里的座位需要预订。

👍 雪蛤蛋挞。

💻 www.dianping.com/chain/75887

沈记靓汤　20　21　18　¥133

新东路1号　☎65321177

✍ "以汤品为主"。分男女汤，男汤叫"气宇轩昂"，女汤叫"沉鱼落雁"，味道"确实都不错"。"无论春夏秋冬，总有一款适合您"。推荐老鸭煲，"很大一锅"，味道"很浓"。也有上海菜和点心可点。店面"很大"，弄得"很喜庆"，只是"太乱"、"太吵"。服务"比较周到"。

👍 老鸭煲、蛋挞。

☺ 商务宴请、朋友聚餐。

💻 www.dianping.com/chain/16195

圣海潮酒楼　22　24　19　¥54

广顺北大街望京花园101号楼　☎64748787

✍ "东南亚风味"餐厅，在望京这儿一般来朋友"都往那里领"。出品经过了"改良"，虽"不算正宗"，但味道着实"不错"，吃口"清淡"，尤其"推荐"竹筒盐插虾。餐具"比较有特色"，杯子烟灰缸都是"漂亮的玻璃制品"。环境也"值得称赞"，连洗手间的标牌都那么"有意思"。价格还"不贵"，"值得一试"。

👍 竹筒盐插虾、印度咖喱鸡、蟹柳豆腐、泰式明炉鲈鱼。.

☺ 朋友聚餐、情侣约会、商务宴请、休闲社交。

💻 www.dianping.com/chain/17837

圣淘沙茶楼　21　31　30　¥226

安定门外外馆斜街甲1号　☎85285000

✍ 有不同的主题餐厅，可品茶、可小饮、可用膳。每间房"都是不同的风格"，装修"很是奢华"。菜品选料"考究"，卖相"精致"，盘子"一直不停地换"。服务小姐都"很漂亮"，"笑容可掬"，"跪式"服务彰显客人的尊贵，"即使略有疏忽也不忍心责备"。总之，来这里"有点做皇帝的感觉"，让你觉得吃饭"真的是一种享受"。

👍 蛋挞、情人玫瑰茶。

☺ 商务宴请、情侣约会。

💻 www.dianping.com/chain/17241

盛芳艺园　13　27　12　¥60

南四环花乡汾庄488号(四合桥花乡桥南侧)　☎83799588

✍ 占地约“20000 平方米”,“完完全全的一个大花园”。植物“非常多”，棕榈、椰子、苏铁、金琥……“南北交融”。“亭台楼阁”,“小桥流水人家”,“高低错落有致”。“硕大”的天棚下，散落着数百张大大小小的餐桌，或“坐落亭间”，或“置身花下”，感觉“太惬意了”。至于菜品，“融八大菜系”，“很杂”，味道“只能说一般”。价格“丰俭由人”。

💻 www.dianping.com/chain/21190

盛唐饭店

▽ 24 10 10 ¥38

苏州街 53 号(近北京电视台) ☎62564433

✍ 以家常菜为主，好吃得“出乎意料”。环境“比较普通”。

💻 www.dianping.com/chain/16860

盛祥饭庄

21 15 14 ¥87

复兴门大街 54 号(民族宫正对面) ☎66079738

✍ 贵州菜馆。狗肉火锅“非常香”。一走进院子，每个人的鼻子就都开始狂吸空气里的香气，“肉香弥漫”。天气越来越冷了，又该去啦。

👍 狗肉火锅、酸汤鱼。

☺ 朋友聚餐。

💻 www.dianping.com/chain/21844

时时乐 Sizzler

18 19 17 ¥66

北礼士路 102 号 1 楼(阜成门华联商厦西侧) ☎68350610

建国门外大街 21 号国际俱乐部 1 楼 ☎65320475

安贞西里 5 区 4 号华联商厦 2 楼 ☎64419996

东长安街 1 号东方新天地 B1 楼(王府井大街) ☎85180913

蒲芳路 9 号方庄新世代 3-5 号 1 楼(物美大卖场旁) ☎58070389

西单北大街 133 号君太商场 B1 楼 ☎66515283

广顺北大街 33 号嘉茂购物中心 2 楼 ☎64713876

✍ “典型”的美式快餐店。点套餐“赠送”沙拉自助，味道还“不错”，量给得“真多”。“最喜欢”沙拉吧，“新鲜”的水果都“切成大块”，“水灵灵的很诱人”。价格有点“小贵”，女孩子“周三晚上”去“比较合适”——主菜“半价”还“送沙拉”。

👍 沙拉、奶油蘑菇汤、香辣烤鸡、蜜汁猪排。

☺ 朋友聚餐、休闲社交、情侣约会。

💻 www.dianping.com/chain/18838

食盅汤

22 13 14 ¥46

北土城西路 177 号 ☎62036867

✍ 吃来吃去，鸡杂锅“是最经典的”。鸡杂“脆脆的”，“辣劲十足”，里面的酸萝卜、魔芋、莴笋也都是那么好吃。那么一“大”盆，“两个人吃还真是个挑战”。其他川味菜肴“不过不失”，“少放点盐就完美了”。店“小”，环境很一般，“到处都是油乎乎的”，服务倒“很热情”。

👍 鸡杂锅、土豆泥、酸菜炒饭、牛肚。

☺ 朋友聚餐。

💻 www.dianping.com/chain/18976

世宁东海海鲜

19 25 19 ¥110

学院路 35 号北航科技园东门 1-2 楼 ☎82338888

✍ 粤菜馆子。装修“很好”，“无愧于”门口那块“国家特级酒家”的牌子。包间有“液晶电视”和“独立的卫生间”，“很上档次”，请客吃饭“比较有面子”。出品卖相“精致”，口味“正宗”。服务也“还行”。就是价格太“贵”了。提醒：早午茶时段的点心自助已取消。

☺ 商务宴请、朋友聚餐、情侣约会。

💻 www.dianping.com/chain/62011

寿福城

24 24 23 ¥141

建国门内大街 8 号中粮广场 A 座 B1 楼 ☎65260588

霄云路 38 号现代汽车大厦 B1 楼 ☎84539999

✍ “北京最好的韩国餐厅”之一，连在北京工作的韩国人都“很认这个地方”。菜品“摆得漂亮”，烤肉“非常棒”，火锅面“挺进味儿”，“挺香”。赠送的小菜可以“不断加”。环境“不错”，卫生间是绝对要来“体验”的：有“化妆台”，有“沙发”，有“杂志”，有特别的“按钮”供你调节乐曲的音量。

👍 火锅面、烤牛肉、烤牛排、烤牛舌、五花肉。

☺ 商务宴请、朋友聚餐、情侣约会。

💻 www.dianping.com/chain/16012

蜀地传说

17 18 15 ¥59

莱太美食街 A3 东方七彩大世界内 B2 座 ☎84543276

朝外大街 38 号保罗大厦 1 楼(近蓝岛大厦) ☎85627590

✍ 任泉开的店。生意“非常好”。做的是“改良”的川菜，虽然“谈不上正宗”，但还算“可口”，菜量都“比较大”，价格有点“贵”，最好能多点人来吃。店内环境“简洁”而“不俗气”，适合“朋友小聚”。

👍 辣子鱼、蜀地寸骨、蜀地素拌。

☺ 朋友聚餐、情侣约会、休闲社交。

💻 www.dianping.com/chain/15664

蜀峰楼豆花庄

21 14 14 ¥37

方庄芳星园 3 区 ☎67658885

✍ "在方庄应该算老店了"。基本上那些叫得上名的大众川菜"都还成",用料"很足",量"很大",上菜的时候都"吓了一跳"。老板娘"直爽大方",上错了菜"不收钱",回头客很多。就是饭馆开在小区里面,"要不是外面有路牌,很难找到"。

👍 樟茶鸭、酸辣汤、担担面、宫保虾仁。

☺ 朋友聚餐。

💻 www.dianping.com/chain/17635

蜀国演义酒楼

19 22 17 ¥69

农光里 117 号劲松大厦 2-3 楼(近东三环金松桥) ☎87376566

黄寺大街 23 号福丽特大厦 5 楼(近福丽特商业街) ☎82236688

✍ 这里的川菜做得"挺精致的",辣的口味也"挺正宗",但价格"太贵",都"赶上吃西餐了"。自助火锅晚上"结束得太早","不太方便"。环境蛮好的,装饰"挺有创意"。变脸"很好看",表演过后还有拍卖,"闹哄哄的","很热闹"。

👍 水煮鱼、盆盆菜、手撕鸡、川北凉粉、蒜泥白肉。

☺ 朋友聚餐、商务宴请、情侣约会。

💻 www.dianping.com/chain/16402

蜀乡村重庆火锅

21 14 18 ¥45

牡丹园西里 11 号(牡丹园东北角) ☎62016420

✍ "地道的重庆火锅"。锅底和小料"都很够味",连四川人都说"是那种感觉"。"每次都要鸳鸯锅底"。"五星啤酒免费"。地方"不大",环境"还行"。就是服务员"太少"了,好像都"不够专业"。

👍 毛肚、鸭血。

☺ 朋友聚餐。

💻 www.dianping.com/chain/17280

蜀乡竹林

21 18 15 ¥40

中关村南大街 48 号(国家图书馆对面) ☎62175995

昌平西关路 7 号 ☎89782100

✍ 单位就在附近,"聚会一般都在这里"。吃的是川味,有小吃也有炒菜,菜量真的"很大",味道也是"中规中矩"。环境"一般",不过包房还"不错",大包间"有卡拉 OK",适合一大帮朋友过来玩,当然了,得记着提前预订。

👍 水煮鱼、土豆泥、麻婆豆腐、川北凉粉、担担面、夫妻肺片。

☺ 朋友聚餐。

💻 www.dianping.com/chain/17140

蜀正园 18 14 12 ¥36

中关村南大街11号(理工大学旁) ☎68415988

✍ "药膳火锅","巴蜀风味"。锅子都是"鸳鸯锅",服务员在"红汤滚开"的时候会为你盛出一碗,加入"特制"的药包,之后再"打进"鸡蛋,说这是"药引子"。涮菜之前先"喝点汤",味道"很鲜"。鸡蛋也"好吃",算是"一绝"。涮菜"不错",价格"不贵",值得"推荐"。店子就在"理工大学"附近,称得上"学生改善生活的营地"。

👍 鸡蛋、羊肉、宽粉、仁肉包子、玉米饼。

☺ 朋友聚餐。

💻 www.dianping.com/chain/17324

蜀中仙 22 22 21 ¥54

北蜂窝中路17号通联大酒店1楼 ☎63962354

✍ "'全国十佳川菜馆'之一"。菜品"分炒菜和火锅两部分",质量"没得说"——味道"正",吃着"顺口",价格也"不贵"。中餐厅"环境很好",装修"有中国特色",服务也"很到位"。火锅厅"晚上有表演",场面"火暴"。"西客站附近"的朋友"记得去试试"。

👍 水煮鱼、火锅、牛蛙、凉粉、三峡石脆肠、乌江鱼。

☺ 朋友聚餐、商务宴请。

💻 www.dianping.com/chain/16328

双福食街 21 17 14 ¥38

地坛东门和平里五区5号 ☎84222388

✍ 一看饭馆的"外包装"就知道是东北馆子了,整的都是"花棉袄色儿"的。环境"又大又闹"。菜量"贼大",料也"足",味道蛮"好"的,价格还"实惠",尤其适合"一帮子人"吃。服务员还算"训练有素",有点"眼力价儿"。

👍 马蹄烧饼、烟熏脊骨、酸菜炖粉条。

☺ 朋友聚餐。

💻 www.dianping.com/chain/17462

双龙烤肉店 22 6 9 ¥33

阜成门北一街185号(迪亚天天对面) ☎68309024

✍ "很不起眼"的小店。用的是"老式烤法儿",炭火盆上架块儿铁丝网,"不粘肉","基本上不用换"。特色是"腌制"的烤五花肉,"来者必点",还"都三盘五盘地上"。调料与众不同,"汁浓味重"。排风换气系统

"形同虚设","烟雾缭绕的"。不过生意还是"巨火","饭点儿爆满","晚了得等座儿"。

👍 烤五花肉。

☺ 朋友聚餐。

💻 www.dianping.com/chain/17670

双马餐厅

22 7 10 ¥32

成府路 14 号 ☎62612041

✍ 五道口果然是"藏龙卧虎"之地,如此破败的门面里头竟然藏着"正宗"的日式咖喱小店。当家的炸猪排套餐"真赞"啊!猪排外皮"极其酥脆",肉质却是"软嫩多汁";米粉"先用咖喱粉炒过"再配上"浓浓的咖喱汁",别有"一番风味"。一份套餐吃下来就能"顶到嗓子眼了"。环境确实"糟糕"了点,不过"冲着那味道",其他的都"不重要"了。

👍 猪排套餐、奶酪里脊卷套餐。

☺ 朋友聚餐。

💻 www.dianping.com/chain/15665

双盛园

18 16 13 ¥86

中关村南大街 11 号(魏公村路口) ☎68486920

建国门南大街乙 1 号 ☎65270264

东大桥路 28 号东方官甯大厦 1 楼(近东大桥) ☎65019088

✍ "挺有名"的大连海鲜馆。海鲜"据说都是从大连空运过来的","蛮新鲜的"。鲅鱼饺子"有特点",饭菜"量比较大"。不过,虽说属于"平价"海鲜,但价格"对于工薪阶层来说肯定是稍高了点"。

👍 粉丝扇贝、老醋蛰头、生拌活海参、鲅鱼饺子。

☺ 商务宴请、朋友聚餐。

💻 www.dianping.com/chain/21989

双喜临门

22 14 12 ¥89

将台路 6 号丽都假日酒店 2 楼 ☎64367503

建国门内大街甲 18 号宝辰饭店 3 楼 ☎65274058

✍ 粤菜馆。点心味道很好,"和在香港吃的差不多",而且"中午有特价",菜品的质量也"值得称赞"。缺点是菜上得"很慢很慢",特价点心"不能"外带。价格"不算贵"。午茶时间"有点儿乱","可能要等位"。

👍 虾饺。

☺ 朋友聚餐。

💻 www.dianping.com/chain/19112

水牛石餐吧

16 28 20 ¥122

什刹海荷花市场6号 ☎66172146

✍ 天荷坊里“很招人”的一家店。桌子“都被撒上了艳丽的红色玫瑰花瓣”，“绵软”的沙发，“粉色”的“莲花”靠垫，配上“轻纱帷幔”和各种“诡异”的摆设，实在“妖冶得很”。一边“靠窗”的座位还能“看到后海的风景”。食物、酒水“很贵”，口味“一般”。来这儿就是“花钱买个情调”。

☺ 情侣约会。

💻 www.dianping.com/chain/18200

顺峰 21 23 23 ¥458

东三环北路16号（农展馆南） ☎65070554

方庄路5号（蒲芳路东口） ☎67676368

阜成路115号1号楼 ☎88138888

东华门大街34号 ☎65245833

✍ 粤菜馆子。海鲜都是“真材实料”，一般的菜肴也是色香味俱全。环境“很有排场”，服务“质量高”，价格也“贵得可以”，“请客摆谱”的话“绝对不会丢面子”。要是得“自己掏腰包”，“狠狠心、跺跺脚”，恐怕还是要“考虑考虑”的。

👍 龙虾。

☺ 商务宴请。

💻 www.dianping.com/chain/21884

顺峰金阁酒店 28 24 26 ¥715

莲花池东路甲1号（天宁寺桥西北） ☎63466095

✍ 品牌粤菜老店。菜品“非常好”，“越是小菜越显水准”，还有“广式”服务，“帮你把握菜品搭配和菜量”。价钱“比较贵”，但没办法，请客“就要这个排场”。自己去的话，推荐吃早茶，“很赞”，价格从3.8元～16元不等。

👍 奶黄包、蟹粉小笼、乳鸽。

☺ 商务宴请。

💻 www.dianping.com/chain/15668

丝路驿站食府 21 17 14 ¥61

天泽路36号（女人街北） ☎64656565

✍ “非常有新疆风味的餐馆”。菜量“很大”，很多菜口味都“很好”，羊肉串“又大”、“又好吃”。晚上的歌舞表演“很赞”，特别是新疆姑娘的肚皮舞，“太吸引人了”。表演过后每张桌子上一个蜡台，“有点浪漫”。价格“不便宜”。

👍 大盘鸡、羊肉串、烤羊腿、馕炒肉。

☺ 朋友聚餐。
💻 www.dianping.com/chain/15369

四川饭店

20 21 17 ¥118

西单西绒线胡同 51 号 ☎66033291
柳荫街甲 14 号恭王府花园内 ☎66156924
东安门大街甲 37 号 ☎65137591
学院南路 55 号中软大厦 2 楼(大柳树路口) ☎62186618

✍ 川菜馆里的"老字号"。出品卖相"精致",口味上经过了"改良",价格"贵",档次"高"。恭王府店布置得"古色古香"的,能一边欣赏窗外的美景一边用膳,"很惬意"。算是"外国人吃川菜的好地方"。

👍 鱼香虾球、宫保鸡丁、茄鲞。
☺ 商务宴请、朋友聚餐。
💻 www.dianping.com/chain/21991

四川会馆

20 27 19 ¥92

曙光西里甲 1 号 ☎58222888

✍ 门前"竹影摇曳,清水砖墙","一派古典民居风格";大厅天花板"很高",灯光"很舒服";太师椅和半开放的包厢雅座也"挺有特色"。菜"不是很辣",量也"不大",但"比较精致"。服务"周到",消费"比较高"。请客吃饭"有面子"。

👍 夫妻肺片、水煮鱼、姜汁木耳。
☺ 商务宴请。
💻 www.dianping.com/chain/19876

四川孙鲶鱼

23 10 12 ¥63

北土城西路(牡丹园小区对面) ☎62386604
丽泽路 27 号(中国戏曲学院北门斜对面) ☎63310564

✍ 川菜馆子。他家的鲶鱼有各种做法,微辣的、麻辣的、特辣的、糖醋的、酸菜的……入口感觉"超级好",越吃越"过瘾"。麻辣口味的一定要"就着米饭或者冰镇饮料"吃,直到口中"喷火",味觉"淋漓尽致地 high 到顶点"。环境和服务都"蛮差"的,价格也"有点贵",不过每次来都"爆满"——看来"喜欢这口儿的人还挺多"。

👍 麻辣鲶鱼。
☺ 朋友聚餐。
💻 www.dianping.com/chain/16056

四海凯悦

18 26 24 ¥268

安立路 105 号(近北四环安慧桥) ☎64886666

✍ 环境“特别豪华”，里外的装潢只能用“金碧辉煌”来形容，连餐具都“金光闪闪”的。“漂亮”的服务员“一个个都温柔又机灵”，服务“非常体贴”、“到位”。主做粤菜、海鲜，食材“新鲜”，菜品“很精致”，味道“没得说”。这样的地方，价格自然“相当昂贵”，是“高级商务宴请的上佳选择”。

☺ 商务宴请。

💻 www.dianping.com/chain/18905

四合轩 20 20 20 ¥69

建国门外大街3号京伦饭店4楼 ☎65002266-8116

✍ 京伦饭店四楼，走过“长长的走廊”，就是装修“古朴小巧”的四合轩。环境是小吃店中“难得”的“好”，包房“是宾馆标间改的”。供应“改良的京味儿小吃”，虽不如胡同里的地道，但“比较精致”，量又“小”，多吃几种也“不会有撑的感觉”。适合“第一次尝试北京小吃的外地人”。

👍 春饼。

💻 www.dianping.com/chain/16196

四合苑 CourtYard 21 33 23 ¥370

东华门大街95号 ☎65268883

✍ 故宫脚下，护城河边，门口“有个老外迎宾”。楼下是画室，楼上有雪茄吧，环境“很好”。如果要坐在靠窗的位子用餐，“一定要提前预约”。做的是创意西餐，每一样都像“一件古老的艺术品”。“看着护城河和日落，品着美酒，人生几何？”提醒：晚上6点以后开始营业。

👍 鹅肝酱、牛排、甜点、三文鱼。

☺ 商务宴请、情侣约会。

💻 www.dianping.com/chain/17128

四合院风味菜馆 24 10 12 ¥39

双榆树北路53号 ☎62572176

✍ 虽说环境“有点差”，灯光“昏暗”，地“很滑”，服务也“一般”，但人气“很旺”，可见东西还是“很不错的”。羊蝎子是招牌，有“红汤和白汤”两种选择，“量足”、“好吃”，价格也“便宜”。其他清真小食也“挺好”。两个人去，点“一小盘羊蝎子、两份菜、一瓶可乐”，就能吃得“很撑”。

☺ 朋友聚餐。

💻 www.dianping.com/chain/17129

四季亭 Shiki Tei

21 15 13 ¥158

朝阳北路30号瑞昌国际商务楼1楼 ☎65022280

✍ 日料餐厅。有单点也有自助。自助"货真价实"，味道"的确不错"，就是海胆"限了量"，某些时候赤贝刺身"会断货"。上菜比较"慢"。经常有"日本人"光顾。

👍 海胆。

☺ 商务宴请、情侣约会。

💻 www.dianping.com/chain/15662

松鹤咖啡厅

20 21 19 ¥69

灯市口大街88号松鹤大酒店2楼 ☎65138822-2451

✍ "相对于价格，菜品还算说得过去"——自助的品种"比较多"，热菜"挺好吃的"，但甜品"一般般"。客人"不太多"，感觉"比较清静"。如果"两三个人见面、聊天"，去吃吃不错。

👍 油焖大虾。

☺ 朋友聚餐。

💻 www.dianping.com/chain/15479

松鹤楼

20 16 14 ¥82

台基厂大街10号 ☎65245223

✍ 苏州开过来的"老字号"。吃的自然是"江浙"口味，总的来说还"不错"，但感觉"未及苏州本店的好"。松鼠鳜鱼最"有名气"，值得试试。价格"有点贵"，"偶尔吃一次"还可以。

👍 松鼠鳜鱼、响油鳝糊、叫化鸡。

☺ 朋友聚餐、商务宴请。

💻 www.dianping.com/chain/15989

松子日本料理

23 21 20 ¥81

东三环白家庄乙22号 ☎65825208

朝阳北路225号京龙大厦2楼 ☎65098998

亮马桥路39号第一上海中心1楼 ☎84534062

✍ 晚上是单点，中午有自助。自助的品种"并不多"，但味道"还可以"，"性价比较高"。生鱼片"非常新鲜"，而且"果真如传说般"切得"很厚"，美中不足的是"限量供应"。人很多，去的话"一定要提前订位"，否则"要等很久"。京龙店、亮马桥店有水景。

👍 烤鳗鱼、寿司、金针菇牛肉卷、三文鱼刺身。

☺ 朋友聚餐、情侣约会。

💻 www.dianping.com/chain/21842

苏皇食堂

口味	环境	服务	人均
23	6	12	¥9

定福庄北街 503 号(广播学院北门对面) ☎65729797
团结湖路 1 号楼底商(团结湖北口) ☎80958899
青年路 19 号(华堂商场东) ☎85782935

✍ "不错"的陕西小吃。肉夹馍选用的肉"肥瘦度刚刚好";羊血粉丝汤和浆水鱼鱼都"好吃";油泼扯面"强烈推荐"。定福庄店和朝阳路店所供应的品种"各有不同",后者要比前者"规模大一些"。

👍 肉夹馍、凉皮、臊子面。

💻 www.dianping.com/chain/20043

苏氏牛肉面

口味	环境	服务	人均
19	11	11	¥13

西四南大街 64 号
北洼路 83 号(空军医院对面) ☎88424121
学院南路 50 号华联超市 1 楼
花园村增光路西口路南
中关村大街(近黄庄路口)
北礼士路
苏州桥边城乡仓储超市对面
西客站北广场
北三环西路甲 30 号双天大厦 1 楼

✍ "想吃牛肉面就会来这家"。面条"又细又筋道",汤里放了"很独特的调味品",挺"好喝"的,分量也"多",价格"实惠"。尤其到了冬天,来上"这么一大碗","热乎乎的","痛快"!

💻 www.dianping.com/chain/21995

苏浙汇 JadeGarden

口味	环境	服务	人均
23	27	22	¥153

朝阳门外大街吉庆里 6 号佳汇国际中心 ☎65528688
科学院南路 2 号融科资讯中心 C 座北楼 1-2 楼 ☎82862800

✍ 上海菜馆。店堂是"江浙特有的灰和白",点点滴滴"尽显高档餐馆的风范"。菜肴卖相"精致",口味上"去了些本帮菜的甜","适合北方人"。樟茶鸭和清蒸鲥鱼乃为"经典"。点心也"蛮正宗"的,小笼每次吃都这么"好味"。服务"谦和而知性"。价格偏"贵","偶尔"吃一次"还可以"。提醒:有午餐自助。

👍 樟茶鸭、清蒸鲥鱼、糖醋小排。

☺ 商务宴请、情侣约会、朋友聚餐。

💻 www.dianping.com/chain/62290

苏浙酒楼

口味	环境	服务	人均
20	23	21	¥181

建国门外大街 1 号国贸西楼 2 楼 ☎65053132

建国门内大街8号中粮广场C座4楼 ☎65269877
西三环北路100号金玉大厦1-2楼 ☎88557966

✍ 号称是“港式上海菜”，菜综合了“港菜的精致清淡”和“上海菜的细腻”，味道不错。环境没得说，“优雅大方”；服务员都“很有眼力见儿”，服务“很到位”。价格“不便宜”，要是自己来“会心疼”。小贴士：商务午餐“比较值”，“部分菜品特价”。

👍 清炒虾仁、鳝糊、清蒸鲥鱼、蟹黄豆腐、鱼翅、八宝辣酱、赛螃蟹、西湖醋鱼。

☺ 商务宴请。

💻 www.dianping.com/chain/22010

酥园

22 22 22 ¥61

东长安街1号东方君悦大酒店大堂侧 ☎85181234转

✍ 酥园，“很安静地站在大堂西侧”一个“不被人注意的角落”。蛋糕“价格昂贵”，但味道“确实比普通西点房里的要好得多”。“传说中”的tiramisu有让人“热泪盈眶”的神奇力量；各种cheese cake吃了就知道“用料有多实在”。其他甜点也都“值得试试”。

👍 提拉米苏、巧克力、芝士蛋糕。

💻 www.dianping.com/chain/19339

素美人的甜品工房

20 12 16 ¥19

东长安街1号东方新天地地下美食街 ☎85182931

✍ 日式甜品店。他家的东西真是“超漂亮”，千层可丽饼、蛋糕、刨冰……每次路过都会“忍不住多看几眼”。芒果刨冰最多人“推荐”，“细细柔柔”的冰堆在一起，淋上“厚厚的芒果酱”，口感“绵密”，“赞、赞、赞”！可丽饼看着“诱人”，味道却稍嫌“一般”。环境“没有想像的精致”，“辜负”了这么一个“好听”的名字。

💻 www.dianping.com/chain/1948261

素食居

21 25 21 ¥111

方庄芳古园一区28号(物美大卖场东) ☎67623159

✍ “吃素的好地方”。都是木质装修，“很别致”，还“有个和尚在打坐”。菜谱“像是个竹筒”；餐具“精美”；厨师“手艺精妙”，菜式不但“很有创意”，而且“色、香、味俱全”。总之，“一切都赏心悦目”。只是价格“贵”了些，不能常去。

👍 一指禅、手卷、水煮鱼、娑婆世界、榴莲酥。

☺ 商务宴请、朋友聚餐。

💻 www.dianping.com/chain/68503

孙记乡村驴肉馆 23 9 16 ¥40

大屯路南沙滩41号楼 ☎64830857

✍ “很好”的驴肉店。驴肉锅，驴肉“非常嫩”，“大块大块的”，分量“很足”，还可以涮蔬菜。一个小锅“足够四个人吃的”。驴肉火烧+驴肉锅，“很好的组合”。

👍 驴肉锅。

💻 www.dianping.com/chain/19305

台湾呷哺涮涮锅 20 11 12 ¥28

多家连锁店

✍ “挡不住去吃的欲望”。一人一锅，东西味“好”、量“足”、“便宜”。麻酱小料是“最爱”，“很香”、“很上瘾”，“每回都会添好几次”。一堆人一起去，“热气腾腾的”吃得“热火朝天”，“好有生活气息”。可惜饭点的时候等位常要“等很久”。服务也比较差，“招呼N回，还跟没看见你一样”。

👍 豆皮、羊肉、宽粉、麻酱小料、金针菇、午餐肉。

☺ 朋友聚餐、情侣约会、随便吃吃。

💻 www.dianping.com/chain/22159

太平洋咖啡 22 22 26 ¥37

东三环北路23号财富中心E101号铺(近嘉里中心) ☎65308981

建国门内大街7号光华长安大厦1楼02室 ☎65180278

✍ 来自香港的咖啡厅。右脚“刚一迈入”就“爱上了”，绝对的“一见钟情”——喜欢“红色天鹅绒的沙发”、“仿制的壁炉”和“高高的吊顶”；喜欢口中“香而不腻”的提拉米苏、朋友那“胖乎乎盖着白巧克力被子的甜甜圈”和许多“没来得及尝试的三明治”；喜欢“窝在角落”里发发呆、上上网，或者“懒懒地一趴”，看窗外“匆忙行走”的人群。

☺ 休闲社交、情侣约会。

💻 www.dianping.com/chain/64830

太婆天府 24 11 15 ¥60

二七剧场路南口甲19号楼(近长安大厦) ☎68019641

慧忠北路228号(近北辰东路) ☎64969836

✍ 北京“较早的菌类火锅店”。乌鸡汤底“看起来就很有营养的样子”，吃口“非常鲜美”，涮上“各种蘑菇”味道也“好”。吃完了再喝口“红红”、“苦苦”的鹿血茶，“正好去腻”。环境“没什么好说的”，“民居改造”，灯光也“不大好”。

👍 各种蘑菇、乌鸡锅、竹荪。

☺ 朋友聚餐。

💻 www.dianping.com/chain/15482

太熟悉家常菜

17 16 13 ¥42

团结湖路团结湖公园东门南侧 ☎85984766

朝阳门外大街吉祥里205楼 ☎65515865

三源里4区14号楼 ☎84486668

惠新东街19号(惠侨饭店南) ☎64910580

通州区车站路7号 ☎69541696

右安门外大街开洋里1区4号楼右外大厦1楼 ☎63572696

柳芳北里左家庄西街12号楼 ☎64623033

西二炮商业大楼西侧(近安宁庄) ☎62913181

✍ “适合家庭聚会的地方”。做的是家常菜，“什么都有”，“大家的口味都能照顾到”；味道还行，虽然“没什么惊喜”，但也“基本不会”让人失望。都是“一家子一家子”在吃饭，“热热闹闹的”，“生活气息很浓”。

👍 水煮鱼、烤鸭、宫保鸡丁、水煮鲶鱼、馋嘴蛙。

☺ 朋友聚餐。

💻 www.dianping.com/chain/21982

泰笛黛斯 Tasty-Taste

26 21 18 ¥44

工体北路工人体育馆北门 ☎65537121

✍ 一家可以让人“从困顿的午觉中醒来”，专程“打车”前来的小店。各种乳酪蛋糕入口“醇厚”，充满了“新奇的甜蜜感”，当它第一次“融化”在唇齿间的时候你就能“立刻爱上”它。环境也“相当不错”，适合找个“有情调”的人一同来此“享受生活”。就是店内人总是“特多”，运气不佳的话，怕就坐不到“你想坐的位子”了。

👍 各种乳酪蛋糕、黑森林。

☺ 情侣约会、休闲社交。

💻 www.dianping.com/chain/15715

泰丰楼

22 14 14 ¥73

前门西大街2号 ☎63010153

大成路19号(青塔小区西) ☎68690261

✍ 鲁菜“老字号”，北京“八大楼之一”。葱烧海参是“看家菜”，非常地道；糟熘三白、四喜丸子都“很不错”；乌鱼蛋汤是“上百年的经典菜”，“量足实惠”，值得尝尝。不过这些年来，菜品“稍缺乏创新”。

👍 葱烧海参、乌鱼蛋汤。

☺ 朋友聚餐。

💻 www.dianping.com/chain/21971

泰合院泰餐厅 18 24 18 ¥96

万泉河路街心花园(近万泉河桥) ☎62624558

✍ 坐落在街心花园中,“周围很安静”。餐厅内的布置“十分有特色”,墙壁上“金色的佛像”,桌上“精致的餐具”,还有“紫色的帘子”,“都能让人静下心来品茶吃饭”。泰国菜“正宗与否不得而知”,但“味道还是不错的”。“推荐”咖喱皇炒蟹,配上泰国香米饭,吃完“满齿留香”。价位“稍高”。

👍 咖喱皇炒肉蟹、炭烧猪颈肉、马来喳喳、咖喱皇炒大虾、冬荫功汤、海鲜粉丝沙拉。

☺ 情侣约会、朋友聚餐。

💻 www.dianping.com/chain/18187

泰辣椒 20 22 19 ¥92

雅宝路10号凯威大厦1楼 ☎85615236

将台路6号丽都假日酒店广场缤纷廊B座2楼 ☎64376976

永定路66号长峰假日酒店1楼 ☎88213345

✍ 京城里“口碑很好”的一家泰国餐厅。店面“不大”,蛮“温馨”的,“外国人居多”。菜肴“基本保持了原汁原味”,“许多特色菜”都可以“尝尝”。最喜欢带着“浓浓咖喱汁”的菜,用汤汁“拌饭”,每每都能吃到“肚子滚圆”。价格“适中”,米饭可以“随便添”,餐后的甜品自助“不另外收钱”。

👍 咖喱、冬荫功汤、烤猪颈肉、香叶茶、柚子沙拉、木瓜沙拉。

☺ 情侣约会、朋友聚餐、商务宴请。

💻 www.dianping.com/chain/21866

滩万日本料理 Nadaman 23 28 24 ¥681

建国门外大街1号中国大饭店3楼 ☎65052266-39

✍ 听说是“北京最好的日本餐厅”之一。菜品“选料考究”,“做工精致”,“够档次”,“够奢侈”。环境么,和其他“五星级酒店里的日本餐厅”一样,好像没有“花太多的心思”。价钱“太贵”了,也就适合“商务宴请”。

👍 生鱼片。

☺ 商务宴请。

💻 www.dianping.com/chain/15339

谭府大酒楼 23 18 19 ¥223

西直门内大街188号 ☎66183162

✍ 吃官府菜的地方。当家的黄焖鱼翅汤“厚重不腻”,翅“饱满有形”,绝对“没得说”。其他菜肴还算“美味”,但也吃不出什么“特别之处”。环境“一般”,“有时不太拿得出手”。“公事陪客”的话，也就是“吃个名气”吧。

☺ 商务宴请。

💻 www.dianping.com/chain/16285

谭华轩

27 27 25 ¥613

鼓楼西大街 112 号 ☎64033171

✍ “门脸不大”，院子是“标准”的“老北京四合院”，服务员都“穿着宫廷的服装”，间或还能欣赏到“茶艺和琵琶表演”，身处其中犹如“时光倒流”。出品是“地道的北京官府菜”，看家菜黄焖鱼翅“金黄透亮”，“浓而不腻”，鸡汤和鱼翅“融合得恰到好处”。价格分“很多种”，菜肴由店家“搭配”，“请客”绝对“有面子”。

☺ 商务宴请。

💻 www.dianping.com/chain/18313

谭氏官府菜

16 23 20 ¥473

关东店南街 2 号旺座中心 ☎65865086

怀柔区富乐大街 1 号楼富乐环岛东北角 ☎89687999

✍ “名声在外”的店。装修“金碧辉煌”，“由大堂到洗手间”处处显示着“官府的华贵”。出品是“糅合了川菜和粤菜风格”的官府菜，浓汤系列的菜式挺“好”的，其他的就稍显“一般”了，没什么能给人留下深刻印象的。价格就是个“贵”字。在这儿吃饭，更像是一种“身份地位上的满足和表现”。

☺ 商务宴请。

💻 www.dianping.com/chain/18315

谭鱼头火锅

20 18 16 ¥76

安立路慧忠北里 105 号楼 ☎64848880

珠市口西大街 25 号(近虎坊桥) ☎63018885

广安门外红居街远见名苑 4 号裙楼 ☎63431688

✍ “到这里就是吃鱼头的”。“腌制好”的鱼头放锅里涮一下，肉质“滑嫩”，吃起来“很过瘾”。尤其是冬天来吃，点个辣锅辣鱼头，“辣乎乎”的“全身都会温暖起来”。其他东西就“一般”了，价格偏“贵”，“偶尔吃一次”还成。

☺ 朋友聚餐、商务宴请。

💻 www.dianping.com/chain/22104

潭州酒楼

23 8 13 ¥36

花家地北里 1 号楼(邮局北边) ☎64734418

✍ 湘菜馆子。出品“非常地道”，在长沙吃的“就是这个味儿”。印象最深的是酱板鸭，又“香”又“辣”，回味“很浓”，就是“硬”了些，得牙口好点的才能吃。干锅系列的口味“重”，特“下饭”。店子“不大”，人气“很旺”。若是不想“等位子”就叫份外卖，菜品都是用“微波炉盒子”装的，冬天还套个“棉花套子”——真叫个“贴心服务”。

👍 酱板鸭、干锅系列、剁椒鱼头。

☺ 朋友聚餐。

💻 www.dianping.com/chain/15713

汤记九九鸭脖子

见武汉汤记鸭脖子（243页）

唐宫海鲜舫 23 19 20 ¥119

东交民巷2号新侨饭店3楼 ☎65129603

北四环东路118号西藏大厦1楼 ☎64985543

首体南路6号新世纪饭店2楼 ☎68491313

复兴门内大街51号民族饭店1楼 ☎66059327

建国门内大街19号好苑建国商务酒店1楼 ☎65131288

✍ 像香港的茶餐厅，“热热闹闹的”。每次都来吃点心。各种点心都“很有水准”，“精致”、“好吃”，全天供应。美中不足的是，特价的东西“很少”。也可以选择正餐，粤菜“地道”，海鲜也“有档次”。服务没得说，真的“很周到”。虽然菜价“稍贵”，还要加收10%的服务费，但也算“物有所值”了。

👍 虾饺、乳鸽、榴莲酥、凤爪、雪媚娘。

☺ 商务宴请、朋友聚餐。

💻 www.dianping.com/chain/21915

桃酥王 21 11 13 ¥10

多家连锁店

✍ “超级美味”的桃酥。真的“很酥”、“很香”，而且“不是特别甜”，掰一块放嘴里，感觉真是好，价格又不贵，“真想把他家全吃遍”。美中不足的是“油腻”了点，总担心“吃多了会胖”，得减肥。

👍 核桃酥、瓜子桃酥、花生酥、老婆饼。

💻 www.dianping.com/chain/18592

陶然居 19 22 17 ¥63

朝阳门外大街12号昆泰商城4楼(蓝岛大厦西) ☎65993330

西直门外大街168号腾达大厦2楼 ☎88577038

西翠路 11 号 ☎68154266

✍ "真正从四川出来的餐馆"。菜品"非常丰富",做得也"够味","把辣的特色和鲜、香结合得很好"。每次去"必点"福寿螺。菜量"很大",只是价格"普遍偏贵"。昆泰大厦店非常大,跟个"迷宫似的",都"搞不清楚自己在哪里了"。

👍 福寿螺、芋儿鸡、糯米排骨、晾干白肉、水煮鱼。

☺ 朋友聚餐、商务宴请。

💻 www.dianping.com/chain/22112

特色酸辣粉

25 | 0 | 2 | ¥6

西单明珠市场对面

✍ "向大家隆重推荐这里的酸辣粉"。他家的粉是"粗粉","不硬";汤头口感"很重",够"酸"够"辣"够"麻";"最最出彩"的还是里头的"豆豆跟榨菜","那叫一个香"! 难怪那么多 MM 都"不顾自身优雅形象"捧着个碗"站"着吃呐。

💻 www.dianping.com/chain/1940698

腾格里塔拉

21 | 22 | 22 | ¥194

万寿路 2 号(定慧寺路口) ☎68150808

✍ "很正宗"的内蒙风味。自助餐为主,也可单点。食物"种类很多",从烤全羊到各种莜面食"一应俱全",质量也"很高"。最好玩的就是"大型蒙古歌舞"表演,"艳丽"的服饰,"壮美"的场面,"气势恢弘"。适合"热热闹闹地请客吃饭"。"要是价格能便宜些就好了"。

👍 烤全羊、羊肉串、自酿酸奶、手抓肉、烤羊腿、马奶酒。

☺ 商务宴请、朋友聚餐。

💻 www.dianping.com/chain/15856

天厨妙香素食馆

22 | 20 | 21 | ¥41

清华东门创业大厦 1 楼 110 室 ☎62797078

✍ 京城里"性价比最高"的素菜馆之一。菜单"写得很明白",大多是"一目了然","鲜有几个"佛家用词。出品都挺"逼真"的,味道"很好",就是所谓的"荤菜"油"大"了些,要"多搭配点爽口的"。店堂"布局简洁","没有刻意追求宗教色彩",也"没有哼哼哈哈的诵经音乐"。去的话可得记着:"不准吸烟,不准带肉食,不准带酒"。

👍 随缘解馋、糙米饭、红颜知己、水煮鱼、黑椒牛柳。

☺ 朋友聚餐、情侣约会。

💻 www.dianping.com/chain/16497

天地涮肉 ▽ 22 3 8 ¥36

大柳树路 23 号 ☎62187844

✍ “爱的就是那个味”。“传统”的炭火铜锅，羊肉“挺嫩”，小料也“基本保持了传统特色”，“味儿很足”。就是环境“比较嘈杂”，服务员也比较“少”，加菜“要催”。

💻 www.dianping.com/chain/17925

天地一家 21 33 24 ¥456

南池子大街 140 号(近长安街) ☎85115556

✍ “北京少有的顶级消费场所”之一。“喜欢”这里的装修：“昏暗的灯光”一反“中餐厅常态”，中央一张“大圆台”被水“环绕”，周围是“青龙、白虎、朱雀、玄武四颗神柱”，“灰黑色的墙体”处处可见“名家临摹的画作”。菜品“海纳百川”，“中西皆有”，粤菜是主打。要想宴请“重要的客户”，这里是个上佳的选择。

💻 www.dianping.com/chain/15767

天都里印度餐厅 20 25 25 ¥205

工体北路 2 号兆龙饭店 1 楼 ☎65972211

✍ 印度餐厅。环境“很有特色”，四周都是“亮堂堂”的镜子，顶上的垂挂是“法显和玄奘的经文”，间或还能欣赏到现场表演的“印度舞蹈”，“异域”风情浓厚。菜肴“做工讲究”，“印度味十足”。服务员几乎都是“憨态可掬的印度人”，态度“挺好”。就是价格“忒贵”了点，要“荷包鼓鼓”的时候去才行。

👍 咖喱鸡、芒果酸奶。

☺ 情侣约会、朋友聚餐。

💻 www.dianping.com/chain/15710

天福号 26 12 14 ¥26

西直门内大街 213 号 ☎62252361

✍ “老字号就是老字号”。他家的酱肘子“切片蒸一下”，用“热热的大烙饼”夹着吃，那“香滑”的口感，那“满嘴流油”的滋味，绝对是“特草根的享受”。逢年过节常“脱销”，可别买到“假冒”的了。

👍 酱肘子、松仁小肚、蒜肠。

💻 www.dianping.com/chain/19079

天和晟 20 11 16 ¥29

静安里 45 号康菲特酒店 1 楼(皇家大饭店对面) ☎64687967

惠新里 1 区 38 号 ☎64951583

花家地西里(建材大世界对面)

✍ 老北京风味的馆子。都是家常菜,"味道挺好的"。"半年换一次"菜单,"菜单以外的菜也可以点",只要大厨会做就行。有很多小吃,灌肠、豆汁、肉笼……等位"免费送小菜"。听着服务员们"老北京似的吆喝声",感觉挺好的。就是人多"闹腾了点"。

👍 宫保鸡丁、炸灌肠、烤鸭、京酱肉丝。

☺ 朋友聚餐。

💻 www.dianping.com/chain/16839

天津百饺园

22 | 13 | 12 | ¥35

新文化街甲12号 ☎66016934

芳城园4区21号(近南方证券) ☎67608999

✍ "很不错的饺子馆"。饺子"按份"卖,一份一盘;馅料"品种多",可以随便挑选。最喜欢猪三鲜馅的,每个里面都"有整个的虾仁","太解馋啦"!饺子"现"包,"每次需要等很久才上"。客人多,而且"不乏老外","去晚了要排很长时间的队"。价格稍微"贵"了点。

👍 猪肉三鲜饺子、蟹黄饺子、松子鸭蛋黄饺子、津味素。

☺ 朋友聚餐。

💻 www.dianping.com/chain/17631

天旷天府豆花庄

18 | 8 | 9 | ¥22

西单北大街180号西单文化广场B1楼 ☎66069155

西四环北路117号金四季购物中心4楼 ☎88493082

✍ "成都小吃的学长级","小时候"就"经常来"了。最有"特色"的是各类小吃,凉面"一绝","不吃闭不上眼"。酸辣粉什么的也都一直"保持"着"好味道","强烈推荐"。还能吃自助火锅,菜品看上去挺"干净"的,种类"还行",吃口"还行"。环境和服务都"很烂",也就是随便吃吃的主。

👍 凉面、酸辣粉、麻辣烫。

☺ 朋友聚餐。

💻 www.dianping.com/chain/17344

天伦阁西餐厅

17 | 31 | 27 | ¥183

王府井大街50号天伦王朝饭店3楼 ☎65138888-8156

✍ 天伦王朝饭店三楼的自助餐厅。环境是"最棒的",大厅"像宫殿","高高的穹顶",周围还有"水景",有种"很空旷的感觉"。晚上有"钢琴演奏和歌手表演",让人"仿佛置身于一个广场演唱会"。菜品种类"不是很多",但都"比较精致",蜗牛"鲜嫩",烧烤"有特色”，甜品也“不错”。“大公司在这里举办晚宴再合适不过了”。

☺ 情侣约会、商务宴请。

💻 www.dianping.com/chain/15534

天使冰王 TCBY 19 15 16 ¥33

东长安街 1 号东方新天地广场西门 AA01 ☎85186169

建国门外大街 1 号国贸商城地下 1 楼 SB122A ☎65057619

建外大街秀水街

中关村购物广场 B1 楼津百汇内

✍ 冲着“不会长胖的冰淇淋”这么“让人心动的招牌”去的。造型“没有哈根达斯花哨”，也许是“低脂”的关系，吃起来“没有哈根达斯那么腻”，“清清爽爽”的。不过喜欢“传统”冰淇淋的人大概会嫌它奶味“不够浓”。价格“不是很便宜”。小贴士：能堂吃。

👍 芭菲杯、华夫筒。

☺ 情侣约会。

💻 www.dianping.com/chain/21820

天天渔港酒楼 19 20 19 ¥162

方庄芳城园一区甲 1 号 ☎67621389

丰体北路甲 2 号 ☎63860852

南三环方庄南路 9 号谱田大厦(近方庄桥) ☎51228333

✍ 粤式海鲜馆。海鲜都“特别新鲜”，口味“不错”。普通的粤菜也“挺好”的，“经常推陈出新”。环境“优雅”。价格可真“贵”，一般人还不大消费得起，就“适合”商务宴请。

☺ 商务宴请、朋友聚餐。

💻 www.dianping.com/chain/22042

天下盐川菜 6 号 23 18 15 ¥47

大山子 798 工厂酒仙桥 4 号院内 798 工厂 ☎64323577

北四环亚运村小营育慧里世纪村 3 区 7 号 ☎84651559

✍ 门面“很小”，“不小心的话很容易错过”。店里看起来像是“没有怎么装修过”，但是“颇有些特色”，“很人文”。菜名都“有说法”，菜“辣而麻”，吃起来“很舒服”，量“不小”，价格也“不贵”。服务一般，不过“为了美味也可以忍受”。人气“很旺”。

👍 黄氏牛肉、二毛鸡杂。

☺ 朋友聚餐、休闲。

💻 www.dianping.com/chain/15300

天下一日本料理 18 13 13 ¥97

新源南路西口 12 号 ☎64626638

✍ 日料小店。中午提供自助，晚上是单点。东西品质“挺不错”的，能“吃到不少好东西”。就是环境“陈旧”了点，“不挑剔”的话，还是“值得一去”的。

👍 烤鳗鱼。

☺ 朋友聚餐。

💻 www.dianping.com/chain/15616

田园鸡火锅

24 9 17 ¥40

回龙观龙泽站桥北

密云县 101 国道旁

昌平区昌平镇南环路

✍ 鸡是“从湖南桃源县运来的”，“用药膳”煮成。锅子上来别急着涮，先来几碗鸡汤，“很好喝”。鸡肉“肉质很嫩”，配上各种新鲜的蘑菇，“绝对是美容健身的好选择”。吃完还可以专门买他们的汤，带回家去煮东西。

☺ 朋友聚餐。

💻 www.dianping.com/chain/61360

田源鸡火锅

22 10 15 ¥41

昌平区回龙观城铁站附近

通州区

顺义区中山西街 22 号(党校对面) ☎81490308

北京第二外国语学院对面

✍ 刚进去感觉“环境一般”，没想到鸡火锅的味道还“真不错”——没涮鸡之前“一定要先喝那汤”，“乳白色的”，加了中药，“淡淡的，非常鲜美”，还可以凭喜好放“香菜和白胡椒”。涮的小公鸡肉“极细”，“放进锅里煮个 5 分钟就好了”，口感“非常嫩”。其他涮品和凉菜“平平”。建议去尝鲜的朋友“只要点锅底和鸡就够了”。

👍 鸡汤、鸡肉、炸豆皮。

☺ 朋友聚餐。

💻 www.dianping.com/chain/18845

甜妹粑泥鳅

24 13 16 ¥38

西三环北路 82 号(航天桥北) ☎88420202

✍ 店面不大，也“不算精致”，不过“干干净净的”，看起来就“舒服”，“长条板凳”保持了“四川传统小饭馆”的特色。做的泥鳅味道真的很好，“香和辣都很到味”，而且“一点土腥味都没有”，量“非常大”。免费茶水也“蛮特别的”，刚好“可以解腻”。服务“及时”。

泥鳅、芽菜炒饭、黑竹笋。
朋友聚餐。
www.dianping.com/chain/83757

甜蜜生活 La Dolce Vita 20 18 19 ¥160

新东路北段8号 ☎64682894

不论是店面的大小还是装潢，都“很像意大利的餐厅”。加上里面的食客“大部分都是意大利人”，“有一种到了意大利的感觉”。经营的当然也是意餐，据说“很正宗”。推荐意大利比萨，“薄薄”的底，“厚厚”的料，“Cheese浓郁”。

比萨、奶油蘑菇汤、提拉米苏。
情侣约会、朋友聚餐。
www.dianping.com/chain/15403

听鹂馆 19 18 11 ¥141

颐和园公园万寿山南侧 ☎62881955
白石桥路35号(紫竹院东门) ☎88412884

吃的是官府菜，“非常地道”，就是“没什么特色”。宫廷小吃看着“像模像样”的，不过口感上“略有不足”。环境是“宫廷式”的，服务还是“老国营餐馆那一套”，价格“昂贵”。食客“不多”。

www.dianping.com/chain/22032

同达生态园 19 28 14 ¥51

来广营东路99号(近京顺路) ☎64319099

环境“好”，“就像进了植物园”，“满眼”都是绿色，空气“湿润润的”，“混合了泥土的清香”。做东北菜，“就地取材”，品种“多”，量“很大”，味道“还可以”。

大丰收。
休闲、朋友聚餐。
www.dianping.com/chain/15770

同和居 22 14 13 ¥80

月坛南街乙71号 ☎68522917

“奔着鲁菜的功夫来的”。到底是“老字号”，几样看家菜都“名不虚传”——乌鱼蛋汤是“喝过的最好的汤”，三不粘“金黄”、“软糯”、“香甜”，而且“真的一点都不粘”……消费“不算很贵”，“值得一去”。就是地方“不太好找”，服务态度也“不敢恭维”。

乌鱼蛋汤、糟熘三白、三不粘、葱烧海参、烤馒头。
朋友聚餐、商务宴请。
www.dianping.com/chain/15853

铜里铜香

20 23 19 ¥43

花园路2号(翠微大厦北) ☎62075559

花园东路31号牡丹宾馆1楼(牡丹园路口西北角) ☎62055559

✍ 环境“别致”，空间“很舒畅”，而且“不像一般的火锅店那么喧杂”，是“另类的火锅体验”。碗盘“都是玻璃的”，“挺有意思”。肉类“很新鲜”、“很嫩”，小料“很有特色”，牛羊肉“全天免费”。就是其他要另付钱的东西“都挺贵的”。

👍 肋卷、白菜。

☺ 情侣约会、朋友聚餐。

💻 www.dianping.com/chain/64464

图图蒙古餐厅

20 15 10 ¥48

魏公村民大北路16号(近人民教育出版社) ☎68468500

✍ “腾格尔开的店”，据说北京城里的蒙古人“都知道”。和宝琴“挨着”，装修“非常有民族风情”。服务员也都是“蒙古族姑娘”，如果“把人家哄高兴”了，还能“高歌一曲”，“很有气氛”。吃的“还可以”，奶茶、牛肉干、羊肉薄饼……都是“蒙古风格”，“蛮有特色的”，算是个“大口吃肉”的好地儿。

👍 牛肉干、羊肉薄饼。

☺ 朋友聚餐。

💻 www.dianping.com/chain/77274

吐鲁番餐厅

18 13 13 ¥48

牛街北口6号 ☎83164691

✍ “老牌”的新疆餐厅。出品有所“改良”，算是“京味儿”新疆菜。羊肉串“肉块好大”，“肥瘦搭配”得当，“香喷喷”的只能用“好吃”二字形容；它似蜜“一点都吃不出羊肉味”，“甜甜的”，“钟情”的人很多。其他菜肴也“不错”。菜量“特别大”，价格丰俭由人。环境颇有几分“民族特色”。每到饭点人都挺“多”。

👍 羊肉串、它似蜜、大盘鸡、醋熘木须、烤羊腿、拉条子。

☺ 朋友聚餐。

💻 www.dianping.com/chain/17660

娃哈哈大酒楼

21 25 19 ¥90

隆福寺街99号隆福广场1-4楼(美术馆东) ☎84095855

东三环南路2号赢嘉中心B座3楼(国贸桥东南) ☎65678887

东土城路12号怡和大厦 ☎64489900

✍ 杭帮菜馆。店堂里是“一派江南风光”，无论单间还是大厅，“小桥流水人家的意境显露无疑”。菜肴有如水乡般“精致细腻”，吃口“清淡”，带着点儿“甜味”。“最爱”锡纸包鲈鱼，“酸酸甜甜的酱汁和细嫩的鱼肉在锡纸里散着热气”，尝一口便有“幸福的感觉”。只是价钱也“漂亮”，一般情况下还是“商务客”多些。

👍 元宝虾、锡纸包鲈鱼、杭椒牛柳、东坡肉。

☺ 商务宴请、朋友聚餐。

💻 www.dianping.com/chain/16007

晚枫亭 21 20 17 ¥78

东方路1号希尔顿酒店东侧 ☎64623698

✍ “作为日料自助来说，很不错了”。餐厅很“大方”，烤鳗鱼、三文鱼都“不限量”，酒水“任你喝”。虽然上菜速度“慢”了点，但点的东西“基本都会上全”。服务员也挺“温柔”的。总的感觉，吃得“很爽”、“很开心”。装修最出彩的是那里的卫生间，记得看看。

👍 烤鳗鱼、三文鱼、加州卷、大虾天妇罗。

☺ 朋友聚餐、情侣约会。

💻 www.dianping.com/chain/17317

万吉大丰和 22 18 20 ¥129

板井路远大园五区甲1栋(香格里拉西) ☎88509991

✍ “生意火暴”的大馆子。出品以“湘菜”为主，“湖南常德”风味，“好吃又精致”。兼营“粤菜”，口感也“不错”。装修“豪华”，服务“周到”。大厅“永远打五折”。适合“商务宴请”，也是“湖南伢子妹子聚餐的首选”。

👍 甲鱼、剁椒鱼头。

☺ 商务宴请、朋友聚餐。

💻 www.dianping.com/chain/17585

万记麻辣烫 23 6 8 ¥18

国展家乐福对面巷子内

✍ “传说中最好的麻辣烫”。麻辣烫“香”，酸辣粉“过瘾”，烤馒头片“必点”。小料也“很好吃”，虽然是“单独收费”也“值”。所以，每次去“都要吃它个肚歪”。店铺重新装修后，环境“好”了些。价格“贵”了点。

👍 酸辣粉、麻辣烫、烤馒头片、烤串、素丸子。

☺ 朋友聚餐。

💻 www.dianping.com/chain/17531

万乐福烤鸡 23 11 13 ¥18

交道口大街甲140号

北三环东路燕丰商场1楼

京顺路丽都饭店东门 ☎64380290

✍ 烤鸡“很好吃”，刷的酱料“有点甜”，“比较像东南亚的口味”。鸡腿“肉多”，“嫩滑爽口”，吃起来“很过瘾”。交道口店“据说是北京最老的一家”，“开了很久很久”，“周围 30 米内”香味弥漫，每次路过“总会被吸引”。

👍 烤鸡、烤鸡腿。

💻 www.dianping.com/chain/21997

万龙洲海鲜酒楼 21 17 19 ¥161

亚运村安慧里四区 15 号五矿大厦 2 楼 ☎64989898

安定门外大街丙 88 号中路大厦 1 楼 ☎64285608

亮马桥路 39 号第一上海中心 1 楼 ☎64651818

知春路 113 号银网中心 1 楼 ☎62618888

建国路 71 号惠通时代广场 B1 座（四惠桥西北） ☎65078888

✍ “最喜欢”的粤式海鲜店“就是这里”。海鲜“很新鲜”，点的几个都做得“有滋有味”，粉丝扇贝“是最爱”。其他菜“一般”，价格相比其他海鲜店来说“不算贵”，“性价比高”。就是酒水“贵”了点。环境“嘈杂”，人多时“像菜市场”。

👍 蒜茸粉丝蒸扇贝、龙虾三吃、榴莲酥。

☺ 商务宴请、朋友聚餐。

💻 www.dianping.com/chain/22072

万万方巴西烤肉 17 13 12 ¥49

月坛南街 32 号银岛大厦 3 楼 ☎68511351

右安门外玉林里 1 号楼北京商务会馆 1 楼 ☎63292244 转

西安门大街 197 号（西四红楼电影院对面） ☎66168100

✍ 自助烤肉，有很多肉制品，“挨个上一遍，基本也就吃饱了”。水果“新鲜”、“丰富”，零食也“很多”。服务一般，“开始还走得勤”，再想要就要“伸长脖子盯着”，还要“叫上好几遍”才过来。环境“比较嘈杂”，人“总是很多”，最好“提前订位”。提醒：过生日的时候 3 个人可以免 1 个人。

👍 烤牛舌、烤菠萝、羊肉串、三文鱼、蒜蓉牛肉。

☺ 朋友聚餐。

💻 www.dianping.com/chain/17889

万兴居 19 7 12 ¥12

鼓楼东大街翠花胡同 31 号 ☎65245322

广渠门夕照寺街东口

✍ “很实惠”的馆子。褡裢火烧“外焦里嫩”，“1 两

3 个”。通常有两种“免费”粥可以喝，点菜的时候“不要眼大肚子小”，10 来元钱“肯定能吃饱”。

👍 褡裢火烧、灌肠、猪肉茴香。

💻 www.dianping.com/chain/18022

王府饭店 Jing 餐厅 17 30 27 ¥322

王府井金鱼胡同 8 号王府饭店 B1 楼 ☎65106714

✍ 餐厅“比较大”，环境“很好”。家具“明亮清秀”，饰品“设计精致”，还有个“透明的酒库”，“非常浪漫”。服务生“帅气”，“动作标准”。西餐味道“还可以”，但价格“实在不便宜”。是个“吃感觉”的地方。

☺ 商务宴请。

💻 www.dianping.com/chain/18099

王记腊汁肉白吉馍 21 12 14 ¥12

旧鼓楼大街 46 号(好邻居超市对面) ☎64073600

✍ 西北风味小吃。肉夹馍“个头比一般的都要小一些薄一些”，白膜“脆生”，腊汁肉“口口有汁儿”，“嫩滑无比”，吃起来绝对是“满口带味儿”，“一口接一口”；米皮做得“有模有样”，“比较筋道儿”，口感“爽滑鲜香”；其他小吃也挺“出色”的。推荐去尝尝。

💻 www.dianping.com/chain/21348

王家渡火锅店 20 18 15 ¥54

慧忠北里 413 号楼(近北辰东路) ☎64846277

✍ “特色”火锅店。番茄锅底是招牌，“汤浓味鲜”，涮菜都收拾得挺“干净”的，味道“不错”。环境还算“雅致”，服务也“可以”。就是价位“偏高”，适合“偶尔去吃个新鲜”。

☺ 朋友聚餐、休闲社交。

💻 www.dianping.com/chain/21562

王老头糖炒栗子 25 7 10 ¥16

玉蜓桥西北(中国棋院对面)

✍ 在南城这片地界，王老头炒货“有很多年历史了”。“最爱”这里的栗子，不同大小价位不一，但个个都“很好剥”，而且“又甜又面”，吃起来那叫一个“香”!“每次路过必买”，“排大队”也在所不惜。

💻 www.dianping.com/chain/59090

王品台塑牛排 23 28 28 ¥199

华远街 9 号置地星座 9 号楼 6 单元 ☎58518200

建国门外大街永安东里米阳大厦1层(秀水街对面) ☎65680180

✍ “非常好”的一家西餐厅。店堂里处处“充满”了中国式的“奢侈风格”。出品造型“独特”，有些还配着“干冰”，“烟雾缭绕”的。口味算不上“正宗”，但却“适应了中国人的胃口”。套餐内容“丰富”，一份下来绝对能吃得“饱饱”的。服务更是“主打牌”，侍应生们都是“微笑”着的。若是在“特殊的日子”里来，还会有“意外的惊喜”呢！

👍 台塑牛排、香颂玫瑰露、面包、巧克力拉瓦。

☺ 情侣约会、商务宴请、朋友聚餐。

💻 www.dianping.com/chain/18718

旺顺阁

23 21 18 ¥101

安苑路(奥体东门向东) ☎64911199

亚运村北苑路88号 ☎64956668

东直门外大街新中街甲2号 ☎51203232

建国路88号(大望桥南) ☎85898800

✍ 他家的鱼头泡饼“最受欢迎”——“大、大、大鱼头”(4斤起卖)一上来，桌子就快“占满了”，味道“真是没话说”，“辣辣的”，“热腾腾”的饼也全“泡进了味儿”，“连一岁多的baby都爱吃”。就是吃口偏“咸”了点。也有燕鲍翅和一般的海鲜可点，味道蛮“正”的。价格么，倒是一点都“不便宜”。

☺ 朋友聚餐、商务宴请、情侣约会。

💻 www.dianping.com/chain/15869

望德楼清真餐厅

24 11 14 ¥35

地安门外大街26号 ☎64041818

✍ 老字号，“在附近居民中的口碑很好”。羊肉泡馍煮得“浓浓的”，“很有味道”，真是“百吃不厌”；扒口条、它似蜜、醋熘木须都“很地道”，烤牛肉的味道也“不比烤肉季差”。缺点是凉菜“很贵”，量也“不大”。环境、服务“有国营的感觉”，“不好”。

👍 羊肉泡馍、它似蜜、扒口条、醋熘木须、麻豆腐。

☺ 朋友聚餐。

💻 www.dianping.com/chain/17627

威斯汀美味

22 25 23 ¥147

金融大街乙9号威斯汀大酒店1楼 ☎66068866转

✍ 威斯汀大酒店内的自助餐厅。海鲜都蛮“新鲜”的，足够让你“大快朵颐”；水果种类“丰富”，连奇异果和番石榴之类“不常见”的都有；甜品也不少，整体水平

"中等偏上"；遗憾的热菜卖相不怎么样，味道也有点让人"失望"。环境"没得说"，装修"现代"，高挑的屋顶"很喜欢"，还有有吸烟区和无烟区之分。服务挺"好"的，希望能够"保持"。

👍 海鲜、甜品。

☺ 商务宴请、朋友聚餐。

💻 www.dianping.com/chain/2003236

维兰西餐厅

17　20　15　¥72

万泉河路 75 号(原中关村店)　☎62636026

鼓楼外大街 27 号万网大厦 B1 楼　☎84135540

✍ "老牌"西餐厅，听说原先是"给大使馆做饭"的。环境蛮"温馨"的，"非常安静"，适合约会或者谈事情。出品以俄式、英式和法式菜肴为主，味道还"不错"，量"大"，价格"便宜"。就是"奶油的东西"吃多了会"觉得腻"。

👍 奶油蘑菇汤、T 骨牛排、奶油烤杂拌、厨师沙拉、南瓜汤。

☺ 情侣约会、朋友聚餐。

💻 www.dianping.com/chain/17878

为人民服务

19　17　15　¥100

三里屯西 5 街 1 号　☎84544580

✍ "高明骏开的店"。冲着那名字和三里屯的特殊位置，就知道这个饭馆里"络绎不绝"的"大都是外国朋友"。吃的是泰国菜，"酸酸辣辣的"，口感"很特别"，跟虾有关的东西都"好吃"。环境挺"别致"的，有露天位。

👍 海鲜粉丝沙拉、虾汤、冬荫功汤、绿咖喱鸡、木瓜沙拉、酸辣生虾。

☺ 朋友聚餐、情侣约会、休闲社交。

💻 www.dianping.com/chain/15654

味百咖喱

16　13　12　¥25

东长安街 1 号东方新天地 B1 楼　☎85186575

西单文化广场 B1 楼　☎66037994

东三环南路 2 号京汇大厦 1 楼　☎65676761

建国门内大街恒基中心商场 1 楼　☎65182140

霄云路麦子店新恒基国际大厦 1 楼　☎84580520

✍ 快餐店，价格"挺便宜的"，东西"就那么回事吧"。咖喱"做得很一般"，口味"比较温和"，不是"香浓火辣"的那种。红豆冰山"常年特价"，料"少"但冰"足"，夏天吃"特舒服"。新天地店每逢"工作日中午"，人就"狂多无比"，"常常要排大队"，服务员难免"忙不过来”，有时甚至会“忘了找钱什么的”，“得自己催着点”。

👍 咖喱牛肉饭、鸡肉咖喱、烧鸡饭。

💻 www.dianping.com/chain/21900

味道江湖

16 27 20 ¥86

北苑路 169 号兆维亚东大厦 1-3 楼 ☎64892344

✍ 创意川菜馆。装饰上“下了番功夫”，利用诸多“宜家家具”和“纱幔”营造出了“与众不同”的“别致氛围”。服务员的态度“特别好”，“连客人上下楼都照应着”。相比之下，菜的味道“比较一般”，价格也“贵了些”。

👍 天下第一腿、江湖一品素、粉蒸肉。

☺ 情侣约会、朋友聚餐、商务宴请。

💻 www.dianping.com/chain/20005

味多美

22 18 17 ¥21

多家连锁店

✍ “很喜欢”的一家西饼店。品种“齐全”，配料“精细”，口感“挺好的”，价格也“不高”。老婆饼香气“诱人”，蛋挞“甜而不腻”，每次“路过”都会“买点”。航天桥店据说是“全亚洲最大”的分店，装修得“很好”，威尼斯小船颇有“新意”。

👍 老婆饼、蛋挞、乳酪蛋糕、丹麦酥条、肉松面包、香蒜面包。

☺ 情侣约会、休闲社交。

💻 www.dianping.com/chain/22133

味好家

21 25 19 ¥50

知春路 1 号学院国际大厦 1 楼(近学院路) ☎82328025

✍ 传统的台湾铁板牛排。套餐“很实惠”，除了牛排和煎蛋是由服务员端上来的，其他的都“自助”，一个人一份牛排套餐“绝对能吃饱”。环境相当不错，沙发“好舒服”，“情侣约会有情调”。小贴士：24 小时营业。

👍 黑胡椒牛排、沙朗牛排、菲力牛排。

☺ 情侣约会。

💻 www.dianping.com/chain/21724

味千拉面

17 13 11 ¥33

崇文门外大街 3-5 号新世界商场北

建国路 88 号 SOHO 现代城

东方新天地 B1 层美食街(FAB 音像旁)

东三环中路 39 号建外 SOHO A 座 1 楼 ☎58696406

望京街 9 号望京国际商业中心

建国门外大街 22 号赛特大厦 B1 楼(近日坛路) ☎85120181

中关村大街 27 号新中关购物中心 B1 楼
广顺北大街 33 号嘉茂购物中心

✍ 日式拉面店，拉面“挺筋道”，汤头“浓白”，猪软骨拉面“最受欢迎”。此外还有各类定食、小食和冰品饮料，口味都“不错”。就是价格“不便宜”，环境也“不怎么样”。

👍 猪软骨拉面、味千拉面、红豆冰、金菇牛肉卷。

💻 www.dianping.com/chain/19591

文府大厨 21 27 22 ¥173

华远街 9 号华润置地星座 D 座 ☎58518059

✍ 供应韩式铁板系列，大厨在你面前“现场操作”，最逗的是“他们还会跟你聊天”。也有日式料理可点，1 元寿司的单子,“得自己填写”,“有点成都小吃的风格”。环境相当不错，尤其是一个个“精美”的包间，适合聚会、宴请。价格“不菲”。

👍 烤鳗鱼、牛排、鹅肝碎炒饭、鹅肝。

☺ 商务宴请、情侣约会、朋友聚餐。

💻 www.dianping.com/chain/71969

文汝馨居茶膳 18 23 14 ¥68

建国路 88 号 SOHO 现代城西侧 10 号 ☎85804341

✍ “很有书香气”的小馆子。环境“挺有意思”的，“紫色的纱帘”、“古色古香的桌椅”、“线装书”式的菜单，都带着点小“情调”。“以茶入膳”，“搭配各色茶叶”做出来的川菜“非常有特色”，但味道稍显“一般”，分量也“少”了点。价格么，菜肴“还可以”，茶叶就太“贵”了。

☺ 休闲社交、情侣约会。

💻 www.dianping.com/chain/15789

文宇奶酪店 26 14 19 ¥10

南锣鼓巷 49 号 ☎64057621

✍ “很隐蔽”的小店，“身处闹市却很难被发现”。奶卷，奶味“浓郁”，豆沙“清甜”，搭配在一起“相得益彰”；原味奶酪“细滑、醇厚”，“有较重的醪糟味”；双皮奶“不腻人”；酪干“很实在”。和梅园、奶酪魏比起来，这儿“量大”，“更实惠”，至于偏爱哪家味道，就见仁见智了。

👍 双皮奶、原味奶酪、奶卷、杏仁豆腐、酸梅汤。

💻 www.dianping.com/chain/19264

文竹奶酪店 20 16 19 ¥9

地安门西大街丁 151 号　☎66138196

✍ "小小"的奶酪店。走进去,"淡淡"的奶香"弥漫在空气中","充斥着奶酪的浓郁和快乐"。老板夫妇"和蔼可亲",东西"口味纯正","浓而不腻",吃了三碗奶酪"还恋恋不舍"。相比梅园的涨价,这里的价钱"显得平易近人"。

👍 酪干、双皮奶。

💻 www.dianping.com/chain/1914886

窝夫小子　25 18 24 ¥54

朝阳门北大街 8 号富华大厦 A 座 B1 楼　☎65543366

✍ "超级稀饭"的蛋糕房。他家的蛋糕花样"非常多",用料和口感都属"一流",还配有"文化背景"的专门"介绍"。通过网站或电话订购"方便快捷",服务"超好"——每次送货都"特准时","货到才付款",还能"异地收款免费送货"。

👍 巧克力蛋糕、芝士蛋糕、冰淇淋蛋糕、提拉米苏、慕司蛋糕。

💻 www.dianping.com/chain/17702

乌巢 The Kro's nest　20 23 18 ¥42

颐和园路福缘门 1 号(101 中学西边蓝院内)

✍ 藏在 101 中学附近的比萨店。整体色调是"红与黑"的搭配,环境布置得像个"大 party 的场子",前端的顶棚是"大片的玻璃",冬天在底下晒着"温暖的阳光","很舒服"。当家的比萨赢在"个头"上,"一般的女孩子,一角就够了",味道还"不错",但也"没有传说的好"。老板是个"帅帅的美国小伙",食客也以老外居多。

👍 比萨、鸡翅。

☺ 情侣约会、朋友聚餐。

💻 www.dianping.com/chain/78157

巫山烤全鱼　26 18 16 ¥44

西直门交大东路 46 号(佰金 KTV 对面)　☎51562760

东三环燕沙桥第一上海中心旁(高澜大厦对面)　☎64615726

✍ "只做一道烤鱼","提供十几种口味"。每条鱼"保持了烤鱼的炭香味","味道特棒"。要"现"烤,所以"上菜比较慢"。各种竹筒蒸饭"很值"。店"很小",但装修"有点意思"。人"很多","很可能没位子"。

👍 香辣烤鱼、豆豉烤鱼、麻辣烤鱼。

☺ 朋友聚餐、休闲、情侣约会。

💻 www.dianping.com/chain/21556

无名居　24 25 23 ¥144

知春路 111 号理想大厦 1-2 楼 ☎82665716
高梁桥斜街 40 号 ☎62228200
麦子店枣营北里 32 号 ☎65021568
亚运村大屯路慧忠里 B 区 102 号(北辰购物中心北) ☎64898990

✍ "地道"的淮扬菜馆。菜品"很精致",味道也是"没得说","很上档次";装修"豪华","每个餐桌"都是"独立"的空间;服务"随叫随到"——"国宴"的标准,请客"比较有面子"。价格当然也"不便宜"。提醒:有些菜需要提前一天预订。

👍 清汤狮子头、叫化鸡、大煮干丝、鱼米之乡。
☺ 商务宴请、朋友聚餐。
💻 www.dianping.com/chain/22002

五方院餐厅 20 18 15 ¥50

成府路(近清华南路) ☎62640677

✍ 听说是清华建筑系的人开的,内外装修都"挺别致"、"挺另类"的,青砖灰瓦,方桌方椅方盘子。菜的味道"还可以",一个字:"辣",充分感受到了"湖南菜的魅力"。五方肉炖得"又香"、"又嫩","来了一定要点"。就是菜量"小",价格"高"了点。

👍 五方肉、双椒鱼头、农家小炒肉。
☺ 朋友聚餐、情侣约会。
💻 www.dianping.com/chain/64789

五哥鸡翅 23 5 8 ¥33

东四八条胡同 ☎64001626

✍ 号称"京城烤翅大帝"。他家的烤翅有辣的也有不辣的,像是加了"蜂蜜","甜甜的","嫩度有一手"。环境确实"简陋"了点,都是"小长桌小圆凳",8 个人就"坐不下"了。传说中的"五哥五嫂"没事不会"找顾客麻烦",但也"不是殷勤的主",想到那儿被"伺候"着,"怕是没戏"。小贴士:去之前最好电话预订。

👍 烤鸡翅、烤馒头片、泡菜、拌海带丝、豆腐干、毛豆。
☺ 朋友聚餐。
💻 www.dianping.com/chain/19857

五棵松麻辣烫

见林静小吃(171 页)

武汉汤记鸭脖子 24 9 13 ¥20

东直门内大街 176 号 ☎84010479

✍ "吃过好多家的鸭脖子,最爱这家"。每次都要特辣的，“够辣”，够“过瘾”！除了鸭脖子，鸭肠、鸭翅也很好吃。虽然有时候觉得吃太辣不太好，但“还是馋”，“过阵子就忍不住跑去买”。窗口处“总有一群人排队”。

👍 鸭脖子、鸭肠、鸭舌、鸭翅。

💻 www.dianping.com/chain/17916

武之助日本料理

24 17 26 ¥53

亮马桥路 27 号 ☎64318238

✍ “吃腻了”北京其他日餐馆的鱼生和寿司，不妨来这里试试有“家常”特色的“广岛风味”。传说中的火烧其实是“把一些肉、菜、面/乌冬等分层放好”，加些“粉浆”，用“慢火”煎成的“圆圆”的小饼，味道果然“不错”。其他菜肴也大都是“现场做”的，价格“不贵”，但基本上都是“好小好小的一盘”，要是“不多点几样”恐怕就“吃不饱”了。

☺ 朋友聚餐、情侣约会。

💻 www.dianping.com/chain/22132

西贝莜面村

21 20 19 ¥61

六里桥北里 10 号 ☎63316888

慧忠北路安慧北里小区安园 8 号楼 ☎64984455

万寿路 4 号(沙沟路口北) ☎68232833

青龙桥三岔口甲 84 号(颐和园北宫门对面) ☎62862150

香山南路 88 号 ☎62597778

旧公镇旧公二村三台山路 16 号 ☎87609698

左家庄北里 5 号 ☎64650981

✍ “非常有特色”的西北餐厅。店面“很打眼”，操作台能“看到大家在做卷卷”，特“有趣”。包间是“独门独户”的，里头带了个“厨房”，客人们可以亲自烧菜。菜肴大都是“西北菜的代表”，肉制品称得上“物美价廉”，绝对能“让肉食主义者感到满意”。服务还算“周到”。这样的店家，是“没有理由”火不起来的。

👍 大拌菜、莜面鱼鱼、羊肉串、烤羊腿。

☺ 朋友聚餐、商务宴请。

💻 www.dianping.com/chain/21824

西单翅酷

21 6 9 ¥32

西单图书大厦东侧钟声胡同 15 号(民航大厦旁) ☎66032605

中关村南一街 3 号 ☎62644835

✍ “传说中巨好吃的烤鸡翅”。确实名不虚传，鸡翅“又香又嫩”，略带“甜”味又“甜得合理”。能吃辣的可以“直接吃双面或极品鸡翅”。环境实在太差，就一个 10 平米的“小”屋，摆了 7 桌，“太拥挤”。等位的人很多，如果你提前订了座，就可以“很光荣地”“在大家的注视下”“大摇大摆”地进店。

☞ 微辣鸡翅、原味鸡翅、烤馒头、土豆沙拉、海带丝、豆腐干。

☺ 朋友聚餐。

💻 www.dianping.com/chain/61989

西德顺爆肚王

20 15 16 ¥37

和平里中街 29 号 ☎64200162

✍ “很地道的老字号”。一共三四张桌子，墙上挂着西德顺的“老”照片，有几分“怀旧”气息。老板是爆肚王的传人，“话不多”，“挺和气”。做的东西一共只有五样，原料“很新鲜”。爆肚是“要一盘爆一盘”，蘸的是“用麻酱调的料”，“清爽鲜香”，肚仁“干净爽脆”，百叶也“嫩”。周围的吃客都“特北京”，“很有意思”。

☞ 爆肚。

💻 www.dianping.com/chain/17888

西堤牛排 TASTY

21 26 26 ¥99

宣武门外大街 8 号庄胜崇光百货南区新馆 5 楼 ☎63102650

✍ 王品的“平民版”。环境“非常好”，“暗暗”的色调配上“点点灯光”，尤其“适合约会”。98 元/位的套餐“确实物有所值”，卖相“精致”，量还“不小”，吃得出大厨的“心思”。服务生们都带着“幸福像花儿一样的笑容”，“相当有亲和力”。在这儿吃饭，真的“很舒服”。

☞ 菲力牛排、焗鲜虾茭白、马德里薄切生牛肉、西柚柠檬露、牛尾汤、肋眼牛排。

☺ 情侣约会、朋友聚餐、休闲社交。

💻 www.dianping.com/chain/1945879

西甸 300 食府

22 26 17 ¥69

孙河乡西甸村 300 号 ☎84590300

✍ 地方“偏远了些”，在“村子里”。建筑物是栋“两层别墅”，院子收拾得“挺有调调”，室内桌椅都很“居家”的感觉，看着“舒服”。到这儿就得吃“飞禽野味涮锅”，“肉嫩汤鲜”，连带一起煮的土豆和胡萝卜都“特别入味”。冬天里来上一大锅，“热乎又滋补”。P. S. 最好提前订位。

☞ 飞禽锅、面片、麻酱白菜。

☺ 朋友聚餐。

💻 www.dianping.com/chain/18619

西来顺饭庄

18 9 12 ¥42

和平门北新华街116号(原址白塔寺)(西交民巷口) ☎66015996

✍ “老字号”餐厅。在北京的“五大顺”里以“清真热炒”而“闻名”。厨子据说是“当年马连良家出来的”,一手操持的“特色菜”就是“不一般”。尤其是招牌的马连良鸭子,果然“皮酥肉嫩”,连骨头都“津津有味”。“外卖窗口”的各种清真小吃也“不错”。价格“适中”。可以去尝尝。

👍 马连良鸭子、它似蜜、油泼羊肉。

☺ 朋友聚餐。

💻 www.dianping.com/chain/22055

西迷魂阵村

21 19 17 ¥65

天泽路26号(莱太美食街) ☎84545538

✍ 一进门就闻到“好浓好浓的酸味儿”。招牌酸汤鱼果然“非常好吃”,“酸中带点辣”,“让人很舒服”。其他贵州菜也还可以。装饰简洁,地板是“很粗糙的原木”,墙也是“土墙”,“挺有个性”。服务员“比较热情”。等人时有很多杂志可以看,“不会觉得寂寞”。价格“不算贵”。

👍 酸汤鱼、蕨粑炒腊肉、米豆腐、蒸腊肠。

☺ 朋友聚餐、情侣约会。

💻 www.dianping.com/chain/17470

西蜀豆花庄

17 16 13 ¥54

东长安街1号东方新天地B1楼CC16 ☎85185388

亚运村安慧北里雅园1号楼 ☎64897778

建国门内大街8号中粮广场购物中心B1楼 ☎65224935

昌平天通苑三区6号楼 ☎84840509

✍ “改良川菜”的感觉,“不是特别的辣”,味道感觉“没有以前好”,“越来越普通了”。菜量倒挺“大”。装修“很有特色”,但人多时环境“太吵”,说话要“嚷”,吃饭“像打仗一样”。服务态度“应该再提高”,上菜太“慢”。价格也偏“高了”。

👍 水煮鱼、豆花、毛血旺、凉面、担担面、宫保鸡丁、麻酱油麦菜。

☺ 朋友聚餐。

💻 www.dianping.com/chain/21891

西香记

21 25 20 ¥31

苏州街33号公寓底商(海淀南路口) ☎62626454

✍ “西北风味与情调生活的完美结合”。环境“简洁明快”,而且“不像一般的陕西饭馆那么嘈杂”。吃的是

"正宗"的陕西风味，量很足。提供咖啡，一律9元。
👍 臊子面、擀面皮。
☺ 朋友聚餐、情侣约会。
💻 www.dianping.com/chain/1916974

西域饭庄 22 10 13 ¥42

三里河路7号新疆驻京办事处院内 ☎68332266-6613

✍ 餐厅在半地下，顺着楼梯走下去就闻到"诱人"的烤串味。做的新疆菜味道"没得说"，"正宗"，而且很多原料"都是从新疆运来的"。生意很好，一到饭点儿"人就多"，"很热闹"。只是环境实在是不怎么样，桌"挨"着桌，"连走路都费劲"，而且"经常没位"。提醒：有字画拍卖活动。
👍 大盘鸡、羊肉串、馕包肉、酸奶、手抓饭、炒片、拉条子。
☺ 朋友聚餐。
💻 www.dianping.com/chain/15798

西域玫瑰 21 16 14 ¥34

湾子街1号 ☎63325862

✍ 喜欢新疆菜的朋友可以试试。大盘鸡和羊肉串都挺好吃的。
☺ 朋友聚餐。
💻 www.dianping.com/chain/21282

西域食府 21 19 15 ¥75

北辰东路四区411号(近大屯路) ☎64862555

✍ "地道"的新疆风味。菜量"大"，口味"非常好"，羊肉串、羊排、羊腿都能上。晚上有歌舞表演，气氛"不错"。就是价格"挺贵的"，自己掏钱的话"想混个肚圆都费劲"。
☺ 朋友聚餐。
💻 www.dianping.com/chain/69867

西子湖畔大酒家 18 23 19 ¥106

阜成路101号永兴花园饭店1楼 ☎88139026

✍ "吃杭州菜"就要到西子湖畔。环境里透着份"小桥流水人家、湖畔月色的小情调"。菜肴卖相"精致"，颜色"漂亮"，看着就"有食欲"。金牌扣肉"据说得过大奖"，肉削得"很薄"，"一圈一圈绕成方锥状"，"夹在小面饼里吃"，"味美不腻"。服务也"蛮好"的。就是价格"贵"了点，"宴请"的话合适些。
💻 www.dianping.com/chain/17416

羲和雅居

16 25 15 ¥100

日坛东路(日坛公园东北角) ☎85611915

✍ 坐落在四合院里,“古色古香”。院子里还“有几棵大树”,夏天在院子里吃饭感觉“很休闲”、“很小资”;屋里摆了很多桌子,“很拥挤”,而且人多的时候“很吵”。菜品就是“大杂烩”,“川、鲁、粤、京、沪、杭一起来”,“没有什么特色”。大概是“在使馆区”的关系吧,“来的外国人比中国人多”。

👍 烤鸭、辣子鸡、老鸭煲。

☺ 商务宴请、朋友聚餐、休闲。

💻 www.dianping.com/chain/16477

喜宴法式铁板

22 22 22 ¥173

东直门内大街5号楼11-9号 ☎84064243

✍ 店子藏在“簋街的一角”。“人比较少”,“很安静”。有各种价位的套餐可以选择。出品注重“原料的味道”。铁板鹅肝最“令人难忘”——“润滑肥美”,在舌上“完全化开”,“充盈整个口腔”。看厨师现场做菜的过程是一个“异常开胃的show”,尤其是那位厨师长,手法“干脆清晰”,“不耍花样”。以它的价位来说,“绝对不应再挑剔”了。

👍 鹅肝、玉米饼。

☺ 情侣约会、朋友聚餐、商务宴请。

💻 www.dianping.com/chain/19538

喜洋洋老汤火锅

21 10 15 ¥38

月坛西街3号(近月坛麦乐迪) ☎68021183

文化馆路芍药居北里309号楼1楼 ☎84620021

石榴园北里45号 ☎87242396

东高地万源路西里29号楼东侧 ☎68384158

天通苑东一区65号楼

✍ 老汤锅底“很香”,羊肉“新鲜”,涮完了“不用蘸料,直接吃”,味道“不赖”。然后再来份刀削面,现削现煮,“先饱眼福,再饱口福”。还有“免费酒水”供应,“很适合聚会”。

👍 刀削面、老汤、羊肉。

💻 www.dianping.com/chain/18705

夏宫

19 22 22 ¥209

建国门外大街1号中国大饭店2楼 ☎65052266-34

✍ 酒店中的粤餐厅。菜“价格贵”,但“并不出色”。大多数人“都是来吃早茶”的,广式小点心“味道很不错”，口味也“比较正宗”，可选择的品种“很多”，还“有一些不常见的款式”。服务“没得挑”，“绝对和价格成正比”。

👍 肠粉。

☺ 商务宴请。

💻 www.dianping.com/chain/15707

仙仁城 25 14 13 ¥38

复兴路（玉泉路口） ☎66706127

✍ 玉泉路地铁口“很火”的羊蝎子店。蝎子肉“不多不少”，味道“很好”，冬天来一锅，“热乎乎的”，“不错”。性价比“极高”。就是饭点人“巨多”，来晚了“总要等位”。

☺ 朋友聚餐。

💻 www.dianping.com/chain/18330

仙踪林 15 16 13 ¥37

多家连锁店

✍ “闲来无聊”时的“好去处”，逛商场走累了也会“来这儿歇着”。最喜欢他家“靠窗的秋千”，让人“回到童年”，还有“香香浓浓”的珍珠奶茶，“一大杯”都喝“不够”。“套餐”之类的就“很一般”了，价格又有点“贵”，不吃也罢。

☺ 情侣约会、休闲社交。

💻 www.dianping.com/chain/22135

暹罗泰

见非常泰（100页）

咸亨酒店 16 17 15 ¥69

天坛东门体育馆路8号 ☎67187979

✍ 一看到这个名字就自然“想到鲁迅笔下孔乙己一盘茴香豆就黄酒的情景”。做的当然也是绍兴菜，菜品“雅致”、“清淡”，菜量很“南方”，“扒拉几筷子就见底”。环境挺好的，“方桌条凳”，靠窗位“很舒服”。服务不怎么样。

👍 茴香豆、干菜焖肉、醉虾、炸臭豆腐、黄泥螺。

☺ 朋友聚餐、商务宴请。

💻 www.dianping.com/chain/21853

乡村居 21 16 11 ¥39

清华东路东王庄小区33号楼1楼 ☎62341180

✍ 韩式风味，来的韩国人较多。
👍 冷面、生菜包饭。
☺ 朋友聚餐。
💻 www.dianping.com/chain/18496

香妃烤鸡

22 11 11 ¥19

西单横二条 2 号 ☎66088676
西单北大街 31 号 ☎66510659
西单北大街 178 号中友百货 8 楼美食城 ☎66054197

✍ "中国本地的'肯德基'"。烤鸡"很香"，泡菜"爽口"。最喜欢的是火烧，"酥软又不腻"，吃完还"会打包很多回家"。价钱又"实惠"。总之，在这吃饭"就是很有感觉"。
👍 油酥火烧、烤鸡、泡菜。
💻 www.dianping.com/chain/22000

香丰阁

19 19 18 ¥45

新街口外大街 16 号(北师大东) ☎62050433

✍ "改良川菜"，卖相"精致"，"量不小"，"挺好吃的"。最常点的是水煮鱼，"不是狂辣的那种"，"比较柔和"。其他"传统菜"也"不错"。环境"还行"，服务态度也"好"，适合聚餐，适合请朋友吃饭。
👍 水煮鱼、江石滚肥牛。
☺ 朋友聚餐。
💻 www.dianping.com/chain/17618

香港美食城

21 15 16 ¥114

东安门大街 18 号 ☎65257349

✍ 当年北京的"三刀一斧"之一。在这里吃饭曾经是"一种奢侈"、"一种排场"，如今新馆子层出不穷，这里"已经不算什么了不起的地方了"。不过，粤菜的质量"还是不错"，"没有下降"，点心也算"精致"。
👍 鱼翅。
☺ 商务宴请。
💻 www.dianping.com/chain/21858

香宫中餐厅

17 30 25 ¥341

紫竹院路 29 号香格里拉酒店 2 楼 ☎68412211-2732

✍ 环境安静幽雅，透过落地大窗能眺望外面的花园；菜肴以鲍翅为主，粤菜挺"地道"；价钱不便宜。商务宴请比较有面子。
☺ 商务宴请。
💻 www.dianping.com/chain/15884

香江名城 20 23 16 ¥133

东直门东中街东环广场B座2楼 ☎64183666

✍ 港式火锅店。装修“很漂亮”，暗红色的纱帘“缥缈”而“不失稳重”，“玻璃的装饰”折射出的“光泽”给餐厅增添了“些许华丽”。座位都是“火车式的卡座”，私密性“很好”。涮品以“海鲜为主”，牛肉牛筋是“特色”，味道“不错”。就是价格“贵”了点，常去的话可以让楼面主任给“打个折”。

👍 墨鱼滑。

☺ 情侣约会、商务宴请。

💻 www.dianping.com/chain/76439

香满楼酒家 24 16 16 ¥64

左家庄新源西里中街渔阳饭店西侧 ☎64674391

柴家湾7号假日花园酒店1楼(红庙路口) ☎65031606

✍ “远近闻名”的老馆子。店里大都是“回头客”，也有“慕名者”，多数时间都要“排队”。他家的烤鸭确实“很赞”，肉、酱、饼都属“一流”，分量“十足”，价钱上比起全聚德还“便宜”了许多。其他菜肴算得上“规规矩矩”，颇有些“鲁菜风范”。最特别的是居然还能找到一些“在大多数饭店里已经绝迹的经典饮料”——“大亨”果茶、“山枝”酸枣汁什么的。

👍 烤鸭、盐水鸭肝、糟熘鱼片、南煎丸子、糯米藕、烧鸭四宝。

☺ 朋友聚餐、家庭聚餐。

💻 www.dianping.com/chain/16275

香猪坊 23 16 19 ¥45

望京新城423楼韩国城1楼 ☎64747772

五道口华清嘉园12号楼6号2楼 ☎62625586

望京新城412楼平价市场1楼 ☎64706103

✍ 店很“小”，大部分食客“都是韩国人”，看来确实“正宗”。菜单上的菜“很少”，基本以猪肉牛肉为烧烤主料，肉片“厚厚”的，“肥而不腻”，“一口是一口”，“没有让人失望”。生菜啥的都是“免费”送的，“很实惠”。饭点的时候人特多，场面就是俩字——“火暴”。建议提前预约。

👍 烤五花肉、鸡肉火锅、烤牛肉。

☺ 朋友聚餐、情侣约会。

💻 www.dianping.com/chain/20675

湘彬酒店 19 23 24 ¥105

德胜门东滨河路1号 ☎82079799

中关村南大街 52 号中外交流大厦 2 楼 ☎62159999

✍ “精品”湘菜馆。装修“很新”，“非常豪华”。菜谱挺“漂亮”的。出品经过了“改良”，大都“色香味俱佳”，不过比起它的“高”价位来说，“很难让人有惊喜的感觉”。服务可真是“没得说”，特“殷勤”。生意“蛮好”的，常常要“等位”。

👍 剁椒鱼头。

☺ 商务宴请、朋友聚餐。

💻 www.dianping.com/chain/17950

湘肠香火锅店

20 8 12 ¥43

姚家园路团结湖东里 10 号楼 ☎85966628

✍ 湖南风味馆。当家的肥肠火锅确实“非常有特色”，肠子收拾得“很干净”，味道“好”，里头配的青椒和大蒜“煮到最后都烂了”，适合“下饭”。就是分量“有点少”，经常都要再“续”一份肠子。板鸭也是一绝，“辣得无与伦比”，刚一吃就能被“撂倒”了。其他的湖南菜也挺“地道”。价格“适中”。“强力推荐”爱吃肥肠的食客前往。

👍 肥肠火锅、酱板鸭、老干妈炒猪脚皮。

☺ 朋友聚餐。

💻 www.dianping.com/chain/18087

湘鄂春

20 17 15 ¥48

阜成路 43 号(航天桥西北角) ☎68466611

✍ 湘鄂情的兄弟店，“定位较低”，“偏向大众”。湖南、湖北的家常菜在这里都能吃到——黄豆焖猪蹄，炖得“很软烂”，“香辣还带点儿甜”；小罐鸡汤“很鲜”，“又暖又开胃”；小炒肉、酸辣藕丁、干锅系列都“蛮好吃的”；桂花米酒也“不错”。是个挺好的聚餐地儿。

👍 瓦罐鸡汤、小炒肉、小罐鸡汤、黄豆酱猪手。

☺ 朋友聚餐。

💻 www.dianping.com/chain/16396

湘鄂情

21 25 21 ¥135

阜成路定慧寺甲 2 号 ☎88135388

教育街 3 号 ☎66566468

北四环路干杨树甲 16 号(华堂商场斜对面) ☎64969866

昆明湖南路 47 号(世纪金源大酒店对面) ☎88436888

三里河北街 7 号 ☎68588728

西四环南路 52 号中建一局大厦 B 座 ☎83982218

花园路塔院志新村 2 号(学院桥与志新桥间) ☎62358668

建国门外大街 24 号 ☎65155128

✍ 湘菜鄂菜，还数这家做得“地道”，嗜辣的朋友一定能够“大快朵颐”。店面装修“很有特点”，“粗线条”的桌椅、摆设都让人“印象深刻”，洗手间“像迷宫一样”，进去“差点没出来”。就是价格“偏贵”，感觉更适合“宴请”。

👍 剁椒鱼头、竹筒排骨、粉蒸排骨。

☺ 商务宴请、朋友聚餐。

💻 www.dianping.com/chain/21939

湘君府大酒店 21 24 19 ¥127

广安门外南滨河路1号高新大厦2楼 ☎63287777

✍ 湘菜馆子，从“装修风格”到“餐具器皿”都透着“金碧辉煌的贵气”，“绝对够档次”。出品挺“正宗”的，最“好吃”的就是剁椒鱼头了，“入味得很”。价格“不便宜”，包间还要“收服务费”，适合“宴请”。

☺ 商务宴请。

💻 www.dianping.com/chain/22071

湘临天下 20 25 20 ¥126

西直门外大街168号腾达大厦3楼 ☎88577777

亮马桥路27号 ☎64333939

中关村东路66号世纪科贸大厦B座2-3楼 ☎82698888

✍ 环境“富丽堂皇”，包厢也给人一种“金碧辉煌”的感觉，设施“完善”，请客“很有面子”。出品的湘菜似乎“改良太多”。鱼头是“招牌”，“值得一试”。其他菜“不过不失”。价格么，“偏高”了点。

👍 剁椒鱼头、农家小炒肉、干锅牛蛙。

☺ 商务宴请。

💻 www.dianping.com/chain/22121

湘水明珠 19 15 15 ¥104

月坛南街二七剧场路2号 ☎68058888

✍ 店面“很大”，有四层楼，装修“尚可”。说是湘菜馆，实际上“主要还是商务宴请”，鱼翅海鲜之类的“很多”。菜“不是个个都好吃”，但总体“还比较精致”，农家小炒肉“每次必点”。价格“较贵”。晚上有歌唱表演，“可以点歌”。旁边全是部委和银行，地理位置“好”，客人非常“多”。

👍 农家小炒肉、剁椒鱼头、金瓜香芋泥、炒黑山羊肉。

☺ 商务宴请、朋友聚餐。

💻 www.dianping.com/chain/17457

湘潭红毛家菜 21 9 12 ¥39

方庄芳城园三区19号楼 ☎67644679

✍ “常去的地方”。湖南味儿挺“正宗”的，量“很大”，价格“便宜”。环境“一般”，适合“二三好友小聚”。

👍 毛式红烧肉、剁椒鱼头。

☺ 朋友聚餐。

💻 www.dianping.com/chain/15747

湘旺湘菜馆

▽ 24 6 9 ¥39

德外大街乙6号 ☎82084745

✍ “正宗”的湘味小馆。面积不大，老板和服务员“全都是湖南的”。菜“都是家常做法”，很多“都很下饭”。

👍 剁椒鱼头、酸豆角炒肉末。

💻 www.dianping.com/chain/18831

湘西土菜

24 19 18 ¥51

星吧路美食街B-4(女人街东面) ☎84489191

✍ 七彩街里“吆喝的人特多”，这家“尤其厉害”。他家的湖南土菜还真挺“不错”的，湖南味儿“特重”，那个辣呀，就是“过瘾”。而且菜肴都“很下饭”，吃上几口就“胃口大开”了。环境和服务都“还可以”，“推荐”去“试试”。

👍 剁椒鱼头、小炒肉。

☺ 朋友聚餐。

💻 www.dianping.com/chain/17482

湘西驻京办餐厅

24 9 10 ¥40

太平桥大街111号湘西大厦(近辟才胡同) ☎66214788

✍ “在金融街地区能够推荐的就这家餐厅了”。菜继承了“湘菜传统的辣”，“非常下饭”；米饭“都是木桶装的”，“很便宜”。就是环境差了点——大厅其实就是一个“会议室简单改装”的，“桌子挨着桌子”，“人挤人”，“背靠背”，“嘈杂”得很。

👍 干锅娃娃菜、土匪鸭蛋、干锅牛蛙、桑拿牛肉。

☺ 朋友聚餐。

💻 www.dianping.com/chain/65476

向阳屯食府

17 20 15 ¥60

万泉河路26号 ☎62562967

✍ “吃东北菜的好地方”。门口就是“大口大口”的柴锅，炖的鸡、鱼、肉、菜，“香气在五里以外都能闻到”。走进去，“眼前一亮”，大炕、花布、石槽、长条板凳……“看花眼”。大厅里还搭了个台子“表演二人转"，"有意思"。菜"量大"，"味浓"。

👍 酸菜白肉、贴饼子小鱼、猪肉炖粉条、红烧大雁。

☺ 朋友聚餐。

💻 www.dianping.com/chain/15760

潇湘府 19 15 16 ¥37

西三旗东路 2 号 ☎82916600

小营西路清河大楼南院 14 号楼 1-3 楼 ☎62921619

朝外大街 10 号昆泰大厦 7 楼 ☎65995329

✍ "喜欢辣的话，是蛮不错的"。"很正宗"的湘菜，吃后"有回味"。肉菜比素菜好。量"真的很大"。就是人太多，"上菜有时候太慢"。

👍 剁椒鱼头、干锅茶树菌、小炒肉、拌野菜(花椒芽儿)。

☺ 朋友聚餐。

💻 www.dianping.com/chain/18443

小白桦西餐厅 20 21 19 ¥65

阜成门外大街 24 号京滨饭店 1 楼 ☎68582233-1666

✍ 俄式餐厅。菜量"挺大的"，卖相"有些粗糙"。烤奶油杂拌最"好吃"，"香浓鲜美"；红菜汤也"不错"，口感"浓郁"，就是吃多了"嫌腻"。价格"不算贵"，餐前还赠送"白面包"，餐后赠送"咖啡或冰激凌"，"比较用心"。环境和服务"还可以"，总体来说"值得一试"。

👍 烤奶油杂拌、红菜汤、奶油蘑菇汤、格瓦斯、土豆沙拉、罐焖牛肉。

☺ 情侣约会、朋友聚餐。

💻 www.dianping.com/chain/17734

小背篓 24 24 20 ¥95

团结湖路北五条甲 1 号 ☎85978135

✍ 蘑菇宴。各种各样的菇都有，"很新鲜"；汤"说不出的鲜"，也"很有营养"。蘑菇做的羊肉串，吃起来居然真的"很像肉"。不用预订座位，"什么时候来都会有座"。只是门脸太"小"，"没来过的话，很难找"。价钱也"太贵"了。

👍 各种蘑菇、虾滑、羊肉串。

☺ 朋友聚餐、商务宴请。

💻 www.dianping.com/chain/17459

小彼德 Peter Pan 19 19 16 ¥111

三里屯西五街北信京谊大厦西侧 ☎64651661

西大望路 3 号蓝堡国际公寓 S125 ☎85999051

✍ 意式餐厅。一进门就感觉好像到了"意大利人的家里”，“朴实温暖”。比萨的底“很薄”，但并不是“很脆”，顶上铺着一层厚厚的芝士，着实“美味”。其他菜肴也还“不错”，“无功无过”，蛮“适合北方人的口味”。生意“很好”，“老外”居多，谈情的“居多”。外卖也“挺火”。

比萨。

朋友聚餐、休闲社交。

www.dianping.com/chain/21857

小长城酒家

21 17 16 ¥50

东三环北路10号长城饭店旁 ☎65905209

惠新东街惠新里北一区38号楼(中国日报社旁) ☎64984512

“白领家常菜馆”。店堂“干干净净”，“没有豪华的装修”。菜品涵盖了“东西南北风味”，做得“比普通的饭店精致些”，口味也“不错”。因为价格“合适”，“自己吃饭的时候常来”。服务“一般般”。三元桥店人称“亮马后食堂”，生意很好，“外国人好多”。

水煮鱼、猪肉炖粉条。

朋友聚餐。

www.dianping.com/chain/18999

小肠陈饭庄

23 10 11 ¥29

外馆斜街45号 ☎64260208

南横东街132号 ☎63544478

方庄环岛南方群园三区11号楼 ☎67620251

草桥东路8号院1号楼 ☎87887815

大兴区旧官镇宣颐家园 ☎87917969

“老字号”小吃店，“绝对正宗”的小肠陈“传人”。当家的自然是卤煮了——“闻着香”，“吃着更香”，“常来常吃也吃不够”。价格“丰俭由人”，可以吃“几元钱一碗”的也可以吃“近百元的火锅”，不过小碗的味道更“浓”些。其他小菜也“不错”，吃吃还挺“过瘾”的。有空就跟“哥们几个去”，“爽”!

卤煮火烧、蓑衣黄瓜、脆皮大肠。

朋友聚餐。

www.dianping.com/chain/21912

小肥羊

21 13 12 ¥46

广安门内大街临43号(菜市口路口) ☎63166668

慧忠北路亚运村安慧北里雅园1号楼 ☎64962888

劲松八区811楼 ☎67707288

西坝河中里34号(国展西门斜对面) ☎64651106

永定路21号院综合楼(铁家坟路口) ☎68171369

东直门内大街209号(近东内小街) ☎84001669
八角西街金谷证券对面 ☎68871219
苏州街倒座庙32-1号 ☎62643692
通州区佟麟阁大街21号 ☎69537177
文慧园西街37号 ☎62247110
昌平区鼓楼南大街32号 ☎69718110
昌平区天通苑5区21号 ☎84820005
房山区良乡西路南大街18号 ☎69381988
二里庄北里志新西路16路总站 ☎82372838
大兴区黄村滨河西里兴丰北大街二段72-3 ☎69256809
顺义区西门外卧龙环岛铁桥西 ☎69443323
怀柔区开放路9号 ☎69605188
房山区北大寺4-4号分局路口 ☎69310522
马家堡建国北街4号院13号楼 ☎87588876
东北旺乡马连洼菊园

✍ "最爱吃的火锅之一"。喜欢他家"不用蘸料的吃法",全靠"锅底"提味儿。白锅里"有股子浓重的中药味",下肉之前"先喝碗汤","保管暖胃"。辣锅是"越吃越辣","越煮越咸"。羊肉"很嫩",菜也"新鲜",都值得"推荐"。就是店里"味儿太冲了",出门"半天了"身上还有股"火锅味"。

👍 羊肉、宽粉、肥牛、金针菇、油豆皮。

☺ 朋友聚餐。

💻 www.dianping.com/chain/21840

小胖包子王 22 7 12 ¥9

体育馆路(华普超市对面)
武圣路(松榆北路口)
北二环鼓楼桥东南
沙子口路口东北
东直门北小街66号 ☎84012018
天宁寺 ☎63181862
天桥(近友谊医院)
垂杨柳中街(京客隆超市对面)

✍ 这里的炒肝、包子都很好吃,尤其包子,"皮薄馅大","咬一口流油"。吃完嘴里仍有"余味,心里还会'留恋'"。价钱"便宜"。"都是附近的客流",生意"一直不错"。

👍 包子、炒肝。

💻 www.dianping.com/chain/62562

小青岛 20 6 12 ¥51

东直门簋街

✍ “簋街挺有名的一个小店”。这里的海鲜挺“新鲜”的，做法相当“青岛”，味道值得“夸奖”，分量“比较大”，价格也算“便宜”。就是环境“差了点”，里头就“几张桌子”，每次去都“排队”。

👍 豉汁扇贝、辣炒蛏子、番茄虾汤。

☺ 朋友聚餐、休闲。

💻 www.dianping.com/chain/1897492

小山城麻辣烫

23 10 14 ¥54

东直门内大街251号(东直门簋街小洞天对面) ☎84020856

东直门内大街183号 ☎64076570

✍ 吃川味火锅的“首选地儿”，“嗜辣者的天堂”。锅底有“好几种”，味道都“不赖”；把菜放辣汤里一涮，送进嘴的那刻“有味蕾全部打开的感觉”，“非常过瘾”，“非常满足”。环境说不上好，但“红红火火”的，“像极了重庆本土火锅店的气氛”。口味和氛围统统到位，“生意火暴”到“天天要等位”也在情理之中了。

👍 鸳鸯锅、馋嘴蛙、午餐肉、牛肉丸。

☺ 朋友聚餐。

💻 www.dianping.com/chain/19718

小石灶酒家

20 11 16 ¥33

海淀桥海淀大街25号楼西侧 ☎62630336

万泉庄11号楼 ☎62658844

潘家园松榆西里45号金久诚宾馆1-2楼 ☎87378839

右安门东街13号 ☎63569898

王府井大街西辅路C4号 ☎85116988

✍ 湖北家常菜馆，和九头鸟比起来，“更大众化”、“更实惠”。鱼类的菜都“很有湖北特色”、“很鲜美”，莲藕排骨也“很正宗”。量“很大”，服务“热情”，就是上菜比较“慢”，“总是瞪着上一道菜的空盘子，盼着下一道”。

☺ 朋友聚餐。

💻 www.dianping.com/chain/18135

小是小

20 10 12 ¥42

学院南路55号(近中软大厦) ☎62113368

中关村南大街甲10号银海大厦1楼(友谊宾馆对面) ☎62193939

三里河路17号 ☎68356183

✍ “来了几次，都是只涮鱼”。这里的酸菜鱼味道“真的很赞”。鱼一般都要2斤以上，“很新鲜”。点一条鱼“送3个涮菜”，“挺过瘾的”。店里人总是那么多，“又挤又乱”，还“得排队”。记住：吃饭的时候，外套“一定要罩起来”，不然“气味就会一直跟着你”。

👍 乌江鱼、烧鸡公、冻豆腐、豆皮、宽粉。

☺ 朋友聚餐。

💻 www.dianping.com/chain/15263

小四川饭庄 22 9 12 ¥31

文慧园 4 号 ☎62250746

✍ 招牌上写的是“川菜世家”，“旧旧的”，一看就知道“是个老馆子”。老板和服务员都是四川人，做的是家常川菜，“还算地道”，价钱“实惠”。桌与桌之间距离太“近”了，“有些吵”。上菜“特别特别慢”。

👍 夫妻肺片、烧豆腐盒。

☺ 朋友聚餐。

💻 www.dianping.com/chain/16838

小王府 19 16 17 ¥66

光华东路 2 号楼 ☎65943602

前海北沿 15 号(近荷花市场) ☎66175558

日坛路日坛公园北门内 ☎85615985

✍ 京城里有名的家常菜馆。周围写字楼的人去的“很多”，老外也“比较多”。出品搭配“合理”，口感“清爽”，称得上是“美味”。价格“略高”但“物有所值”。服务员是“清一色的小伙儿”，楼上楼下“跑前跑后”的，“干净利落”。小贴士：可外送。

👍 烤鸭、飘香排骨、干煸四季豆、红烧肉、孜然鸡翅。

☺ 朋友聚餐、商务宴请、情侣约会。

💻 www.dianping.com/chain/21925

晓林火锅 17 11 11 ¥38

东直门内大街 246 号 ☎64045507

东直门外大街 27 号 2 楼 ☎64608857

雍和宫大街 80 号 ☎84038348

✍ 一进门，“浓重”的火锅味儿就能把你“裹个严实”。锅底有好多种；涮菜看着挺“踏实”的，就是“缺少”了点儿“新意”；小料还“可以”，吃口不是特别“重”。价格“不算贵”，还有“免费”的果汁提供。环境么，一看就是个“适合一堆人吃饭”的“热闹”地儿。

👍 鸳鸯火锅、山楂汁、午餐肉、羊肉。

☺ 朋友聚餐。

💻 www.dianping.com/chain/21908

斜阳迷宗菜 19 21 14 ¥40

回龙观小区风雅园 2 区回龙观公园湖畔 ☎81718172

✍ 这里的特色是电影。每个桌子上“都放着一张光盘”，上面写着桌号，墙上也挂着“很多电影海报”，外面晚上“天天放露天电影”。菜品号称“集各系所长”，虽然“有些夸大”，但味道“还过得去”。菜价“精确到毛”，“好像是经过仔细计算的一样”。上菜太“慢”。

👍 迷宗凉粉、鸡丝凉面、迷宗满口香、牛肉酸辣粉、铁板茄子。

☺ 朋友聚餐。

💻 www.dianping.com/chain/16234

蟹老宋香锅

21 14 13 ¥57

高粱桥斜街 1 号(交大西门对面) ☎62278246

光熙门北里 35 号 ☎64238422

南三环东路甲 8 号(刘家窑环岛东南角) ☎67605668

安苑路甲 15 号(奥体东门东) ☎64980006

农大南路 88 号 ☎62971657

✍ “超级喜欢”他家的香辣蟹香辣虾。刚开始吃觉得“一般”，到后来却是“越吃越香”，吃完了再“涮些青菜”，“绝了”！就是有时候蟹子个头“小”了点，吃着“不解气”。价格“不贵”。环境“闹哄哄的”，等候区总有“满地瓜子皮”。

👍 香辣蟹、香辣虾、麻辣兔头、宽粉、武汉豆皮。

☺ 朋友聚餐。

💻 www.dianping.com/chain/21947

欣叶

20 26 23 ¥129

工体西路 6 号 ☎65525066

✍ “走高档路线”的台湾餐厅。店堂里，“红色布幔”，“大片色块”，“光影交错”，“很大方、很现代”的感觉。各式料理和小吃的量虽“较少”，但胜在“精致、美味”，尤其是煎猪肝，“果然名不虚传”，“非常嫩”。服务也像“大家说的那样好”，“下次还会再去”。P. S. 晚上十点半后有宵夜。

👍 煎猪肝、三杯鸡、杏仁豆腐、花生奶球、炸花枝丸、杏仁茶。

☺ 朋友聚餐、情侣约会、商务宴请。

💻 www.dianping.com/chain/20028

新川办餐厅

25 29 22 ¥55

小红门龙爪树 312 号四川五粮液龙爪树宾馆内 ☎87699988

✍ 就是传说中的“新川办”。别看外头环境“那么差”，里面却是“别有洞天”，大大的院子真算是“有山有水有树有花”的“世外桃源”。厨师都是“四川过来的”，出品“好得没话说”，“尤其推荐”水煮鱼和夫妻肺片。火锅也“不错”。唯一的不足就是“地方有点偏”，晚上回城想打个车“巨不方便”。

👍 水煮鱼、夫妻肺片。

☺ 朋友聚餐、商务宴请。

💻 www.dianping.com/chain/19351

新川面馆

25　6　9　¥10

新街口南大街 14 号　☎66182452

✍ “去逛新街口都会选择来这里解决午饭”。他家的凉面“永远那么好吃”，“麻中带甜”，“甜中带咸”；酱汁“绝对是别家做不出来的”；凉菜也不错。“推荐给所有人”。不过要提醒的是，吃的人“太多了”，等半天都可能“没地方坐”，可别太挑剔。

👍 麻辣凉面、担担面、辣白菜、黄瓜条、酱肉。

💻 www.dianping.com/chain/17563

新岛咖啡

17　24　20　¥47

海淀南路 13 号楼 3 层(近苏州街路口)　☎62653812

农光里 109 号楼(劲松桥东)　☎67310059

静安里 37 号　☎64619199

芳古园一区 29 号楼(近物美大卖场)　☎87678142

✍ 店堂有“吸烟区和无烟区”之分，装潢“很漂亮”，天黑的时候会“关灯点蜡烛”，间或还有“钢琴演奏”，气氛“不错”。相比环境，咖啡和套餐就只能算是“一般般”了。小贴士：能无线上网。

☺ 情侣约会、朋友聚餐。

💻 www.dianping.com/chain/20337

新富茂登

20　17　12　¥130

新源西里东街 2 号(渔阳饭店旁)　☎64606238

✍ 台湾人开的日餐厅。地方“比较大”，但是“大厅有点闹”，“没有一般日餐厅安安静静的感觉”。东西“用料新鲜”，卖相“很精致”，味道也“很不错”。“不喝酒点自助的话，150 元什么都可以吃到了”。服务“一般”。

👍 烤扇贝、生牛肉、铁板牛肉、虾手卷、烤鳗鱼。

☺ 朋友聚餐、休闲。

💻 www.dianping.com/chain/17528

新吉士酒楼

22　21　17　¥88

北蜂窝路 1-1 号　☎51849999

✍ 外观设计“现代”，内部装修“简洁干净”，餐具、桌椅都“比较讲究”，“带有浓重的上海气息”。红烧肉“几乎每桌必点”，真正“肥而不腻”，“加上卤蛋和豆腐结”，感觉“更香、更好吃”。虽然菜量“整体偏少”，价格也“稍贵了些”，但对于喜欢吃上海菜的朋友来说，还是“值得去尝尝”的。

👍 外婆红烧肉、四喜烤麸、毛蟹炒年糕、糟熘鱼片、上海酱鸭。

☺ 朋友聚餐、商务宴请。

💻 www.dianping.com/chain/18910

新疆办事处西域饭庄

见西域饭庄（247 页）

新疆饭店

24 | 15 | 17 | ¥56

三里河路 7 号新疆驻京办事处院内 ☎68335599

✍ 要说吃新疆菜，那还是这里的“最地道”。酸奶“好喝”；拉条子“特别筋道”；红柳树枝烤的羊肉串“肥瘦搭配很合适”，大盘鸡更是“美得流油”。量还“挺大”的，吃着真“过瘾”。环境和服务都“不怎么样”，不过看在食物的份上就不计较了。

👍 羊肉串、自制酸奶、手抓饭、拉条子、大盘鸡、小羊腿。

☺ 朋友聚餐。

💻 www.dianping.com/chain/1910599

新疆饭庄

24 | 14 | 14 | ¥48

车公庄大街北里 1 号乌鲁木齐驻京办内 ☎68362795

✍ “到这里来过很多次了”。每次来，先要一碗黏稠的酸奶，“别提多爽”。菜肴口味确实“很正宗”，经常吃的有馕包肉、羊肉串、大盘鸡、手抓饭等等，还有一些菜“在一般的新疆餐馆见不到”。价钱“不便宜”，但量给得“很足”。装修“有点民族意思”，服务员也基本“都是新疆人”，喝得高兴的时候，还真“有种异域感觉”。提醒：一定要早去，要不没地方；手抓饭得先点，晚了就没有了。

👍 羊肉串、自制酸奶、大盘鸡、手抓饭、馕包肉、拉条子。

☺ 朋友聚餐。

💻 www.dianping.com/chain/18761

新疆风味

24 | 6 | 9 | ¥29

帽儿胡同(地安门路口北)

✍ “强力推荐”这家小店。羊肉串“非常好”，而且“一点都不贵”，常常看到附近的大爷大妈“打包带走”；大盘鸡真够“地道”，“软糯”的土豆、“筋道”的大宽条子，还有“鸡块和洋葱”，“小小”的一份就可以“香到心里”。其他小吃和炒菜也都“没得挑”，“好吃极了”。店面“不大”，无论什么时候生意都那么火暴。

👍 羊肉串、肉筋、炒片、大盘鸡。
☺ 朋友聚餐。
💻 www.dianping.com/chain/1899193

新疆哈密餐厅 23 11 15 ¥25

北纬路 46 号(北纬中学旁) ☎63042384

✍ “好吃”的新疆饭馆，“几天不去就想”。菜量“够大”，味道够“正宗”。“大铁签子”串起来的羊肉串肉质“新鲜”，口感“细嫩”；大盘鸡里土豆“又沙又进味儿”，面片够“筋道”。价格也“不贵”。总的来说，是个饱餐一顿的“好地方”。

💻 www.dianping.com/chain/19420

新疆红玫瑰餐厅 17 15 13 ¥56

三里屯幸福一村 7 巷(工体北门对面) ☎64155741

✍ 新疆菜，分量“很大”，口味倒是“一般”，“没什么特色”。相比之下晚上的“歌舞表演”更“吸引人”，“漂亮”的新疆MM或跳着“艳舞”，或“与蛇共舞”，最后还把食客拉上台一起表演，气氛“很热闹”。价格“颇贵”。“老外们经常光顾”。

👍 羊肉串、大盘鸡、馕包肉。
☺ 朋友聚餐。
💻 www.dianping.com/chain/15800

新疆伊斯兰饭庄 24 14 13 ¥46

三里河路 7 号新疆驻京办事处院内(西苑饭店南) ☎68332266 转

✍ “想吃正宗的新疆菜”，“推荐”这儿。就在新疆驻京办事处的院子里。他家的木签烤羊肉串大概是全北京“最好的”，口味“地道”价钱“实惠”。其他菜品也“不错”。每次都能吃到“撑得不行”。酒足饭饱之后还能带点“石榴、香梨、馕等土特产”回去。生意“确实火”，好多新疆人“时常去那”，晚了就要“等位子”。

👍 羊肉串、大盘鸡、馕包肉、手抓饭、自制酸奶。
☺ 朋友聚餐、家庭聚餐。
💻 www.dianping.com/chain/18305

新九龙豆花庄 18 15 13 ¥41

双榆树东里甲 18 号 ☎82137348
北蜂窝路 14 号(近长安街) ☎63485203
西坝河东里 83 号 ☎64631271
兴化路甲 2 号 ☎84286007
文慧园北路 9 号(今典花园旁) ☎62265556

✍ 川菜馆子。有涮锅也有炒菜。菜品看上去都“挺精致的”，味道也“说得过去”。现点的豆花口感“滑嫩”，配上“各种小料”，“非常不错”。价格“公道”。随便吃个饭“算凑合”。

👍 水煮鱼、豆花、宫保鸡丁。

☺ 朋友聚餐。

💻 www.dianping.com/chain/22024

新九龙麻辣在线

20 18 15 ¥42

新康街2号 ☎82087775

苹果园南路48号 ☎68870373

✍ “经常去的川菜馆”，“用同事的话说：成了自家厨房了”。里面“蛮多菜都吃过了”，口味“还不错”，“家常”，量也“很大”。环境“比原来好”，但服务“真的要改进”。去的人很多，最好“打电话预定”，不然“就得排队”。

👍 水煮鱼、土豆泥、咸蛋黄焗南瓜、辣子鸡、佛手螺、豌豆牛肉。

☺ 朋友聚餐。

💻 www.dianping.com/chain/22093

新开元大酒店

22 22 17 ¥95

阜成路111号 ☎88116652

北四环西路67号(万泉河桥东) ☎82886002

✍ “著名的杭州菜连锁店”，在北京的杭州菜馆里称得上“名列前茅”。出品卖相“精致”，“清淡而美味”，菜量“不大”，价格“不便宜”。装修“华丽”，适合“聚会”或“宴请”。生意“好”得很，经常要“排队”。

👍 老鸭煲、西湖醋鱼、东坡肉、清蒸鲈鱼、凉拌腰花。

☺ 朋友聚餐。

💻 www.dianping.com/chain/16491

新辣道梭边鱼馆

22 17 16 ¥54

惠新东街9号(对外经贸大学西门对面) ☎64967966

东三环北路10号(近燕莎商城) ☎64673160

建国路128号一航大厦副楼2楼 ☎65673528

✍ 梭边鱼确实“很有特点”，肉质“爽滑鲜美”，“入口即化”，确实“是上品”。别的菜也很不错，“把川菜用料的本事”发挥到了“极致”，“麻辣鲜香”，“一个不差”。“爱吃鱼的一定要去，爱吃鱼火锅的更要去”。价格“不便宜”。

👍 梭边鱼、口口脆。

☺ 朋友聚餐。

💻 www.dianping.com/chain/18938

新荔枝湾 25 29 29 ¥493

建国门内大街贡院西街9号建国国际公寓主楼1楼 ☎65256220

✍ 以粤菜为主，菜品“精致”、“清淡”。金牌鲍鱼和木瓜鱼翅烹制得“别具风味”。环境“优雅”，服务“非常好”，服务员胸牌上都写着“大司长”、“高级司长”什么的，真是好玩。总的感觉，“在这里用餐很舒服”，商务宴请“特别有面子”。

👍 燕窝蛋挞、盐烧猪手。

💻 www.dianping.com/chain/17248

新侨三宝乐面包房 24 15 15 ¥19

东交民巷2号新侨饭店旁 ☎65133366-1679

劲松桥东三环南路58号富顿中心底商 ☎58672646

芳新园2区6号楼方庄贵友大厦B1楼 ☎87679284

复兴路33号翠微大厦B1楼 ☎68167961

北三环西路双安商场1楼 ☎62155511-2139

宣武门外大街8号庄胜崇光百货地下超市 ☎63102766

✍ 充满“童年”记忆的面包房，“长大了的北京孩子们怀旧的地方”。多年来面包品质总是那么“好”，尤其是“奶油类”的，卖相“不精致”，入口时也“不觉得特别”，“悄然融化”后却是“奶香渐浓”，“口感醇厚”。服务的大姐态度“很国营”，“见惯了”一般面包店里“甜甜的小妹”，“有点不适应”。

👍 奶油面包、咖喱肠面包、奶油蛋糕、拿破仑、豆沙面包。

💻 www.dianping.com/chain/22178

鑫巴蜀 19 10 10 ¥34

和平里东街6区18号楼旁 ☎84216868

兴丰街75号 ☎69265333

车站路29号(东方宾馆斜对面) ☎69522039

昌平镇昌平南大街中段(工商局对面) ☎89710666

✍ 川菜馆子。“菜量大”，“价格取胜”，味道也“还行”，“一大堆朋友聚会”的话“强力推荐”。就是环境和服务都“差”了点，晚上去常要“排队”。

👍 水煮鱼、宫保鸡丁。

☺ 朋友聚餐、家庭聚餐。

💻 www.dianping.com/chain/17082

鑫都菜府 18 21 19 ¥121

朝阳门外小庄6号中国第一商城裙楼2楼 ☎65060507

✍ 以前叫“翰林府”。菜系“有些杂”，“五湖四海哪儿的都有”。很多菜的口味都“比较重”，参、鲍、翅、燕是“拿手”菜肴。大厅“很宽敞”，装修“花了功夫”，包间“豪华”，特别是卫生间的门“用壁画来装饰”，“使整个房间混为一体”，非常不错。“适合商务宴请”。

👍 苦菊、温拌海螺、酱板鸭。

☺ 商务宴请。

💻 www.dianping.com/chain/1889449

鑫格里 Chingari

20 16 21 ¥84

东直门外大街 27 号 4 楼 ☎84483690

✍ 印度餐馆。烤鸡是“主打菜”；咖喱“种类很多”；芒果酸奶最棒，芒果“很新鲜”，味道“很浓郁”。中午自助 39 元 1 位，“很不错”。服务员“大都是印度人”。晚上有歌舞表演。价格“比其他几家印度菜都便宜”。

👍 芒果酸奶、咖喱、烤鸡。

☺ 朋友聚餐、休闲。

💻 www.dianping.com/chain/15294

鑫琦重庆鸡煲

22 13 13 ¥38

大柳树路 6 号嘉苑饭店 1 楼 ☎62273227

✍ “顾名思义”主要就是吃“鸡煲”——以“砂锅”做容器，吃起来和“火锅”的感觉差不多，量“不小”，味道“浓郁”。吃完了再来一份饼“泡到”锅里，“充分吸收”锅里的精华，“软而入味”。也有猪蹄煲之类的可点。环境“一般般”，人多去吃“比较划算”。

☺ 朋友聚餐。

💻 www.dianping.com/chain/17441

兴月吧烤肉

19 9 11 ¥32

中关村北一街 8 号中关村礼堂对面 ☎62566703

北大南门西行 200 米 ☎86316979

永丰路颐和山庄对面(东风大学附近) ☎62495779

✍ 跟西单烤翅走的是不同的路线。鸡翅事先“用酱油”腌制过，烤出来的时候“有不少孜然”，“很香”，不过一串只有一个，“不过瘾”，价钱也“太贵”。上串的速度“很快”，“不用等很长时间”。

👍 鸡翅、疙瘩汤、肉筋。

☺ 朋友聚餐。

💻 www.dianping.com/chain/1906507

星巴克咖啡

20 18 16 ¥33

多家连锁店

✍ 无论到哪里，星巴克给人的感觉都是“一样”的“惬意”：“开放式”的环境，刻意营造的“轻松”氛围，“纯正”而“香浓”的美式咖啡，“捧着一大本书”躲在角落里的 MM。只是，位于“购物中心”的店面总是“人满为患”，没有“眼疾手快的本事”，还是抱上一杯边逛边喝吧。

👍 摩卡、拿铁、星冰乐、卡布奇诺。

☺ 休闲社交、情侣约会。

💻 www.dianping.com/chain/22084

星湖园

15　24　16　¥80

通州区台湖镇　☎61531111

✍ “集休闲、娱乐、餐饮、住宿为一体”。环境非常好，有瀑布，有小溪，有假山，有风车，有高大的热带乔木，感觉“到了热带雨林”。菜单看起来“挺杂的”，“什么都有”，粤菜和海鲜是主打，吃起来“还不错”。桌和桌之间由“植物隔开”，“像小包间似的”。是个“休闲的好地方”。

👍 菜团子。

☺ 休闲、商务宴请。

💻 www.dianping.com/chain/18867

星期五餐厅

20　21　20　¥135

中关村南大街 1 号友谊宾馆贵宾楼 1 楼　☎68498738

建国门外大街 19 号(国际俱乐部对面)　☎85263388

✍ “美式风格”的西餐厅，“朋友聚会的绝佳地”。装修“很有好莱坞的味道”，气氛“轻松”而“随意”。侍应生的牛仔装“钉满了各种徽章”，言行举止充满了“活力”。主菜“不错”，分量“超级大”，小点心也挺“棒”的。就是价格“有点贵”。

👍 炭烧猪排、纽奥良鸡肉沙拉、炭烤排骨、三式组合、鸡尾酒、牛排、摩卡冰淇淋。

☺ 情侣约会、朋友聚餐、休闲社交。

💻 www.dianping.com/chain/21821

星盛斋

22　5　9　¥26

百万庄中里 51 号　☎68353450

✍ “有特色”的路边清真小店。牛肉是“一绝”，炖得“又香又烂”，做成的酱牛肉和牛肉面都“好吃极了”。其他的清真菜也“很地道”。天气凉爽的傍晚，“几个狐朋狗友整 2 斤牛肉、几瓶啤酒，甩开膀子在门前的露天位置海吃胡侃”，别提多畅快了。

👍 酱牛肉。

💻 www.dianping.com/chain/19007

星星酸菜鱼

25 12 12 ¥38

天坛东里乙 48 号 ☎67114774

✍ 北京的酸菜鱼风潮已经过去十来年了，这样专做酸菜鱼的小店依然屹立不倒，想必“确有独到之处”。鱼片 28 元 1 斤，“很鲜嫩”；酸菜“据说是从四川空运过来的”，“口感很好”。吃完鱼肉还可以涮别的菜，价格“很便宜”，所以“每次都会吃到肚歪”。缺点是环境“太吵”。

👍 酸菜鱼、宽粉、麻团。

☺ 朋友聚餐。

💻 www.dianping.com/chain/21416

杏园餐厅

23 8 10 ¥15

西四北大街 24 号(平安里十字路口东南) ☎66168417

✍ “老字号”的国营小馆子。“吃炒菜的进里屋”，“吃面条的在外屋”。“改良的山西刀削面”最有名，味道“纯正”分量“足”。想吃这口儿，就“别跟”环境和服务“叫劲”了。小贴士：最好“错过饭点去”，否则可能“没地方坐”。

💻 www.dianping.com/chain/16727

幸福三千里烤肉

17 15 16 ¥48

大慧寺路 2 号 ☎62178588

劲松 5 区 519 号楼 ☎67783750

武圣东里 51 号 ☎67339990

建国路 88 号 SOHO 现代城 D 座 S0401 ☎85801996

✍ “和一般的韩国烧烤差不多”。东西口味“比较大众”，“不算差也不是很好”，“没有能记得住的”。自已烤，“有点乐趣”；有大、小盘，“可以多吃几样”。也有很多粤菜小炒和小点心。服务员“换篦子的频率很高”，但“忙的时候服务欠缺”。

👍 五花肉、石锅拌饭、烤牛肉、辣白菜、烤牛舌。

☺ 朋友聚餐。

💻 www.dianping.com/chain/22168

兄弟川菜

22 12 12 ¥42

雍和宫大街 165 号(雍和宫南) ☎64070795

鼓楼东大街 121 号(锣鼓巷口) ☎64056681

昌平区回龙观凤雅园 3 区 3 号楼 ☎81710745

亚运村安苑北里 7 号 ☎64916082

宽街西扬威胡同甲 1 号 ☎64056398

✍ “很火”的地方。说到这家小馆子，就“不得不提”

泉水牛蛙——蛙肉“极嫩”，“麻辣十足”，“可口非常”，“每次要吃两三盆才能过瘾”，“绝对吐血推荐”。其他菜也“不错”，火锅也“挺正”。就是“环境不太好”，“人多挤得慌”，还老“乌烟瘴气”的。

👍 水煮鱼、泉水牛蛙。

☺ 朋友聚餐。

💻 www.dianping.com/chain/16840

熊家餐厅

21 14 16 ¥41

五道口西郊宾馆西门南侧 ☎62395521

✍ “开了很久的店”。老板是韩国人，店里韩国人很多，看来东西“很正宗”。生菜套餐“是特色”；烤肉“非常好吃”；点五花肉附赠酱汤；“送”的小菜不够可以“免费”加。缺点就是菜量“不大”。环境“太嘈杂”，“说话都要用喊的”。

👍 生菜套餐、五花肉、石锅拌饭、炒年糕、大酱汤、烤牛肉。

☺ 朋友聚餐、休闲。

💻 www.dianping.com/chain/17084

秀兰小馆

20 11 14 ¥41

金鱼胡同 3 号(王府饭店对面) ☎65285606

✍ 吃的是“桂林”风味。“品种丰富”，菜肴“脆嫩生鲜”，口感“浓郁”。价格“很实惠”，还经常“搞促销”，“值得一尝”。就是环境差了点，卫生状况有待改善。

👍 卤米粉、客家小炒。

☺ 朋友聚餐。

💻 www.dianping.com/chain/16703

秀味锦 TIFE ORDI

19 26 22 ¥43

东三环中路 39 号建外 SOHO8 号楼 2703 号 ☎58699712

✍ “北京难得的高空餐厅+私房餐厅”，身处“高处”自然能给人以“灯红酒绿的感觉”。“小小”的店子“安静舒适”。老板据说是一位“儒雅的日本帅哥”，调教出来的店员也都“轻声细语”的。日式风味的菜肴“清淡”而“精致”，每一道都“标明了卡路里”。至于到底合不合口味，也就见仁见智了。

👍 牛筋、鳗鱼饭、荞麦面、冲绳苦瓜豆腐、关东煮。

☺ 情侣约会、朋友聚餐。

💻 www.dianping.com/chain/1995457

叙香斋

见登品素食府（89 页）

煦园

21 20 19 ¥69

地安门西楼巷18号(近平安大街) ☎64044330

✍ 私房菜馆。餐厅是"地道的四合院"改的，有种"刻意营造的简约之感"，中庭的"玻璃顶棚"透进"温暖"的阳光，"一鼎暖炉"散出"融融暖意"。菜肴品相还算"不错"，煦园爆鸡丁、上汤杂菌煲都处理得比较"细腻"，口感略微"偏甜"。吃完饭还可以去门口玩玩洋车，"免费"体验"老北京风情"。

👍 烤羊排、上汤杂菌煲、潮州牛肉丸。

☺ 朋友聚餐、情侣约会。

💻 www.dianping.com/chain/1880647

炫酷咖啡

22 20 18 ¥34

芍药居对外经济贸易大学东门对面 ☎84626429

和平里南口和平新城30号楼2楼 ☎64483281

✍ "值得推荐的好店"。"宜家风格"的大沙发，坐起来"很舒服"。"四周"的墙面是"黄色的和粉色的"，客人们可以在上头画画、留言。Pizza料"给得很足"，口味不比必胜客的差，价格却只是它的"一半儿"。鸡翅也"没让人失望"，火候掌握得相当"好"。饮品里的东西还能"根据自己的喜好适当地请老板做些变换"。小贴士：能无线上网。

☺ 朋友聚餐、情侣约会。

💻 www.dianping.com/chain/21495

鸭王烤鸭店

20 15 14 ¥88

建国门外大街24号 ☎65156908

民族园路1号 ☎62049932

海淀南路28号(原中关村店)(近海淀医院) ☎62536869

车公庄大街21号新大都饭店内 ☎68338693

西坝河南路4号 ☎84498671

新居东里4号(近深圳大厦) ☎63431291

甜水园街6号(朝阳公园东门) ☎58619666

✍ 烤鸭"比一般的地方贵"，但味道"真的很好"，"香而不腻"，既有"加在薄饼里，卷上葱丝和甜面酱"的传统吃法，也有"夹在烧饼里，放蒜茸和白砂糖"的特色吃法。其他菜也"做得挺好"，卖相"精致"，就是分量"少了点"。建国门店"地理位置很好"，客人"非常多"，不"提前预订"的话，恐怕要"等位"。

👍 烤鸭、盐水鸭肝、一鸭三吃、火燎鸭心、芥末鸭掌。

☺ 商务宴请、朋友聚餐。

💻 www.dianping.com/chain/21800

雅典娜希腊餐厅 20 23 17 ¥129

三里屯西五街1号 ☎64646036

✍ 就在“西班牙大使馆北面”的一条小马路上。整体风格带着“浓浓”的希腊味，“清清爽爽的蓝与白”，四处留下的“爱琴海”的“印迹”，尤其适合在“北京的春日里”细细品味。菜肴自然“有特色”，妈妈茄合“不负众望”，木莎卡“浓香扑鼻”。中午还有自助餐提供，可以“品尝多种美味”。如此“温暖”的店，以后“还会去”。

👍 妈妈茄合、木莎卡、烤肉拼盘。

☺ 情侣约会、朋友聚餐。

💻 www.dianping.com/chain/17071

亚地里亚 Adria 21 22 18 ¥107

新源街16号(近京城大厦) ☎64600896

朝外大街6号新城国际会所公寓8号楼17号底商 ☎65970086

顺义区裕京花园俱乐部1楼 ☎80463284

✍ 意式餐厅。环境“舒适安逸”。他家的Pizza是“传统”的意大利“薄饼”，刚出炉时厚厚的奶酪“没有凝固”，吃起来“非常过瘾”。其他菜肴也“不错”，质量保持得“很好”。中午还提供“自助”，价格“可以接受”，出品“不是太好也不是太坏”。

👍 比萨、牛排。

☺ 朋友聚餐、情侣约会。

💻 www.dianping.com/chain/21801

亚洲之星 Asian Star 21 14 18 ¥133

东三环北路26号(长虹桥南) ☎65825306

✍ “东三环”上的老店，“一直没有重新装修过”，看起来挺“陈旧”的。出品非常“有特色”，“东南亚风味”的菜肴“基本都有”，各种咖喱“美味无比”，抛饼也“纯正”，“绝对不是其他中国餐馆可以模仿出来的”。就是价格“稍贵”，“偶尔吃吃还凑合”。

👍 抛饼、咖喱鸡、泰式明炉鱼。

☺ 朋友聚餐、情侣约会、商务宴请。

💻 www.dianping.com/chain/15255

羊大爷涮肉坊 22 16 16 ¥38

万泉河路12号(近颐和园东路) ☎62653878

朝阳北路163号道家园19号楼底商 ☎65911797

西北旺镇永丰路口(六里屯东口) ☎62477887

✍ “喜欢传统火锅的人”去那儿“再合适不过”了。

羊肉“超好吃”，“很嫩很嫩的”，给的也“超级多”；麻酱小料“棒极了”，“不够还可以要”；送的素菜也是“卯足了劲儿”才吃得完；糖火烧外“酥”内“软”，“甜度适中”，“绝了”。价格还“便宜”，一大帮子去吃到“死撑死撑的”也就“人均 40 元”。生意“相当火暴”，周末去最好“订位子”。

👍 涮羊肉、大白菜、糖火烧。

☺ 朋友聚餐、家庭聚餐。

💻 www.dianping.com/chain/22069

羊嘟嘟

20 | 12 | 11 | ¥40

上地信息路 19 号商服中心 1 楼 ☎82780388

昌平区回龙观二拨子东路龙喜医院对面 ☎81795689

大屯路科学园南里 804 楼(近亿客隆超市) ☎64851708

安宁庄前街南路 3 号 ☎62929624

永丰乡颐和山庄 ☎62479777

西四环南路 5 号 ☎63806987

昌平区阳坊镇商业街 ☎69760355

✍ “无需小料”的火锅。吃之前“先喝点汤”，“很鲜”。羊肉“比较嫩”，味道“挺足”的，吃多了还“不觉得腻”。也有“免费”的小米粥可以吃。价格“公道”。环境“嘈杂”，“扯着嗓子”对方都“听不见你在说什么”。服务稍微“差”了些。也就适合“平时随便吃点”。

👍 羔羊肉、炸豆腐皮。

☺ 朋友聚餐。

💻 www.dianping.com/chain/18316

羊满金火锅城

22 | 9 | 8 | ¥43

朝阳北路白家楼 ☎65757137

红霞中路 8 号红霞影剧院西面 ☎64369682

✍ “很不错的一家羊蝎子店”。有两种选择，普通锅“肉很少”，精品锅则“肉多骨头少”。但不管是哪种，羊蝎子都“肉烂脱骨”，“香气四溢”。量“特别大”，就算点的是小份上来的也是“满满”的一盆。去的人很多，最好“早去”，要不“就拿号”，“干看着别人吃了”。

☺ 朋友聚餐。

💻 www.dianping.com/chain/19629

羊蝎子李

20 | 11 | 14 | ¥42

西便门西里 7 号楼 1 楼(天宁寺桥西北) ☎63044265

✍ 白汤羊蝎子在北京大概没几家，这里便是“其中之一”。汤挺“鲜”的，白嘴儿喝就“很享受”。蝎子剔得“超级狠”，肉肉太“少”了，也就“精品锅”好点儿。

芥末墩儿和麻豆腐倒"蛮好",吃得"很爽"。喜欢吃辣的也能点红汤。环境"一般","老北京的风格"还算"亲切"。价格"不算贵",随便吃吃还凑合。

👍 羊蝎子、芥末墩儿、麻豆腐。

☺ 朋友聚餐。

💻 www.dianping.com/chain/16572

阳坊大都涮羊肉 20 13 12 ¥42

马连洼梅园小区 ☎62895697

昌平区阳坊商业街西侧阳坊大都饭店 2 楼 ☎69768838

台基厂头条 1 号(东单路口西南角) ☎65265388

广安门内大街 6 号枫桦豪景 1 楼 ☎83525068

翠微路(长安街) ☎63981019

永定路东街乙 6 号(近北太平路) ☎88229226

✍ "民间涮肉的代表"。"炭火铜锅",保留了"北京特色"。"8 元/人的套餐",麻酱小料、糖蒜和几种素菜"随便加"。牛羊肉特别"鲜嫩",价格又"便宜","很适合"几个大老爷们"甩开腮帮子吃"。这么"值"的地方,环境就"不挑剔了"。

☺ 朋友聚餐。

💻 www.dianping.com/chain/19280

阳坊胜利涮羊肉 23 12 12 ¥45

昌平区阳坊商业街东侧 ☎69760365

昌平区阳坊镇商业街西端 ☎69760232

昌平区阳坊镇沙杨路阳坊胜利文化园 ☎69766388

北洼路南口 90 号 ☎51166302

左家庄柳芳北里 12 号楼 ☎64660284

更多分店请登陆大众点评网 www.dianping.com

✍ "传统炭火锅","很老北京"。羊肉口感"极嫩","原汁原味的","一盘一盘地吃下去"真是"爽"。火烧也是"特色",记着让服务员"加热了再拿上来"。价格"比东来顺便宜","性价比挺高"。店子"没什么装修"——吃着"过瘾"就行了。

👍 羊肉、羊杂汤、火烧、糖蒜。

☺ 朋友聚餐。

💻 www.dianping.com/chain/21827

杨记家常菜 20 12 20 ¥34

安定门外大街安华里 11 号楼(安贞桥南) ☎64254085

✍ "很不错的清真馆子"。餐厅里"有很多明星的照片","挺提气的"。东西味道都还不错,尤其是招牌羊蝎子,"很入味,没有什么太大的膻味"。"量偏小",但价格“便宜”，还“经常打折”。服务也“很不错”。“回头客挺多的”，“周末用餐高峰时期需要等位”。

☺ 朋友聚餐。

💻 www.dianping.com/chain/15572

姚记炒肝

见鼓楼姚记炒肝（109 页）

窑台四季涮肉 23 10 11 ¥44

陶然亭路 12 号 ☎63567249

广渠路 40 号(九龙花园对面) ☎87719252

✍ “经常去的一家涮肉馆子”。用的是“传统的炭火铜锅”，羊肉“鲜嫩”，羊尾“肥而不腻”。小料“很香”，风味“独特”。价格“就附近这片而言相当实惠”。地方“很大”，装修“一般”。服务员“都是男的”，动作“很利索”。冬天“人气蛮高”的，“晚上得早去，不然就没有座位了”。

👍 鲜羊肉。

☺ 朋友聚餐。

💻 www.dianping.com/chain/17805

椰林星诺咖啡屋 17 22 20 ¥37

双榆树北里 25 号 ☎62534093

✍ “非常温馨”的一家咖啡店。“昏雅的灯光”，“深沉的爵士乐”，“一头一尾的大沙发”，可以“上网”，可以“安心地看书、聊天”。饮料“不错”，便餐还算“可口”。一阵子没去，就特别“怀念”。

☺ 情侣约会、休闲社交。

💻 www.dianping.com/chain/16245

一茶一坐 CHAMATE 16 21 16 ¥57

东长安街 1 号东方新天地 B1 楼 ☎85186067

王府井大街新东安商场 B1 楼 ☎65260295

建国门外大街 1 号国贸商城 B1 楼 ☎65056278

宣武门外大街 8 号庄胜崇光百货南区新馆 B1 楼 ☎63107248

静安西街 10 号国展宾馆 2 楼(家乐福对面) ☎64676058

西单北大街 133 号君太百货 B1 楼 ☎66157040

家乐福步行街南侧新中关商业中心 2 楼 ☎82486956

✍ “台式茶餐厅”，逛街的时候常常会“选择”在这里“落脚小憩”。“柔柔”的灯光，“舒适”的座位，“小巧”的茶具——店家营造的“小资情调”骗得痴男怨女们“心甘情愿”地把银子“往外掏”。出品“一般般”，喝喝茶、吃些点心“还可以”。

👍 肉燥、黄金蟹斗、红豆钻、普梅冻饮、海鲜芝士卷、奶黄包、三虾豆腐脑、水晶虾饺。

☺ 情侣约会、朋友聚餐、休闲社交。

💻 www.dianping.com/chain/79940

一品羊汤 20 14 13 ¥18

蒋台路商业街4号楼6号(丽都饭店十字路口东北角)

花园北路35号(志新桥权金城对面) ☎51199406

✍ 羊汤汤色清，非常鲜美，天寒的时节来一碗御寒，真的很不错。

👍 羊肉汤、羊杂汤。

💻 www.dianping.com/chain/1960021

一碗居 19 14 15 ¥34

方庄蒲芳路24-1号 ☎67666667

亚运村安慧里4区5号楼 ☎64911258

✍ 刚一进门“小二”就吆喝一声“来了您呐”，“很有老北京的味道”。招牌炸酱面“很筋道”，隔些日子来碗“真是过瘾”。其它老北京小吃也“挺全”的，虽说“味道不是特别正宗”，但吃口“还可以”。赶上饭点，人多“很热闹”。

👍 炸酱面、麻豆腐、灌肠、丸子五吃、爆肚、芥末墩儿、茄子面、。

☺ 朋友聚餐。

💻 www.dianping.com/chain/21994

一碗香牛肉面 22 8 8 ¥14

北太平庄路口西北

北三环东路(化工大学门口)

惠新东街(对外经贸大学门口)

和平里东街

长虹桥南过街天桥下

东直门内北小街14号

北航西门一条街(大运村旁)

白家庄东里26号楼下

顺义区万科城市花园会所2楼

✍ 这里的面条“都是手擀的”，“特筋道”；面汤“不知道放了什么”，“很浓”、“很好喝”；牛肉给得“够分量”——虽然是“普通的拉面”，但却“让人回味”。“经常去”，赶上饭点儿“人超多”，得“等一会儿”才可以吃上。各店店面大多“简陋”，“更谈不上有什么服务了”。

👍 牛肉面、炒面片、羊肉串、拉条子。

☺ 朋友聚餐。

🖳 www.dianping.com/chain/22151

一心日本料理 Isshin

20 20 19 ¥56

北师大东门1公寓2楼 ☎58809785

成府路35号 ☎82610136

惠新东街11号紫光发展大厦B座3单元1楼 ☎64823600

✍ “与其他昂贵的日本料理店相比，这里算是很不错的了”。寿司“质量较好”，用的是“正宗的寿司米”，各种材料都“蛮新鲜”的，而且“常年半价”，吃起来“很开心”。其他的“烤物、煮物、炸物、火锅都挺好”，中午的定食也“很实惠”。清华店“内部空间不小”，气氛“很日本”，就是“门脸不太起眼”。北师大店是“新开的”，环境和服务更好。

👍 寿司、加州卷、烤鳗鱼、生鱼片、火锅。

☺ 情侣约会、休闲、朋友聚餐。

🖳 www.dianping.com/chain/15388

一坐一忘

20 22 23 ¥56

三里屯北小街1号 ☎84540086

✍ 云南风味餐厅。环境是让人“喜欢”的类型——没有“故作的雅致”，却有“归家的温馨”，各种摆设极具“风情”，建议花点时间“细细品味”。菜肴做工“细腻讲究”，口味上也“很有特色”。服务员都身着“纳西族的传统服饰”，特“纯朴”，说话带着“羞涩腼腆”。就是价格“有些贵”，“偶尔为之”还行。

👍 香茅草烤罗非鱼、茉莉花炒鸡蛋、菠萝饭、米酒、黑三剁、丽江鸡豆粉。

☺ 朋友聚餐、情侣约会。

🖳 www.dianping.com/chain/1906357

伊锦园

22 29 23 ¥169

元大都遗址公园6号元大都遗址公园内 ☎84652288

✍ 北京“最奢华”的清真餐厅。一进去“果然气派非凡”，“大红”的柱子上，“雕龙刻凤”，“像宫殿里的一般”，配上“玻璃大顶”，“古典中透着现代韵味”。清真菜中有甘肃特色，又借鉴了粤菜的烧法，“挺精致的”。烤全羊“味道不错”。价格“较贵”。

👍 烤羊背、罐焖鹿肉、烤全羊、蒜茸粉丝蒸娃娃菜、凉皮、羊杂汤。

☺ 商务宴请。

🖳 www.dianping.com/chain/20331

伊斯兰饭庄

见新疆伊斯兰饭庄（263 页）

依布拉面

23　7　16　¥12

海淀桥南 50 米路东(近海淀图书城)　☎87474962
知春里小区内(知春里小学南侧)

✍ 清真餐厅。有拌面和手抓饭可供选择。拌面是“分量十足的一大海碗”，碎肉的、炒烤肉的、素菜的……样样都“好吃”，每次都能“吃到撑”。“胃口特好”的还能“免费”加一次面。手抓饭里有大块“香喷喷”的羊肉，还有“胡萝卜和洋葱丁”，看着就让人“食指大动”。餐厅里还贴着“禁止烟酒”的标语，女生应该“很欢迎”。

👍 炒烤肉拌面。

💻 www.dianping.com/chain/20771

彝家肴

18　23　19　¥58

亚运村安慧里 1 区 14 号(加利大厦西门对面)　☎64947188

✍ 装修布置“很有民族特色”，服务员都“穿着彝族服装”，感觉像是“到了少数民族同胞的家里”。菜也“很有特点”，做法“都绝一无二”，“在其它地方吃不到”。人很少，店堂“很安静”，配上灯光，“很有情调”。P. S. 店内有彝族的饰品和服装卖。

👍 冷水鱼、水果茶、炸竹虫。

☺ 情侣约会、休闲。

💻 www.dianping.com/chain/15957

义利饼屋

24　13　14　¥8

多家连锁店

✍ “正儿八经的老牌子”，多少年了，“一直喜欢吃他家的东西”。维生素面包和果子面包“香味依旧”；全麦面包里的“麦麸含量较多”，“韧韧的”，就是“比一般的有嚼头”；肉松包“绝对是平民美食的典范”，“不管是体积还是味道都特实在”。价格又“实惠”，“适合普通老百姓”。

👍 维生素面包、果子面包、巧克力威化、肉松面包。

💻 www.dianping.com/chain/19513

逸生活食坊

20　21　23　¥249

三里屯北街 15 号楼　☎65008070

✍ 法餐厅，“挺有情调”的一个地儿。装饰“有品味”，店家收藏了好多“奇怪的小东西”。食物搭配蛮“有心思”的，说不上有多正宗，但还算是“好味道”。量也

"正合适"。价格"较贵"，一个月能吃上"一顿半顿"就不错了。

💻 www.dianping.com/chain/15814

意大利威尼斯餐厅 23 24 20 ¥227

亮马桥路50号燕莎商城1楼 ☎64653388-5707

✍ 燕莎商城里的意大利餐厅。环境"非常好"，"最适合"吃"烛光晚餐"；味道也"不错"，奶油蘑菇面条"好吃得不得了"；服务还算"到位"，晚上有"吉他表演"。就是价格"太贵"了，"不能经常光顾"。

👍 奶油蘑菇面条、通心粉、比萨。

☺ 情侣约会。

💻 www.dianping.com/chain/16176

意粉屋 18 20 19 ¥61

远大路1号金源时代购物中心1楼B05门 ☎88875607

✍ 这里的意粉"很好吃"，鸡尾酒"好喝"，全麦比萨"口味一般"，咖啡"没味道"。价格"偏贵"，环境"幽雅"、"安静"，服务"特别好"。

👍 拿破仑意粉、肉酱意粉、海鲜意粉。

💻 www.dianping.com/chain/18267

银滩酒楼 21 25 28 ¥77

望京南湖西园117楼2楼 ☎64704958

彰化村路20号(四季青桥东南角) ☎81634567

✍ 店堂布置"很雅致"，诗文字画、实木桌椅，"有一种从容不迫的淡淡的宁静"。吃的是涮锅，"很讲究"。锅底"是鲍汁汤"，先喝汤，涮品"有先后顺序"，所以服务生"一直"在您身边负责帮您把菜下锅，"很周到"。

👍 青笋条、香菜牛肉丸、各类菌。

💻 www.dianping.com/chain/18488

隐泉日本料理 Hatsune 25 26 22 ¥167

光华东路甲8号和乔大厦C座2楼 ☎65813939

✍ "连续两届被 That's Beijing 评选为最佳日本餐厅"。做的是"创作料理"，"和风的原汁原味"和"西式洋风"完美地"结合"在了一起。菜肴"精致"而"爽口"，寿司最"有特色"，名字大都"很有趣"，吃一口便是"惊喜"，"强烈推荐"摩托罗拉卷。餐厅设计"别致"，是"小资们的去处"。尽管"价格不是很便宜"，但"绝对物有所值"。

👍 摩托罗拉卷、铁锄牛肉、隐泉沙拉。

☺ 商务宴请、情侣约会、朋友聚餐。
💻 www.dianping.com/chain/15377

隐泉源

见火源日式餐厅（134 页）

印度尼西亚缅甸菜 25 20 21 ¥87

三里屯西五街西 2 号(德国大使馆后面) ☎84517489

✍ 顾名思义，出品是印尼和缅甸口味，“特色菜”看得出师傅的“扎实地道”，特制的饮料也“很好”。装修非常“特别”，由“许多亮片”编成的壁画“金光闪闪”的。氛围挺“安静”的，适合“闺中密友”来此“聚会”。

☺ 朋友聚餐、情侣约会。
💻 www.dianping.com/chain/20792

印度小厨 22 19 22 ¥59

三里屯北小街 2 号 2 楼 ☎64609366

✍ 使馆区里的餐厅，厨师和经理“都是印度人”，食客也“以外国人为主”。印度菜自然“非常地道”——饼“有很多种”，配上“浓浓的咖喱酱汁”，“很香，很开胃”；还有“用印度烤炉烤的”各种肉类也“较有特色”，值得尝试。消费不算高，中午的自助餐尤其“合算”。服务员“态度非常好”，“从来都不会生气或不耐烦”。有机会一定得去试试。

👍 玛沙拉鱼、玛沙拉奶茶。
☺ 朋友聚餐。
💻 www.dianping.com/chain/18431

樱 22 29 21 ¥240

建国门外大街 26 号长富宫饭店 2 楼 ☎65125555-1226

✍ 长富宫饭店的日料店。口味“不用说”，自然“很正宗”。地方“宽敞”，装潢“雅致”，靠窗的位子可以观赏到“后院的山水”。服务员非常好，给您“鞠躬”，跟您“细声细气地说话”。中午有“很多”日本人来吃饭。价格“不便宜”。

👍 海胆鱼生。
☺ 休闲。
💻 www.dianping.com/chain/16030

硬石餐厅 18 23 19 ¥169

东三环北路 8 号亮马河大厦西大堂 ☎65906688-2571

✍ 店如其名，“风格硬朗”。餐厅与酒吧“混合在一起”，每晚都有东南亚乐队演出，唱些“经典老歌”，氛围“随意”而“嘈杂”。食物都是“典型”的“美式风格”，量“很大”，味道还“不错”，“好这口”的来这里“绝对不会失望”。店里大都是“外国人”，“喜欢热闹”的朋友大概也会“钟意”那里的。

👍 牛排、洋葱圈。

☺ 休闲社交、朋友聚餐、情侣约会。

💻 www.dianping.com/chain/21833

优根芙丝冰淇淋

21 13 16 ¥30

东长安街 1 号东方新天地

✍ 源于加拿大的冰淇淋，用“急冻”的各类新鲜水果和“低脂”的酸奶 ice cream“搅拌而成”，“混合”了鲜果和酸奶的“精华”，口感“细腻”、“香润”。也有鲜果优格、优格果汁饮料等“多种选择”，“酸甜清爽”，但水果味似乎“不够”浓郁。店内环境“一般”，价格“不便宜”。

👍 朗姆葡萄、绿茶、摩卡杏仁。

☺ 休闲社交、情侣约会。

💻 www.dianping.com/chain/20198

友仁居

18 15 13 ¥41

花园东路 8 号 ☎82030123

蒋宅口青年湖北街 8 号 ☎84116060

小营北路 55 号 ☎64971818

✍ “一说起火锅就首先想到这里”。肥牛的质量“很好”；“免费”的酸梅汤，“冰冰凉凉的”，“非常适合与火锅搭配”。更关键的是“便宜”，“算是同类最便宜的”，“常年吃 100 元返 30 元”。服务“不怎么地”，每次点餐过后“锅子都上来得特别慢”。生意真是不错，“一年四季都很火”。

👍 酸梅汤、肥牛、羊肉。

☺ 朋友聚餐。

💻 www.dianping.com/chain/21835

有璟阁

19 29 20 ¥194

工人体育场内 12 号看台对面(工体东门进入) ☎65511636

✍ “临湖”一座“古旧的徽派老宅”，“颇有些来头”；“进门一副百鸟朝凤图”和“顶上的雕梁画栋”，“气韵暗藏”；“中西结合”的室内装饰，虽毁誉参半，却“很见店家所花的心思”。菜式“较杂”，“以粤菜和西餐为主”；点菜以“位”计数，实行“分餐制”；菜品“精致有余”，口味“并无特别出彩之处”。价格“昂贵”，比较适合“宴请重要宾客”。

👍 宫保虾球、火焰海螺、咖啡。

☺ 商务宴请、情侣约会。

💻 www.dianping.com/chain/18895

又盛元日本料理　19　15　22　¥78

右安门外北京商务会馆对面(玉林东里路东)　☎63292698

✍ “很实惠”的日料自助。刺身种类“比别家的要多一些”，而且“比较新鲜”，“不限时”，“不限量”，吃得“踏实”。唯一的不足就是刺身“不够冰”。服务特别好，“上菜很快，不用催”，一次次地加菜也“不会不耐烦”，所以每次来都得“吃个东倒西歪”。环境不算好，感觉“像学校里面的小餐厅”，光线“有些暗”。

👍 烤鳗鱼、金枪鱼沙拉、北极贝。

☺ 情侣约会、朋友聚餐。

💻 www.dianping.com/chain/19021

又一顺饭庄

见华天又一顺饭庄（130 页）

渝味村　21　14　13　¥33

西三旗育新北口　☎62713963

✍ 据说是“渝乡人家”的分店，在西三旗“火三四年”了。所有的川菜味道都很好，吃着“很对脾气”，“必点”水煮鱼。原来地方很小，装修之后店面“大”了很多。生意好，人“很多”，“自己吃完就赶紧走，有人等位”。因为旁边挨着几家餐馆，“车位很少”。

👍 水煮鱼、川北凉粉。

💻 www.dianping.com/chain/510380

渝乡人家　20　20　15　¥59

复兴门百盛购物中心 6 楼　☎66023706

王府井大街 138 号新东安市场 6 楼　☎65280668

和平里东街 18 号　☎84220807

朝阳门外大街 20 号联合大厦 5 楼　☎65883841

东三环中路 39 号建外 SOHO4 号楼　☎58690652

北四环西路 68 号左岸公社 2 楼　☎82676898

将台路 6 号丽都广场 2 楼　☎64376688-1558

✍ 川菜馆子。味道“很好”，麻辣香都“很到位”。装修“讨人喜欢”，有种“怀旧”的感觉。价格“偏贵”。饭点总要“等位”，不过“美味当前”，等一等也是“值得”的。

水煮鱼、川北凉粉、毛血旺、宫保鸡丁、担担面。

朋友聚餐、商务宴请、情侣约会、休闲社交。

www.dianping.com/chain/21934

渝信川菜

24 19 16 ¥53

西单北大街111号西单赛特7楼 ☎66183918

建国门内大街7号长安大戏院1楼 ☎65171012

春秀路幸福一村西里甲5号(近工体北路) ☎64158168

建国门外大街24号京泰大厦1楼 ☎65156588

“很地道”的一家川菜馆。点的菜都“挺好吃的”，“又麻又辣”，“很合胃口”。量“很多”，“物美价廉”，“性价比很高”，“可以经常去”。店很火，去的时候“要排队等位子”，而且“天天如此”。服务“有点跟不上”。

水煮鱼、川北凉粉、毛血旺、口水鸡、馋嘴蛙、福寿螺、夫妻肺片。

朋友聚餐。

www.dianping.com/chain/21926

鱼翅捞饭

29 23 24 ¥356

东三环北路8号亮马河大厦1楼 ☎65906658

月坛北街2号月坛大厦1楼 ☎68081108

王府井大街50号天伦王朝饭店3楼 ☎65228221

鱼翅“选料很好”，给的分量也“足”，“吃过没有不值的感觉”。神户牛肉也“非常不错”，听说是“来自于喝啤酒、听音乐长大的小牛”。价格“不菲”，推荐“银子足”的朋友去试试。

蟹黄豆腐、鱼翅捞饭、鱼翅盅。

商务宴请。

www.dianping.com/chain/21883

鱼米楚乡

19 11 13 ¥31

北礼士路139号 ☎68311869

南礼士路3号 ☎68030749

湖北菜馆，“常吃不腻”的地儿。老板和厨师“都是武汉人”，出品确实有“湖北菜的味道”，菜式还“挺全”。“最中意”那里的热干面，“超级正点”；梅菜扣肉也“不错”，“物美价廉”。就是环境和服务太“一般”，也就适合“随便吃吃”而已。

热干面、剁椒鱼头、家乡小炒肉、珍珠丸子、梅菜扣肉、三鲜豆皮。

朋友聚餐。

www.dianping.com/chain/17872

鱼师傅

22 | 13 | 15 | ¥44

慕田峪长城下 3 公里处 ☎61621024

✍ 山沟里的“小”店。做的都是农家菜，油“大”，量“足”。一条虹鳟鱼“能做出很多花样来”，还有板栗红烧肉，“想想都流口水”。露天的桌子边有个大池子，里面有好多鱼，“可以自己钓着玩”。生意就一个字，“火”。郊游爬山的人，去试试吧。

👍 板栗红烧肉、烤虹鳟鱼、摊柴鸡蛋、生鱼片、炸花椒芽。

☺ 朋友聚餐。

💻 www.dianping.com/chain/17844

渔夫烧烤屋

19 | 12 | 12 | ¥48

东直门内大街 15-4 号 ☎84061645

✍ 门口写着“重庆烤鱼”。有几种口味可以选择：香辣、泡椒、酸菜等。香辣的最好吃，真是“够香”、“够辣”。鱼一般都“在 3 斤上下”，“2 人吃偏多”。除了烤鱼，其他的配菜“一般”。环境嘛，“簋街的风格，大家都知道”。空调好像“没有开到位”，冬“冷”夏“热”。

👍 香辣烤鱼、泡椒烤鱼、豆豉烤鱼。

☺ 朋友聚餐。

💻 www.dianping.com/chain/20768

雨果

18 | 21 | 20 | ¥53

光华路 10 号海关大厦东门 1 楼 ☎65815060

✍ 走越南菜的路子。菜品的味道“还不错”，西贡虾卷配调味酱“鲜素清口”，莲藕沙拉“口感清爽”，香茅鸡扒“香而不腻”……中午去吃套餐，“方便又实惠”。但最最令人赞叹的还是那里的“优雅环境”，充满了“小资情调”。“低”消费“享受”高水平的环境，“过瘾”！

👍 咖喱鸡、莲藕沙拉、香茅鸡扒、西贡虾卷。

☺ 朋友聚餐、休闲。

💻 www.dianping.com/chain/20902

玉林烤鸭店

18 | 11 | 12 | ¥37

南磨坊北里 115 号 ☎67322269

右安门外玉林小区 ☎63291202

六里桥北里马官营莲香园小区 1 号楼 ☎63960029

大兴区西红门同兴园小区 ☎60209558

大兴区兴丰大街 52 号 ☎69242299

✍ 家常馆子。烤鸭“挺好吃的”，炒菜量“很大”，还算“物美价廉”。大堂环境“不太好”，包间“还可以”，“家庭聚会”的话来这里是个“不错”的选择。周末饭点人“比较多”，最好先订位。

👍 烤鸭、水煮鱼、九转大肠。

☺ 朋友聚餐、家庭聚餐。

💻 www.dianping.com/chain/15842

玉流宫

21 22 26 ¥123

望京湖光中街 8 号 ☎64732803

✍ 据说是“朝鲜有名的国营品牌”。环境“一级棒”，装修“很正统”。服务生虽然“只会说一点点”中文，但个个“都是朝鲜部长级干部的子女”，长得“漂亮”，还“会唱、会跳、会弹吉他”。晚上有节目，“挺好的”，就是“听不懂”。朝鲜菜“味道纯正”，但中国人可能“吃不惯”，价格也“贵得吓人”。

👍 烤鳗鱼、烤牛排。

☺ 商务宴请。

💻 www.dianping.com/chain/19375

郁陵岛

21 16 19 ¥42

顺源街牛王庙 5 号(京信大厦南) ☎84552230

恩济庄 18 号院 ☎88137066

✍ 跟其他的韩式烤肉店“差不多”。食物“比较新鲜”，味道“很不错”。也有拌饭、冷面之类的可点。价格“不贵”，平时还有“满 100 元送 30 元的活动”。服务“挺热情”。就是“环境相对来说有点不般配”。“适合三五个朋友一起吃饭”。

👍 肥牛、牛排、拌饭、素杂拌、五花肉。

☺ 朋友聚餐。

💻 www.dianping.com/chain/15667

御马墩

17 27 19 ¥66

新街口外大街 19 号北师大东门励耘学苑 1-2 楼 ☎58805221

✍ 新派川菜馆。环境“好”，价格“贵”。菜做得“比较精致”，但味道“有好有差”。“最有特色的”要算豆花了，师傅“现场制作”，“用水一样的物质弄成豆花儿”，然后随客人的喜好添加“各种各样的小料”，吃起来“那叫一个嫩”。晾衣耳片造型“比较别致”，味道也“还可以”。值得一试。

👍 豆花、三峡石爆肥牛、玉米汁、水煮鱼。

☺ 商务宴请、情侣约会、朋友聚餐。

💻 www.dianping.com/chain/18492

御膳房麻辣香锅

20 10 15 ¥44

北蜂窝路 26-2 号 ☎63492508

✍ “喜欢的店”，每次“馋辣椒”了就去那儿“搓一顿”。点菜是像火锅那么点的，一般的菜品都是半斤一份，“炒成一大锅”，“有点像干锅”，只是吃时“不点火”。辣度分“辣、微辣、微微辣、点点辣”几种，不大能吃辣的选个微微辣或者微辣的就可以了。吃的时候来盅花生牛奶，“不错”。环境“很一般”，人“不多”，一般不用等位子。

👍 青笋、花生牛奶、炸腐竹。

☺ 朋友聚餐。

💻 www.dianping.com/chain/20055

御香苑 18 17 16 ¥58

广安门外南滨河路乙7号(近广安门立交桥) ☎63260070

方庄芳古园1区28号 ☎87610470

西坝河光熙门北里甲26号(国展重庆饭店北侧) ☎64222007

德胜门外大街六铺炕1区 ☎62043375

建国门外大街24号华侨村1楼西门(麦当劳餐厅旁) ☎65157680

卧龙花园慧忠里123号 ☎64935009

通州区张家湾镇农业科技园区御香苑酒店1楼 ☎61566677

✍ 主打肥牛。肥牛“肉质很好”，尤其是金牌肥牛，“香嫩可口”；海鲜小料“很美味”；小火烧“香脆可口”。一人一个小锅，“比较干净”。价格“偏贵”，人少的话“人均消费偏高”。装修较“时尚”，就是气氛欠缺了点，“没有一大桌子人热火朝天的感觉”。

👍 肥牛、烧饼、羊肉、鲅鱼丸。

☺ 朋友聚餐。

💻 www.dianping.com/chain/22030

御香苑韩式烧烤 21 17 19 ¥77

广安门外南滨河路31号华亨大厦1楼 ☎63266497

✍ “以韩式烧烤为主”。所有的东西都“有人帮你烤”，“很省事”。牛肉“肉质很好”，烤牛排“很嫩”，火锅面“汤里放了大量的芝麻”，“很香”；送的小菜“很多”，“不管多少人都一样”。因为店“开的时间比较长”，所以设施“有点陈旧”。价位“还可以”。

👍 火锅面、烤牛排。

☺ 朋友聚餐、商务宴请。

💻 www.dianping.com/chain/16293

豫大碗 21 10 10 ¥19

永定路29号 ☎68229883

✍ 原来是个小门脸，现在开很大了。里面有“浓厚河南风味”的烩面，“非常正宗”；棒骨是“羊”棒骨，“非常之便宜”。大骨头一啃，面汤一喝，“两个人吃二十多元钱就饱了”。环境服务“差”了点，但人“总是很多”。

👍 大骨头、烩面。

💻 www.dianping.com/chain/18109

豫香苑餐厅

24 23 25 ¥88

华威里28号河南大厦1楼 ☎67751188-8816

✍ 北京的河南菜馆“比较少”，这里是“做得不错”的一家。出品有些“改良”，卖相“精致”，“咸淡适宜”，有好几道菜“在北京乃至全国也是第一次吃到”。吊炉烧饼、羊肉烩面之类的“传统”小吃是“最爱”。店子就在河南大厦里，环境还算“大气”。就是价格“有点贵”。

👍 吊炉烧饼、羊肉烩面。

☺ 商务宴请。

💻 www.dianping.com/chain/17496

元绿回转寿司

14 13 14 ¥55

多家连锁店

👍 寿司、烤鳗鱼、鳗鱼饭、土豆沙拉、三文鱼刺身。

💻 www.dianping.com/chain/22113

源一锅

21 9 11 ¥35

广安门内大街临65号(牛街路口) ☎63040943

右安门外翠林小区西门外 ☎63525143

✍ 吃的是羊蝎子，分微辣和辣锅两种。汤“很浓厚”，羊蝎子“很新鲜”，量“很大”。令人“失望”的是，生意做久了，感觉骨头“越来越多”，“很难找到肉”。环境一般，“很乱”，“还要等位子”。

👍 羊蝎子。

☺ 朋友聚餐、休闲。

💻 www.dianping.com/chain/18791

月盛斋马家老铺

27 9 13 ¥22

后海孝友胡同九门小吃

✍ 他家的手艺可“真不是盖的”！酱好的牛羊肉“用热油一浇”，“顿时喷香扑鼻”，吃起来“外焦里嫩”，“回味悠长”。若是能再“叫上几个朋友”，“觥筹交错”，简直是“人生一大享受”。马老爷子“一看就是回民”，有股子劲，人“特好”。就是店子搬到了后海，“展示的味道太重了”，似乎就没有“老店”的“感觉”了。

👍 烧羊肉、酱牛肉、羊杂汤、麻豆腐、炒红果。

💻 www.dianping.com/chain/17714

月坛鱼乡 21 15 13 ¥46

二七剧场路 3 号 ☎68026664

✍ 听说“水煮鱼特好吃”，就去了。水煮鱼“果然和别的地方不一样”，表面“裹着一层胡椒”，鱼肉“肉质细嫩”，“麻麻的”，火候“恰到好处”。其他川菜就“没什么太大特色了”。环境还可以，“宽敞、亮堂、干净”，价钱“不算贵”。

👍 水煮鱼、酱油炒饭、牛蛙、炝炒圆白菜、水果沙拉。

☺ 朋友聚餐。

💻 www.dianping.com/chain/18400

岳麓山屋 21 21 15 ¥78

什刹海前海西沿甲 19 号 10-11 室 ☎66172696

广顺北大街望京花园 101 号楼 ☎84713613

工体西路吉庆里 ☎65510806

✍ 湖南菜馆。鱼头最“有名”，肉质“鲜美”，面条“吸足汤汁”，“鲜味淋漓尽致”。手撕小鳖也“很入味”，越吃越“过瘾”。什刹海店环境最“好”，可“观湖”，可“赏树”，可以看到“夕阳下的鼓楼”和“偶尔飞过的水鸟”。

👍 剁椒鱼头、手撕小鳖、酱椒蒸鱼头、擂茄子、芋头饭、竹网牛蛙、干锅茶树菇。

☺ 朋友聚餐、情侣约会、休闲社交、商务宴请。

💻 www.dianping.com/chain/15994

悦宾饭店 23 11 14 ¥37

翠花胡同 31 号

✍ 据说是改革开放以后的“个体餐饮第一家”。做的是“北京老百姓家里”的菜，大部分都出自“家传手艺”，样样“经典”。菜量“大”，价格“公道”，去了“还想去”。就是地理环境“不咋样”，“不熟悉地形的朋友”找起来“比较困难”。

👍 五丝桶、蒜泥肘子、锅塌豆腐、锅烧鸭。

☺ 朋友聚餐。

💻 www.dianping.com/chain/18049

悦堂 YOURTOWN 20 27 21 ¥85

西大望路甲 1 号温特莱酒店 A 座 B1-1 楼 ☎65388065

✍ “精品火锅店”。环境有点儿像“酒吧”，“优雅时尚”——“水柱”做的装饰，“隔着纱幔”的座位，“别致”的洗手间，还有“漂亮”的餐具，都带着一种小“情调”。一人一小锅，口味还“可以”，“能吃饱”。价格对于普通老百姓来说“稍贵”了点，更适合“宴请”。
👍 肥牛、虾滑、鱼滑。
☺ 商务宴请、情侣约会、朋友聚餐。
💻 www.dianping.com/chain/76057

云龙金阁大饭店
22 31 25 ¥484

东三环南路106号(十里河桥东南角) ☎67318883

✍ “号称亚洲第一餐厅”。地方极大，“仅包房就168个”。装修“富丽堂皇”，“包间带洗手间”。菜品以粤菜为主，海鲜是特色，“卖相和口感都有保证”。虽然价格“不菲”，但“请客有面子”。
👍 龙虾、清蒸石斑、鱼翅。
☺ 商务宴请。
💻 www.dianping.com/chain/17291

云南印象
17 22 16 ¥79

东三环北路16号 ☎85951277

✍ 云南菜馆。环境“更吸引人”：一进门的大池子和木楼梯“很有特色”；餐厅“好大”，“深色原木”的装修风格，“古朴自然”；屋里摆的植物“都是真树或真竹子”。大概是在胡同里，“比较安静”。菜品“很一般”，“味道没有想象中的好”，也“不是很云南”。价格偏“贵”。
👍 过桥米线、米酒、汽锅鸡、奶酪。
☺ 朋友聚餐。
💻 www.dianping.com/chain/18432

云起茶宴餐厅
19 23 21 ¥58

地安门大街帽儿胡同甲43号 ☎64002077

✍ “小小”的茶堂，“闹中取静”。入得其中，灯光“柔和”，幔帘“低垂”，“像是柳暗花明的桃源深处”。菜大都“精致”并“富有创意”——冰茶银耳芦荟，“清甜爽口”；茶香鲈鱼，“肉嫩味鲜”；智者千绿，“营养丰富”；小鸡快跑，“香脆耐嚼”；泰式茄合，“酸甜可口”……还有“镇店”的荔枝红（茶）和“别致”的绿茶蛋挞，足可以“让人吃得怡然自得”。服务生都“耐心而温谦有礼”。是个“去了还会再去的好地方”。
👍 傣家牛肉、小鸡快跑、茶香鲈鱼、荔枝红、冰糖银耳芦荟、绿茶蛋挞。
☺ 情侣约会、朋友聚餐、休闲。
💻 www.dianping.com/chain/19141

云腾宾馆餐厅
21 16 14 ¥60

东花市北里东区 7 号楼云腾宾馆 ☎67113322-7105

✍ 云南驻京办事处餐厅。原料大部分“来自云南”，菜品味道也“相当正宗”，很多“云南的本地小吃”都“能在这找到”。最好吃的是小份的汽锅鸡，那味道“绝”了，“真鲜”。一厅环境相当好，“翠竹掩映”，“满眼绿色”，“还有鸟叫”，真有点“回到云南”的感觉。

👍 过桥米线、汽锅鸡、米酒、凉拌薄荷、牛干巴、大救驾、豌豆粉。

☺ 朋友聚餐。

💻 www.dianping.com/chain/16782

张记宝珠酱牛肉 20 4 8 ¥12

菜市口大街(南横东街路口)

✍ 就是马路边上的小店。卖的东西“很全”，酱牛肉、烧羊肉、酱板筋、牛肚、羊头肉、蹄筋、羊蹄……“味道确实很不错”。每次路过都是“人山人海”，“没有坐的地方”，所以一般都是“买了拿回去吃”。提醒：不是清真馆。

👍 酱牛肉、烧饼夹肉、烧羊肉。

💻 www.dianping.com/chain/19180

张记食府 20 12 11 ¥23

中关村南大街 38 号(国家气象局西门北) ☎62172489

✍ 小店“开了有些年”了，一直挺“火暴”的，是附近上班族和大学生“解决温饱”问题的地儿。面食是主打，“量大”、“味美”。干锅、小菜什么的也还算“中规中矩”。价格相对同等档次的餐馆来说“偏贵”。

👍 拌面、手抓羊肉。

💻 www.dianping.com/chain/17047

张生记 21 17 16 ¥84

北三环安贞西里三区 26 号浙江大厦裙房 2-3 楼 ☎64420006

✍ 京城“比较正宗”的杭州菜馆。老鸭煲“一上”，“浓浓的热汤”顿时让人“来了食欲”，里头的笋干口感“特别好”。龙井虾仁、蟹粉豆腐之类的代表菜也“很到位”，“精致”而“清淡”，招人“喜欢”。就是人太多，常常要“等位”，建议提前预订。

👍 老鸭煲、东坡肉、龙井虾仁、西湖醋鱼、蟹粉豆腐、醉虾。

☺ 商务宴请、朋友聚餐、家庭聚餐。

💻 www.dianping.com/chain/15810

真味屋 17 8 10 ¥42

真武庙头条 4 号 ☎68016707

白云路甲 5 号(白云观北) ☎63478637

✍ “经常光顾”的店。吃的是韩式料理，菜式“一应俱全”，“炒菜凉菜小吃主食”都有，烤肉“比较推荐”，“物美价廉”。环境略显“拥挤”，包间要“脱鞋”。店里全天放映韩国“最流行的综艺节目”。推荐“哥们儿姐们儿去聊天”。

👍 石锅拌饭、牛肉。

☺ 朋友聚餐。

💻 www.dianping.com/chain/19173

蒸功夫包子铺

21 | 8 | 12 | ¥2

多家连锁店

✍ “挺好的一个小门脸铺子”。包子个儿“不小”，看着“干净”吃着“放心”，各种口味的都“不错”，“最赞”的是不管“在城东还是城西”，每个分店的味道都是“一样的”。价格还“便宜”。绝对是早餐的好选择。

💻 www.dianping.com/chain/63459

正一味

19 | 11 | 11 | ¥22

西单北大街 133 号君太百货 7 楼 ☎66126888-1870

西单西长安街 88 号首都时代广场 B1 楼 ☎83914455

崇文门外大街 3 号新世界商场一期 5 楼 ☎67081356

崇文门外大街 40 号搜秀城 8 楼 ☎51671007

西单北大街 178 号中友百货 8 楼 ☎66030198

宣武门外大街 8 号庄胜崇光百货 6 楼 ☎63109711

建国门内大街 18 号恒基中心 1 楼 ☎65182203

朝外大街昆泰国际大厦 1 楼 ☎58797270

三里河路 17 号甘家口商场 5 楼 ☎68315871

西单文化广场 77 街 B2 楼 ☎66010687

广顺北大街 33 号嘉茂购物中心 B1 楼 ☎64719586

西单北大街华威大厦 8 楼 ☎66025198

✍ “韩式快餐”店，分布在京城里的各个“繁华地段”。口味“不错”，量“很大”，每次吃完都“撑得够呛”，价格又“便宜”，特别适合逛街“填饱肚子”，或者“偶尔当午餐”。

👍 石锅拌饭、大酱汤、泡菜汤、海鲜饼。

☺ 朋友聚餐。

💻 www.dianping.com/chain/18808

正宗潮州牛肉丸

21 | 13 | 14 | ¥45

农展馆南里 11 号 ☎64191567

✍ 潮州火锅。“绝对推荐”牛肉丸和牛筋丸，个个“弹性十足”，跟“传说”的一样，都能“在桌子上弹起来了”。“蘸上沙茶酱”放到嘴里，又“香”又“有嚼劲”。

炸腐竹也是“每次必点”，口感“很棒”。就是环境“次了点”，像个“大食堂”。提醒：高峰时期不予订座。

👍 牛肉丸、炸腐竹、沙茶酱、牛筋丸、干炒牛河。

☺ 朋友聚餐。

💻 www.dianping.com/chain/15895

芝麻花 24 10 14 ¥26

健德门桥祈家豁子小区(近马甸经典家园) ☎62007022

✍ “实实在在”的小饭馆，“好吃不贵”的典型。出品都是“家常菜”，吃着“很顺口”，感觉“特亲切”。“贵州嫩鸡、雀皮肘子、豆腐丝、罐焖羊肉”是传说中最受“好评”的四样。就是每个月都要“歇业一两天打扫卫生”，去之前最好电话确认下。

☺ 朋友聚餐。

💻 www.dianping.com/chain/18188

中八楼 22 19 17 ¥65

东三里屯中8楼 ☎64130629

✍ 吃云南菜的地方。大部分菜“都是酸、辣口味的”，有人适应，有人不适应。服务员“是清一色的帅哥”，“没上菜之前先看看他们也不错”。店堂重新装修后更具“时尚元素和现代气息”，“舒适”的红色沙发和大理石地面给人“耳目一新”的感觉。稍晚一点人就“多”了，“很吵”，“像个酒吧”。

👍 米酒、木瓜沙拉、黑三剁、焦叶烤鱼、凉拌米线、滇锄牛柳、汽锅鸡。

☺ 朋友聚餐、情侣约会、休闲。

💻 www.dianping.com/chain/15422

中关村茶点部 23 7 9 ¥18

中关村北一街(中科院信息技术咨询中心对面) ☎62552328

✍ 老字号的国营点心店。每天下午都能看见“大爷大妈们”拎着袋子“心满意足”地从那儿走出来，于是，一路便是“特别浓郁”的“黄油味”在鼻腔里作祟。“超喜欢”他家的蝴蝶酥，大概是全北京“最好吃的”；苹果派是“蛋糕当派底”，口感“醇厚”。服务么自然是“国营式的”，卫生条件也“比较差”，有时候还能看见“苍蝇在乱飞”。

👍 蝴蝶酥、苹果派、牛角卷、起子饼。

💻 www.dianping.com/chain/80967

中国大饭店咖啡苑 24 26 22 ¥216

建国门外大街1号中国大饭店1楼 ☎65052266 转

✍ “喜欢这里的自助餐”。海鲜品种“不多”，但大都“很新鲜”，三文鱼尤其“肥美”。水果和甜品有“二三十种”，味道“比较正”，巧克力喷泉最“特别”。环境够“开阔”，服务“不愧是五星级”。总之，在这儿吃上一顿真的“非常舒服”。小贴士：一周之内以 Sunday Brunch 的菜品最为丰富。

👍 甜点、三文鱼、龙虾、生蚝。

☺ 商务宴请、情侣约会。

💻 www.dianping.com/chain/15650

周记褡裢火烧

见左邻右舍（296 页）

周鲶鱼山庄

25 8 11 ¥52

西四环阜石路 9 号(定慧寺桥西北角) ☎68184219

✍ 川菜馆子。“爱吃鲶鱼”的人可以在这里“吃个痛快”。他家的鲶鱼“论斤卖”，有“多种做法”，麻辣口味的最“地道”，吃起来相当“过瘾”，非常适合“邀朋引伴”一同分享。其他菜肴也“还可以”。就是环境实在“太差”了，连“空气里”都充满了“油腻”味儿。

👍 麻辣鲶鱼。

☺ 朋友聚餐。

💻 www.dianping.com/chain/17045

周婆婆跷脚牛肉

24 16 15 ¥50

东总部胡同弘通巷 4 号弘通商务楼 1 楼 ☎51692088

✍ 听名字“挺有意思”，想不到“火锅是招牌”，用“很白很白的老汤”做汤底，“涮东西前先喝一碗”，那叫一个“爽”！牛肉“很嫩”，“怎么煮都不老”；墨鱼丸“挺新鲜的”，口感“蛮好”；特辣小料真是“名副其实的辣”，普通人“只吃三五口就不行了”。消费“合理”，环境“一般”，“随便吃点喝点”，还挺不错的。

👍 嫩牛肉、牛肉丸、墨鱼丸。

☺ 朋友聚餐、休闲。

💻 www.dianping.com/chain/17901

粥底火锅

18 22 21 ¥56

安立路 68 号阳光广场 1 楼南侧(近安立路) ☎64939797

✍ 属于“创意火锅”。先涮肉和蔬菜，再喝粥，“清清爽爽”，“很过瘾”。雀巢“一定要点”。环境很好，“很多沙发座”，坐得“舒服”。服务“热情周到”，点菜时“会提示菜量”。要是价格“再贴近大众一些就好了”。

👍 鱼滑、雀巢、虾滑、鲜牛肉、牛肉丸。
☺ 情侣约会、朋友聚餐。
💻 www.dianping.com/chain/64557

竹林小餐　21　13　13　¥34

海淀南路10号(近黄庄路口)　☎62528218
三里屯南路59号　☎65856245

✍ 很多人把这里当作“食堂”。家常川菜还算“地道”，毛血旺是“招牌”菜，“极力推荐”。鸳鸯火锅“味道一般”，有“免费”啤酒和酸梅汤。菜量“比较大”，价钱“便宜”。服务“不敢恭维”，一般去了都“自助”，“自己拿碗、杯子，自己倒水”。

👍 毛血旺、霸王豆花、口水鸡、鱼香肉丝。
☺ 朋友聚餐。
💻 www.dianping.com/chain/18726

竹鱼坊　23　15　12　¥42

清华西门南侧　☎82610338
北极阁3条(东单路口)　☎65222335
外经贸平房12号　☎64812572
北大东门吉永庄1号　☎62766068
清河小营前屯路北京机械学院东门东侧　☎62939028
左家庄东街甲1号(近丰田4S店)　☎84488507
西南三环丰桥路7号三环新城(丰益桥南)　☎83630664

✍ “很有名的小店”，“只有一种热菜——烤鱼”，“分三种口味:麻辣、泡椒和豆豉”，“麻辣的最好吃”。其他的“就只有几种小菜”。装修“很简单”，但“氛围和感觉都很棒”，“还有一面留言墙很有意思”。慕名而来者很多，“感觉像到了异域的青年旅社”，提醒:“必须提前电话预定，否则就是店里空着也不让进”。

👍 麻辣烤鱼、豆豉烤鱼、泡椒烤鱼。
☺ 朋友聚餐。
💻 www.dianping.com/chain/59638

竹鱼轩　21　8　10　¥44

北四环安翔路3号(音乐学院南门)　☎64844177
北大南门西面　☎62630895
安贞里北街18号(青年湖公园北门西50米路南)　☎84123273
昌平区回龙观小区慧华苑东路　☎86693308
民族大学北路美食街　☎87033745

✍ “来这里就是吃鱼”。烤鱼味道确实不错，鱼皮烤得“香脆”，鱼肉“鲜嫩”。有麻辣、豆豉、泡椒几种口味，但其他东西“选择余地少了点”，只有“寥寥”几种凉菜，以及白米饭和蛋炒饭，如果希望吃点饼之类的，“最好自带”。

👍 烤鱼。

☺ 朋友聚餐。

💻 www.dianping.com/chain/579792

竹园村

24 19 18 ¥50

北太平路16号(采石路北口) ☎88275688

皂君庙路8号艺海国际商务会馆1楼 ☎62163369

✍ 猪蹄火锅是这的“招牌”。猪蹄煮得“香滑软糯”，肉、筋、皮都是“入口即化”，吃起来“非常过瘾”；涮菜“都很新鲜”，而且品种也“很多”。量“很足”，“两个人一锅完全吃不了”，最好朋友多一点去吃。中关村新店“环境稍好”。

👍 猪蹄火锅、香辣蹄花、牛肉滑、酸菜鱼。

☺ 朋友聚餐。

💻 www.dianping.com/chain/17590

壮乡桂林米粉店

22 9 12 ¥9

古钟博物馆东北角(奥林巴斯广告牌南侧)

✍ 走进去，感觉气氛就是“热闹”。老板娘是一个“干练的广西人”，“很热情”。米粉“又圆又白”，而且“够爽滑”，“跟在桂林吃的有几分像”。量非常大，装在“小号不锈钢盆”里，“夸张”。特别值得一提的是酸笋，腌得“挺透”，“很开胃”，只是去晚了“就没有了”。

👍 米粉、酸笋。

💻 www.dianping.com/chain/1927627

紫光园

20 10 11 ¥34

红庙北里85号楼 ☎65025745

朝外东大桥2号楼 ☎65933280

团结湖南路48楼 ☎85989661

劲松西口劲松九区907号楼(光明桥北) ☎87713470

✍ 清真菜馆里的“老字号”。厨子水平“还行”，风味炒疙瘩“最著名”，红烧牛尾“烧得好”，“咸甜适中有韧劲”。“最火”的还是早点，每天都有人“执著”地排着队。价格“实惠”，值得“推荐”。

👍 炒疙瘩、红烧牛尾、宫保鸡丁、扒肉条、卷果、烤羊腿、它似蜜、芫爆散丹。

☺ 朋友聚餐、家庭聚餐。

💻 www.dianping.com/chain/22006

紫天椒 Red Basil

19 25 18 ¥135

新源里南小街甲 8 楼(京信大厦对面) ☎64602339

✍ 喜欢这家泰餐厅的室内格局，“挑空很高”，“大面镜子斜照下来”，看着“非常舒服”。气氛也“很安静”，适合“边吃边聊天”。菜较“清淡”，但“很入味”，据老板说，香料“都是从泰国运来的”，所以口味才“这么地道”。海鲜粉丝沙拉、柠檬鱼等都是“点击率较高”的菜，“值得尝试一下”。价格“确实比较贵”。

👍 海鲜粉丝沙拉、咖喱蟹、泰式烤牛排。

☺ 商务宴请、情侣约会。

💻 www.dianping.com/chain/21887

紫云轩 13 28 22 ¥442

工体西路 6 号 ☎65528310

✍ 环境“充满了想象和诗意”，设计理念“简单又迷人”，第一次去会“有惊艳的感觉”。菜单“超级抽象”，中文名“起得非常飘逸”，要看英文才知道“点的都是些什么”。菜品确实够创意，“估计没有和别的餐馆重样”，一道一道都“像艺术品”。味道“还可以”，但价格“真是贵”，是个“花钱买情调”的地方。

☺ 商务宴请、情侣约会。

💻 www.dianping.com/chain/15370

祖母的厨房 20 24 20 ¥78

秀水南街甲 11 号 ☎65032893

东三环中路 39 号建外 SOHOB 座 0103 号 ☎58693055

✍ 据说是两个美国人开的，一个负责买菜，一个负责下厨。食物“地道”，传说中的薄荷奶昔“甜美香浓”，“无与伦比”。菜量“很大”，“两道就撑了”。餐厅不大，布置得“很温馨”，好像“真的是在祖母的家里”。服务员脸上的笑容“和环境一样”给人“温暖”的感觉。

👍 烤薯皮、薄荷奶昔、奶油蘑菇汤。

☺ 情侣约会、朋友聚餐、休闲。

💻 www.dianping.com/chain/15368

醉爱时尚餐厅 19 27 23 ¥103

中关村东路 8 号东升大厦 2-3 楼(近成府路) ☎82527567

✍ “紫红色的幔帐、昏暗的灯光加上优美的音乐，让人刚刚置身于其中就已经身心俱醉”。做的是杭帮菜，“很精致”，“味道也都不错”。“招牌”菜元宝虾“果然名不虚传”。量“比较小”，“北方人吃觉得不过瘾”。价格“偏高”。服务“态度非常好”，“要收服务费”。

👍 元宝虾、东坡肉、老鸭煲、老豆腐煲、娃哈哈鲜鱼。

☺ 商务宴请、情侣约会。

www.dianping.com/chain/18720

醉杨轩

15 22 16 ¥81

旧鼓楼大街小石桥胡同24号竹园宾馆 ☎58520088-242

地方"不太好找"，在"小胡同里"。"传统的北京四合院"，原先是"安德海和康生先后住过的宅子"。环境"非常好"，"小桥流水、曲径通幽"，可以"露天"用餐，后面还有一个"幽静的酒吧"。出品以川菜为主，宫保鸡丁"据说是北京最好的"，用"鸡腿肉"做成，盛在"竹筒"里，得到食客的"一致好评"。抛开"僵化"的服务不提，"宴请外宾"很合适。

宫保鸡丁。

商务宴请、休闲。

www.dianping.com/chain/17044

左邻右舍

23 12 14 ¥16

天坛东路62号 ☎67130735

里仁街10号 ☎63540035

马家堡东路55号洋桥大厦旁 ☎87265551

右安门内西街丙1号 ☎63585675

西罗园小区1区12号 ☎67257760

石榴园南里5号 ☎67218600

"老北京风味"的小吃店，连装修都有"老北京"的"市井"气。褡裢火烧的馅儿"种类不少"，"猪肉大葱、茴香、芹菜……"什么都有；灌肠炸得"很到位"，"外焦里嫩"，一小碗蒜汁"正好"；免费的粥也"够火候"，"又香又糯"的。价格特"便宜"。一到饭点儿"人特多"，想去吃的得趁早咯！

褡裢火烧、炸灌肠、麻豆腐、芥末墩。

www.dianping.com/chain/22182

左右间咖啡 MIMA

8 27 10 ¥45

圆明园东门内停车场北二间院 ☎82688003

环境"极佳"，可以说"无出其右者"。"细观每个细节"，都能给人"意外的惊喜"。"明媚"的午后，"陷在沙发里"，"晒着太阳"，看"院中猫咪慵懒地踱步"，不经意间便能"抖落一身的疲惫"。

情侣约会、休闲。

www.dianping.com/chain/18310